시민이 만드는 민주주의

민주주의 그리고 시민교육

강원택·조희정 편

박영사

2017년은 한국에서 민주화가 이뤄진 지 30년이 되는 해였다. 우리와 비슷한 시기에 이른바 '민주화의 제3의 물결'을 타고 민주적 이행을 경험한 국가들과 비교할 때 한국은 예외적이라고 할 만큼 성공적으로 민주적 공고화를 이뤄냈다. 30년 전 많은 시민들이 소망했던 공정하고 자유로운 선거를 통해 내 손으로 대통령을 뽑고 싶다는 목표는 실현되었다. 그 사이 7명의 대통령이 적법한 절차를 거쳐 선출되었고, 선거를 통한 평화적인 정권 교체도 세 차례 일어났다. 국회의 권한이 강화되었고 사법부의 독립성도 커졌다. 그 목표가 실현된 만큼 이제 제도로서의 민주주의의 공고화를 넘어 보다 심화된 민주주의로 나아가야 할 때가 되었다.

한편, 2017년은 정치적으로 또 다른 출발점이 되었다. 민주화의 진전에도 불구하고 권위주의 시대의 유산은 완전히 청산되지 못했고, 도덕성과 신뢰를 잃은 대통령은 시민들의 분노와 저항에 직면하여 결국 탄핵되고 말았다. 30년의 민주적 공고화 과정에도 불구하고 민주주의는 한국 사회에 충분히 내재화되지는 못했던 셈이다. 절차적 민주주의를 넘어 민주적 가치를 내재화하고, 민주적 관행을 일상화해야 한다는 또 다른 중요한 과제가 우리 앞에 놓여 있는 것이다.

이 책은 이러한 문제의식에서 출발한 것이다. 이 책은 한국 민주주의가 한 단계 더 성숙되기 위해서는 다름 아닌 시민 개개인이 공동체를 위해 제 역할을 해야 할 때가 되었다는 점에 주목한다. 사실 지난 30년간 우리는 대통령이, 여야 지도자가, 국회의원들이, 청와대 주요 인사들이, 법원 판사들이, 행정부 관료들이, 정당인들이, 후보자들이 민주주의 원칙을 잘 지켜야 한다고 생각해 왔다. 이들이 독재하려고 해서는 안 되고 부정부패나 반칙을 해서는 안 된다고 생각했다. 제도로서의 민주주의가 공고화되어 온 데에는 이처럼 정치를 직접 하는 이들에 대한 감시의 강화, 정치적 경쟁 규칙에 대한 감독의 강화와 관련이 있었을 것이다. 이와 함께 이제는 시민 개개인의 참여, 헌신, 기여를 통해서 대한민국이라는 정치 공동체가 앞으로 나아가야 하는 시대가 된 것이다. 그리고 민주주의의 가치가 일상 속에서 표출되고 구현될 수 있어야 하는 시대가 된 것이다. 공동체 사안에 대한 참여와 헌신, 서로 다름에 대한 인정agree to disagree, 약자와 소수자에 대한 배려, 더불어 살아가는 삶 모두 우리의 일상생활 속에서 민주주의가 구현되는 모습들이다. 이제는 정치인들이 아니라 시민이 스스로 민주주의를 만들어가야 하는 세상이 된 것이다.

이 책은 2016년 한국정치학회 회장으로 일하면서 개인적으로 큰 관심을 가졌던 '시민이 만드는 민주주의' 연구의 결과물이다. 이 연구의 취지에 공감하며 흔쾌히 연구 작업에 동참해 준 필자들 모두에게 이 자리를 빌려 깊은 감사의 인사를 전한다. 여러 차례의 회의, 발표, 토론 등 쉽지 않은 과정이었지만 항상 즐거운 마음으로 연구 작업을 진행했던 필자들의 열정이 고마웠다. 전체 연구의 진행과 조율을 맡아 준 유진숙 교수와 조희정 박사께 특별한 감사의 말씀을 전한다. 이 책의 초고는 중앙선거관리위원회 선거연수원에서 지원한 시민교육 프로젝트에 기초해 있다. 많은 배려를 해주신 김대년 중앙선거관리위원회 사무총장께 감사의 말씀을 드린다.

이 책이 한국 민주주의의 심화를 위해 조그마한 기여라도 할 수 있다면 그 이상의 기쁨은 없을 것이다.

필자들을 대표하여

2018.4.

강 원 택

차
례

Ⅰ · 민주주의의 역사

1

민주주의란 무엇인가

1) 민주주의 개념

(1) 민주주의의 정의

민주주의는 군주제나 귀족제처럼 특정 계층이 지배하는 것이 아니라 '인민people이 지배하는 통치'를 의미한다. 고대 도시국가polis 아테네에서는 모든 자유민이 동등한 권리를 갖고 직접 정치에 참여할 수 있었다. 따라서, 2500년이 지난 지금도 '고대' 민주주의를 이해하는 것이 여전히 중요하다.

민주주의는 인민이 직접 통치하는 직접민주주의체제 뿐만 아니라 선거를 통해 선출된 대표에게 의사결정권리를 위임하는 대의민주주의도 포함하는데, 민주주의를 한마디로 정의하기 어려운 이유는 민주주의가 모두가 추구하는 이상적 가치인 동시에 실천적이며 현실적인 의미를 모두 갖고 있기 때문이다.

• 민주주의(democracy)

정치형태로서 민주주의는 기원전 462년 고대 그리스 아테네에서 탄생했다. 민주주의(democracy)는 인민(demos)과 지배(kratia)의 합성어로서 '인민에 의한 지배(통치)'를 의미한다. 즉, 소수의 지배자가 아니라 다수의 시민이 권력을 갖는 정치체제이다. 당시, 아테네 민주주의의 구체적 형태는 민회, 평의회, 집정관, 시민법정으로 구성되어 있었다. 500명으로 이루어진 평의회는 민회에서 토론할 주제를 선택하여 민회에 넘기고, 민회에서는 모든 시민이 자유롭게 모여 선택 주제에 대해 토론하였다. 추첨으로 선택된 집정관들은 시의 행정업무를 담당하였으며, 시민법정에서 재판을 진행하였다. 재판을 진행하는 시민법정은 시민이 직접 고소하고, 피고인이 직접 변론하는 방식으로서 완전한 시민 중심의 사법체계였다.

(2) 아테네 민주주의

고대 그리스 아테네에서는 모든 시민에게 법 앞의 평등을 보장하였다. 기원전 5세기 말, 페리클레스Perikles, BC 495-429년 치하에서 절정을 이룬 아테네 민주주의는 모든 자유 시민이 동등한 권리를 갖고 직접 정치에 참여할 수 있었다. 9일마다 열리는 민회에 18세 이상 남성 시민들은 직접 출석하여 발언하고 투표할 수 있었다. 단, 노예, 여성, 외국인, 이민노동자 등에게는 시민권이 주어지지 않았다. 즉, 아테네 민주주의는 "노예와 여성에게 생산과 재생산을 전담시킨 남성 시민 집단의 여가"에 기반을 두고 있었다. 아테네 인구는 가장 컸을 때 30만 명 정도였고 이 가운데 시민은 3만 명에서 3만 5천 명 안팎으로서 약 10%뿐이었다.

아테네 시민에게 정치는 전문성을 필요로 하는 행위가 아니었으며, 모든 시민은 추첨제에 의해 번갈아가면서 모두 정부의 일을 하였다. 따라서, 누구나 정의감과 양심만 있다면 정치를 할 수 있다고 생각하였다.

• 폴리스(polis)
폴리스는 고대 그리스 도시 국가를 의미한다. 그리스 폴리스는 자연풍토나 사회·종교적 요인에 따라 다양한 형태로 나타났고, 그 중에서도 민주정을 채택했던 아테네가 가장 유명하다.
폴리스는 도시의 자유와 자치를 그 이상으로 하고, 시민은 씨족 및 종교공동체의 일원이었을 뿐만 아니라, 국가공동체의 일원으로서 모두 정치적인 일과 군사적인 일에 종사하였다. 폴리스는 페르시아 전쟁 이후 아테네와 스파르타를 중심으로 한 내부 분열로 인해 BC 4세기에 쇠퇴하기 시작하였다.

• 아고라(Agora)
아고라는 고대 그리스의 도시국가 폴리스에 형성된 광장으로, 그리스인은 이곳에서 민회를 열고 재판, 상업, 사교 등의 다양한 활동을 하였다. '아고라'라는 말은 '시장에 나오다', '사다' 등의 의미를 지니는 '아고라조(Agorazo)'에서 비롯된 것으로 원래 '시장'의 의미로 쓰였다. 그러나 아고라가 시장 기능 뿐 아니라 정치·경제·사회·문화 등 시민 일상생활의 중심이 되면서 '사람이 모이는 곳'이나 '사람들의 모임' 자체를 뜻하게 되었다.
그리스 도시국가에서 신전과 주요 관공서가 있는 아크로폴리스(acropolis)가 정치와 종교의 중심지였다면, 아고라는 일상적인 활동이 활발히 이루어지는 시민 생활의 중심지였다. 예를 들어, 서울대에 학생들이 가장 많이 모일 수 있는 광장의 이름은 '아크로폴리스'인데, 포털 다음(Daum)에 누구나 의견을 올릴 수 있는 게시판의 이름은 '아고라'이다.

아고라는 그리스와 헬레니즘 시대 도시국가의 특징이라고 할 수 있으며, 로마에서는 포럼(forum)이라는 명칭으로 계승되었다. 아고라는 고대 그리스 도시국가의 개방된 소통 장소로 기능했기 때문에 오늘날에도 사회의 공적인 의사소통이나 직접민주주의가 이루어지는 공간 혹은 그러한 행위 자체를 상징하는 말로 널리 사용된다.

• 민회
민회는 고대 그리스 아테네에서 열린 시민회의를 의미한다. 민회는 9일에 1회, 1년에 40회 이상 개최되었으며, 5,000-8,000명에 달하는 시민 참여자들이 모두 자신의 의견을 주장할 수 있고, 최종 의견은 거수를 통해 결정하는 방식으로 진행되었다.

• 페르시아 전쟁과 민주주의
아테네에 본격적인 민주주의가 자리 잡는 과정에서는 페르시아 전쟁(기원전 492~448)이 중요한 영향을 미쳤다. 전쟁의 승패를 결정지은 전투는 아테네 해군을 주축으로 한 '살라미스 해전(Battle of Salamis, BC 480년)'이었는데, 이를 기점으로 노잡이들의 지위가 더욱 중요해졌다.
고대에는 일반적으로 군사 장비를 개인이 부담했기 때문에, 말을 소유할 수 있는 귀족들의 기병대나, 갑옷과 방패를 마련할 수 있는 부유한 시민들로 구성된 중장보병이 국방의 주축이자 권력의 중심이 되었다. 반면, 군함의 노잡이는 무기를 마련할 수 없는 최하층 시민들이었는데, 이제 그 노잡이의 중요성이 극대화된 것이다.
이것은 아테네 하층민들의 정치적 지위를 크게 향상시켰다. 페리클레스가 말한 대로 "통치권을 모두 골고루 나누어 맡고…나라에 뭔가 기여를 할 수 있다면 가난해도 상관없는" 본격적인 민주정치가 시작된 것이다.

• 고대 그리스의 제비뽑기장치 클레로테리온(Kleroterion)
클레로테리온은 배심원과 행정관을 제비뽑기로 뽑을 때 사용했던 돌판이다. 우측의 여러 개의 구멍에 시민들이 자기 이름을 넣고 좌측에 흰 돌 한 개와 검은 돌 여러 개를 넣어서 흰 돌이 멈춘 위치줄에 이름을 넣은 사람들이 그날의 배심원이 되도록 선정할 때 사용되었다. 이는 고대 아테네의 민주주의가 배심원에 대한 사전 매수나 외부의 선정 압력을 방지하는 민주적 추첨 방식으로 진행되었다는 것을 의미한다. 또한 당시에는 처리할 일이 매일 있었기 때문에 제비뽑기도 매일 시행되었다.

| 클레로테리온
자료: https://en.wikipedia.org/wiki/Kleroterion

(3) 아리스토텔레스의 정치형태 구분

고대 민주주의의 가장 뛰어난 저작 가운데 하나인 『정치학』에서 아리스토텔레스는 통치자 수에 따라 정치 체제를 세 가지로 구분하였다. 1인이 지배하는 '군주정', 몇몇 소수가 지배하는 '귀족정', 여러 사람이 통치에 참여하는 '민주정'이 그것이다. 그리고 이것들이 변질

되어 전제정·과두정·우민정치 등의 잘못된 정치가 나오게 된다고
보았다.

　　아리스토텔레스는 이 가운데 어느 쪽이 절대적으로 좋다고 말할
수는 없지만 어떤 체제든지 해당 국민과 그 시대의 구체적 필요에 부
합해야 한다는 사실이 중요하다고 보았다. 굳이 가장 좋은 정치 형태
를 선택하자면, 귀족정과 민주정의 요소를 조화해서 중간 계급이 나
라의 중심에 서도록 하는 방식이라 생각했다.

• 『정치학』(아리스토텔레스)
고대 민주주의에 대한 가장 뛰어난 저작 가운데 하나는 기원전 335년에서 323년 사이에
기술된 아리스토텔레스의 『정치학』이다. 폴리스의 형성과 구조, 바람직한 정치체계, 통치기
술 등을 다룬 『정치학』은 정치를 '하늘의 뜻'이 아닌 '인간의 일'로 다룬 그리스인들의 인
문주의 정신을 가장 잘 보여준다.

| 『정치학』 번역본(2009년)
자료: http://book.naver.com/bookdb/book_detail.nhn?bid=6056703

(4) 민주주의의 의미 변화

　　시민이 직접 정치에 참여하는 정치형태로서의 '민주주의'는 기원
전 6세기경 고대 그리스에서 등장했으며, 대표적으로 아테네의 폴리
스 정치형태를 가리키는 말로 이해되었다. 아테네 민주주의는 2백 년
정도 지속되었는데, 아테네 민주정이 몰락한 후에는 민주주의라는 용
어 자체가 역사에서 사라졌다가 13세기 중엽에서야 다시 등장하였다.
그러나 19세기 말까지 민주주의는 대부분의 정치학자와 지식인에게
'무지無知한 자의 통치' 같은 부정적인 의미로 이해되었다.

(4) 민주주의의 의미 변화

　　몽테스키외Montesquieu나 루소Rousseau, 제임스 매디슨James Madison도
고대 아테네와 같은 민주정을 실천할 수는 없다고 생각했다. 대신 그

들이 주장한 것은 오늘날의 대의민주주의에 가까운 공화정republic이었
다. 18세기 말 프랑스 혁명을 거치고 난 뒤, 유럽 여러 나라에서 대중
의 정치 참여 요구가 강해지고, 19세기에 보통선거권에 대한 요구가
커지면서 공화주의라는 말과 민주주의라는 말은 구분 없이 쓰이기 시
작했다.

2) 민주주의는 다른 제도와 어떻게 다른가

(1) 민주주의의 요건

민주주의에 대한 최소 정의는 보통선거권, 정기적인 선거, 정당
경쟁을 통한 정부 구성 등 민주적 경쟁 규칙을 확립하는 '절차적 최
소 요건'을 갖춘 정치체제를 의미한다. 이를 기초로 미국 정치학자 달
Robert Dahl은 효과적 참여, 평등한 투표, 자유롭고 공정한 선거, 이슈에
대한 시민의 계몽적 이해, 포괄적 시민권, 의제에 대한 인민의 최종적
통제 등을 민주주의 요건으로 제시하였다. 반면, 최대 정의에 따르면
민주주의는 형식적인 정치체제보다는 사회 모든 부문의 민주적 상태
를 의미한다.

- 민주주의의 핵심 요건(Robert Dahl)
  로버트 달이 제시한 민주주의의 핵심 요건은 네 가지이다.
  첫째, 자유롭고 공정한 주기적인 선거가 이루어져야 한다.
  둘째, 표현의 자유가 보장되어야 한다.
  셋째, 시민이 공직자의 의견보다 다른 여러 가지 의견에 자유롭게 접근할 수 있는 권리로서 대안적인 정보 원천이
      확보되어야 한다.
  넷째, 결사의 자유로서 정당과 같은 정치조직들이 정치활동을 조직하고 활동할 수 있는 완전한 자유가 보장되어야
      한다.
- 위임 민주주의(delegative democracy)
  아르헨티나 정치학자 오도넬(Guillermo O'Donnell)은 라틴아메리카를 연구하면서 선출 지도자와 투표자 간의 연계 관
  계가 존재하지 않는 상황을 '위임 민주주의'라고 불렀다. 일반적으로 대의민주주의에서는 선출된 정부와 입법부가
  임의적으로 권력을 행사해서는 안 된다. 그러나 민주화 이후 라틴아메리카에서는 권력을 위임받은 대표자들이 자의
  적으로 권한을 행사하는 경우가 나타났고, 오도넬은 이를 대의민주주의와 대비되는 '위임 민주주의' 개념으로 유형

화했다.

두 민주주의의 가장 중요한 차이는 책임성에서 나타난다. 대의민주주의의 경우 집권 정부는 의회, 사법부와 같은 또 다른 기구나 제도에 의해 항상적으로 견제되는 수평적 책임성의 제약 하에 놓이지만 위임 민주주의의 경우 의회나 정당, 법원은 대통령의 정책 의지를 방해하는 제도로 인식되고, 자주 이를 우회하여 정책결정과 변경이 이루어진다.

(2) 자유주의와 민주주의

17, 18세기 계몽주의와 병행하여 발전한 자유주의는 그 이념과 정치적 실천에 있어서 민주주의를 포괄하지는 않았지만 현대 대의민주주의를 발전시키는 견인차 역할을 하였다. 초기의 자유주의는 절대 군주제에 대항하면서 형성되었고 체계화되었다.

자유주의자들은 사회적 관계가 국가의 간섭없이 발전해나갈 수 있는 시민사회 영역을 만들어내고자 했고, 국가 권력 기반이 초자연적 권리가 아닌 주권자로서 인민의 뜻에 있다고 주장하였다.

유럽에서 19세기 동안 자유주의와 민주주의는 때로는 나란히 함께 때로는 서로 경쟁적으로 발전해나갔다. 서구의 전통적인 민주주의 국가들이 실현했던 자유주의와 민주주의의 연계는 현대에 들어와 민주주의의 대표적인 모델이자 경로가 되었다.

(3) 공화주의와 민주주의

공화주의는 민주주의가 제도 장치만으로는 제대로 작동하고 발전하기 어렵다는 문제의식에서 출발한다. 공화주의는 공공선에 대한 헌신, 공적 결정에 대한 적극적 참여와 모든 시민이 공동체로부터 배제되지 않고 권리와 혜택을 누리는 시민권 원리, 시민적 덕에 대한 강조를 핵심으로 한다. 시민으로서 자신이 속한 공동체에 대한 특별한 열정으로서 애국심 역시 공화주의의 핵심 구성요소라 할 수 있다.

공화주의는 개인주의에 기반을 두고 사적 영역 권리를 우선시하는 자유주의와 달리 도덕적 합의에 기초한 윤리적 공동체를 전제로 한다. 공화주의의 이론적 원류는 아리스토텔레스, 마키아벨리, 루소와

같은 철학자로부터 찾을 수 있으며, 고대 로마와 르네상스 이탈리아
의 도시 공화국, 그리고 미국 혁명과 프랑스 혁명을 통해 구현되었다.

• **로마의 공화정**

기원전 6세기 로마인들은 왕을 추방하고 공화정을 수립하였다. 로마 공화정을 움직인 정치 기구는 군대를 지휘하거
나 행정을 담당하는 집정관, 외교와 재정 문제 및 집정관에 대한 자문을 담당하는 원로원, 그리고 관리 선출과 입법,
재판 및 국가 주요 정책 등을 결정하는 민회이다. 즉, 공화정은 왕정, 귀족정, 민주정의 혼합된 정치체제였다.

고대 로마의 공화정은 민주주의에 대한 고대 그리스의 사고에 '법치'를 결합시키고, '시민'의 범위를 확대했다. 시민
들의 덕성으로 가장 중요하게 여긴 것은 사익을 추구하는 이기심을 절제하고 공공선을 추구하는 것이었다. 그러나
로마 귀족들이 점차 정치적 도덕성을 상실하고 옥타비아누스(Octavianus)가 카이사르(Caesar)의 뒤를 이어 사실상
로마 황제로 등극하면서 로마 공화정은 무너지게 되었다.

---

(4) 비민주주의와 민주주의

민주주의는 사회주의, 전체주의, 권위주의 등 비민주적인 사상이
나 이념과 지속적인 경쟁과 대립 속에서 발전해왔다. 유럽에서는 제1
차 세계대전 이후 민주주의가 점차 확산되었다. 그러나 이 시기에 민
주적인 헌법을 채용한 독일 바이마르공화국에서 민주주의는 잘 작동
하지 않았고, 그 결과는 나치즘 내지 파시즘 확산으로 이어졌다. 이는
독일과 이탈리아에 국한된 현상이 아니었다. 영국과 프랑스를 포함해
유럽 전역에서도 민주주의에 반하는 전체주의적 열망은 강렬하게 나
타났다.

민주주의가 사회적 합의에 가까운 지지를 받게 된 것은 제2차 세
계대전을 치르고 나서부터다. 그러나 2차 대전 이후에도 민주주의는
오래 지속되지 못했다. 군부독재 등 다양한 형태의 권위주의 체제가
민주주의를 압도했다. 스페인이나 포르투갈에서도 1970년대까지 독재
가 이어졌고, 라틴아메리카와 한국을 포함한 아시아는 1980년대에 와
서야 민주화가 이루어졌다. 오늘날 당연한 것으로 받아들여지는 민주
주의에 대한 사람들의 신뢰는 그 역사가 오래되지 않았다.

3) 동양사상과 민주주의

(1) 민주주의와 민본 사상

민주주의를 '인민이 지배하는 통치'로 이해할 때, 동양에서는 민
주주의를 발전시키지 못했다는 평가가 지배적이었다. 현대 민주주의
는 근대 서구에서 발명된 것이며, 그 이외의 지역에서는 이를 수용하
여 지금의 민주주의를 발전시키고 있다는 것이다.

그러나 20세기 후반에 들면서 민주주의의 문화 다양성에 대한 논
의가 등장했고, 특히 민주주의 발전에 기여할 수 있는 토착 정치사상
연구와 관심이 활발해졌다. 유교문화권에서는 민본民本사상이 주목을
받고 있다.

(2) 공자와 맹자

공자는 『논어』에서 국가의 유지, 존속에 가장 중요한 것은 경제

력이나 군사력보다 백성의 마음을 얻는 것이며, 그것 없이는 통치가 불가능하다고 말한다. 즉, 공자는 백성을 위한for the people 통치를 정치의 근본으로 삼았다.

맹자는 공자의 사상을 이어받아 백성이 중요하고 통치자는 가볍다는 민귀군경民貴君輕론을 주장했다. 또한 『맹자』에서 '하늘이 보는 것은 내 백성이 보는 것으로부터 비롯하고, 하늘이 듣는 것은 내 백성이 듣는 것으로부터 비롯한다'고 주장했는데, 이는 백성이 정치 주체로서 역할을 할 수 있다는 뜻이다.

맹자는 실제로 왕조가 교체되는 혁명에서 백성의 지지가 정당성의 기준이 된다고 주장했다. 이러한 맹자의 사상은 인민이 통치하는by the people 수준에는 미치지 못하지만, 정치권력의 근본이 백성에게 있다of the people는 것으로 이해될 수 있다. 한국의 선거과정에서 정치인들이 '민심은 천심'이라고 흔히 말하는 것 역시 인민주권론의 맹자적 해석이라고 할 수 있다.

- **군자(君子)**

유교 정치사상에서 통치자의 이상적인 모델로 제시된 개념은 '군자'이다. 군자는 도덕성을 체현한 덕이 있는 사람(유덕자: 有德者)을 말한다. 공자는 왕이 유덕자가 될 것을 주창했지만 맹자는 한 발 더 나아가 유덕자가 왕이 되어야 한다고 주장했다. 맹자는 기존 통치자가 폭군일 경우 백성 지지와 동의에 따라 유덕자인 군자가 혁명을 통해 정부를 전복할 수 있다고 보았다. 이후, 주희(朱熹)가 발전시킨 성리학에서는 군주 뿐 아니라 유덕자인 사대부가 통치를 주도할 수 있다고 보았다.

유교를 현대적으로 해석하는 학자들은 서구 개인주의적·자본주의적 시민성을 보완할 수 있는 민주적 시민의 덕목으로 군자 개념의 유용성을 주장하기도 한다. 현대적으로 재해석된 군자는 인·의·예·지 등의 공동체적 윤리를 체화하고, 이를 기반으로 이타성을 실천하며, 공공의 사안에 관심을 갖고 적극적으로 참여하는 인간이다.

- **개화기 유학자들의 민주주의 수용**

개화기 유학자들 중에서는 서구 민주주의를 유교의 바탕에서 이해하고자 한 흐름이 있었다. 이들은 서구사회의 근대적 참정권이나 저항권 개념이 유가와 대립하지 않는 것으로 인식하고, 오히려 유가 본래의 목적을 구현하기 위해 민치(民治)라는 민주주의 원리를 수용할 수 있다고 보았다.

박영효와 유길준은 〈한성순보〉에서 '사욕(私慾)을 꾀하는 자가 실현할 수 없는 것이 삼권분립의 첫째 이익'이며, '입헌정체는 선거를 근본으로 민의를 따르니 현자를 등용하고 소인을 막을 수 있다'면서 민주주의 권력분립론이 '사천하 방지'와 '현자 등용'에 적합하다고 보았다. 또한 박영효는 서구 정당정치가 조선에서는 이미 붕당정치로 실현된 바 있으며, 서구 의회에 비견되는 제도가 사림중심의 공론화 과정이라고 보았다. 인민의 저항권 역시 맹자의 폭군방

벌론의 연장선상에서 이해했다.

박영효는 '군주가 삼가지 않으면 천하 사람들에게 죽임을 당한다'는 『대학(大學)』의 경구를 인용하며, '개인의 안녕을 지키지 못하면 민은 반드시 변동을 일으켜 자유를 지키고자 하니, 미국이 영국의 학정을 계기로 변동을 일으켜 마침내 자유의 나라를 이루었다'는 식으로, 맹자의 혁명론으로 미국 독립을 설명했다.

자료: 안외순. 2002. "19세기 말 조선의 민주주의 수용론 재검토." 『민주주의의 한국적 수용』.

• 드라마 〈정도전〉, 조선의 건국과 유교사상을 보여주다

조선은 유교, 특히 성리학을 국가의 통치원리로 삼은 국가였다. 이성계가 고려를 멸망시키고 조선을 건국한 것은 맹자의 혁명론에 따라 정당화되었다. 이후 통치의 주체를 놓고 왕권과 사대부 간의 대결, 훈구파와 사림파의 정쟁은 모두 유교 정치사상의 해석을 둘러싼 갈등이었다. 드라마 '정도전'은 이러한 조선의 건국과 이후 조선의 정치적 전개과정을 이해할 수 있는 영상물이다.

4) 민주주의의 조건들

(1) 자유

고대 그리스에서 자유는 공동체 번영을 전제로 한 시민 덕성에 기초하였다. 정치적·도덕적 공동체로서 폴리스는 개인이나 제도보다 우위에 존재했으며, 이런 사회에서 개인의 자유 개념은 미약했다. 서양 중세의 신분제 사회에서도 자유는 기본적으로 귀족의 자유나 도시의 자유와 같은 특권층의 자유만을 의미했다.

자유롭고 평등하며 자율적인 개인이라는 개념이 비로소 형성되기 시작한 것은 종교 개혁 시기였다. 종교적 자유에 대한 주장은 관용의 요구를 유발시켰고, 사상·신념·언론·출판의 자유 등이 주장되었다. 이러한 소극적 자유 개념은 근대 시민사회에 접어들어 적극적 자유 개념으로 전환되었다. 근대 이후 이러한 자유개념은 헌법을 통해 보장됨으로써 구체적인 형태를 띠게 되었다.

(2) 평등

평등은 일반적으로 기회의 평등과 결과의 평등으로 구분한다. 기회의 평등은 소극적 자유와 결합되는 평등개념으로서 만인에게 법적·정치적 기회의 평등을 보장한다는 의미를 갖는다. 결과의 평등은 적극적 자유와 결합하는 평등개념으로서 만인에게 개인의 자아실현에 필요한 경제적·사회적 평등을 보장한다는 의미를 갖는다.

민주주의에서 자유와 평등의 조화를 추구한다는 주장은 소극적 자유와 적극적 자유의 조화, 기회의 평등과 결과의 평등의 조화를 의미한다. 특히 유럽에서 현대 민주주의는 보통선거나 의회를 통한 정치적 평등에 이어 경제적 평등을 지향하는 방향으로 발전해 왔다.

(3) 인권과 시민권

인권이란 민족, 국가, 인종 등에 상관없이 인간이라면 누구에게나 인정되는 보편적인 권리 또는 지위를 말한다. 인권에 관한 관념과 제도는 근대시민혁명을 계기로 하여 정립되었다. 자유권을 중심으로 하는 근대인권사상은 20세기 이후 사회권으로 발전해 나갔다.

인권이 '도덕적·당위적·추상적 차원에서 논의된 인간의 권리'라면, 시민권은 '제도적·법적·현실적으로 보장된 것'으로 정의할 수 있다. 인권이 민족이나 국가를 초월한 권리라면 시민권은 일반적으로 한 국가에 소속된 시민이 누리는 권리이다. 마샬 T. H. Marshall은 이러한 시민권이 자유권, 참정권, 사회권이라는 형태로 발전했다고 보았다.

(4) 갈등

미국의 정치학자 샤츠슈나이더Schattschneider는 갈등은 민주주의의 엔진이며, 민주정치의 핵심문제는 갈등 관리라고 정의하였다. 그는 민주주의 정치체제라도 정당정치를 통해 사회갈등을 폭넓게 조직하고 동원하고 통합하지 못한다면 시민주권은 사실상 실현되지 않는 것이라고 평가하였다. 따라서, 갈등이 억압되는 조건은 곧 정치가 약화되고 민주주의가 축소되는 환경이라고 할 수 있다.

민주주의 국가에서 갈등이 가장 잘 드러나는 순간은 선거이다. 갈등은 정치가들이 유권자에게 파는 상품과 같다. 각기 다른 계층을 대변하는 정당은 경쟁구도를 만들고 갈등을 조직한다.

(5) 다원주의

민주주의 사회는 여러 독립적인 이익이나 결사체로 이루어져 있기 때문에 권력 엘리트에 의해 지배되기보다는 집단 간 경쟁, 갈등, 협력 등에 의해 민주적으로 운영되어야 한다. 시민 개인에게 주권을 부여하는 민주주의 사회에서 다원주의는 당연한 결과이다.

민주주의는 균열, 나누어진 것, 부분들 간의 갈등, 이를 정치적으로 조직한 자유적 결사체 간의 경쟁과 갈등, 타협과 협력이라는 동학을 통해 움직인다. 이러한 민주주의가 작동하기 위해서는 사회의 다원주의적 기반이 마련되어야 한다.

• 대중의 지혜 혹은 집단지성

제임스 서로위키는 『대중의 지혜』에서 19세기의 탁월한 과학자 프랜시스 골턴(Francis Galton)의 이야기를 들려준다. 골턴은 아주 소수의 사람만이 사회를 건강하게 유지하는 데 필요한 자질을 갖고 있다고 믿었기 때문에 교육을 중요시했다. 그는 또한 대부분의 사람들은 그런 자질을 가지고 있지 않다고 믿었다.

어느 날 골턴은 1884년의 만국박람회에서 소의 중량을 알아 맞추는 시합을 우연히 보게 되었다. 살찐 소 한 마리가 선택되었고, 한 무리의 군중들이 내기를 걸기 위해 줄지어 섰다. 8백 여 명의 사람들이 자신들의 운을 시험하기 위해 각양각색의 예상치를 제시했다. 시합이 끝나자 골턴은 중량에 대한 일련의 통계학적 조사를 했는데, 참가자들이 제시한 평균 무게는 1,197파운드였다. 실제 소의 무게는 1,198파운드였다. 나중에 골턴은 다음과 같이 썼다. "그 결과는 민주적 판단의 신뢰성이 내가 기대했던 것보다 훨씬 믿을 만한 것임을 보여 주는 것 같았다."

• 민주주의와 다수결

민주주의는 모든 사람이 평등한 입장에서 대화와 토론을 통해 갈등과 문제를 해결한다. 하지만 많은 사람의 의견이 서로 다를 때 이를 하나로 모으는 것은 쉬운 일이 아니다. 그럴 때에는 많은 사람의 의견에 따르는 다수결의 원칙을 사용한다. 대통령과 국회의원 등을 뽑는 선거는 물론이고, 학교에서 하는 반장 선거와 학급 회의의 의사 결정 과정도 다수결의 원칙에 따른다.

다수결의 원칙은 쉽고 빠르게 문제를 해결할 수 있지만 다수결의 원칙을 따르는 것이 늘 최선의 선택은 아니며 다수결이 곧 민주주의의 원칙은 아니다. 더 많은 사람이 찬성했다는 이유로 잘못된 정책을 선택하고 정당하지 않은 전쟁을 일으킬 수도 있다.

무엇보다 다수결의 원칙은 모든 사람의 생각과 바람을 담아 내지 못하는 문제가 있다. 또한 다수결의 원칙은 민주주의에서 중요하게 여기는 개인의 의사를 존중해 주지 않으며 소수의 의견을 배제하는 문제가 있다.

따라서 다수결의 원칙이 민주적인 의사 결정 방법으로 자리 잡으려면 충분한 대화와 토론을 거친다는 전제가 있어야 한다. 충분한 대화와 토론을 거친 후에도 의견이 좁혀지지 않는다면 최종적인 방법으로 다수결의 원칙에 따라 결정할 수 있다.

하지만 다수결로 결정했다고 하더라도 그것을 반대했던 소수의 의견도 존중해야 한다. 왜냐하면 많은 사람의 생각이 꼭 옳은 것이 아닐 수도 있고, 무엇보다 다양한 사람들의 생각을 존중하는 자세가 민주주의의 기본 정신이기 때문이다.

토론 주제

1. 고대 아테네에서 실현되었던 민주주의가 근대에 다시 나타나는 데에 왜 그렇게 오랜 시간이 걸렸을까?

2. 민주주의는 어떤 점에서 다른 정치체제보다 낫다고 생각되는가?

3. 선거와 추첨 중에서 어떤 것이 더 민주적일까?

4. '덕이 있는 사람이 정치를 해야 하며, 정치는 백성을 근본으로 한다'는 유교 사상은 민주주의와 어떤 관계에 있을까?

2
근대 민주주의

1) 르네상스와 민주주의

(1) 마키아벨리(Niccolò Machiavelli, 1469-1527년)

마키아벨리는 르네상스 시기 피렌체에서 태어나 공화정 시대에 외교업무를 담당했다. 1512년 메디치 가문이 복귀하자 체포되어 고문을 받고 자리에서 물러났다. 마키아벨리는 피렌체 근교에서 재기를 노리며 『군주론』과 『로마사논고』 등을 집필했으나, 끝내 공직에 복귀하지는 못했다.

그는 정치와 도덕의 분리, 공화정에 대한 찬사, 자유와 시민의 덕성에 대한 강조 등을 주장해 근대 정치사상의 문을 열었다. 그는 정치에는 본질적으로 비도덕적인 측면이 있다고 주장했다. 정치에서는 도덕적 선이 항상 공적으로 좋은 결과를 가져오는 것이 아니며, 비도

• 르네상스

르네상스는 14세기와 17세기에 서양 중세와 근대를 잇는 역할을 한 지적·문화적 운동을 지칭한다. 기독교 중심의 중세 이전 그리스와 로마 사상가들의 저작들은 십자가 전쟁 당시 이슬람 문화권에서 발견되었다. 그리고 이 저서들이 역으로 다시 유럽에 소개되면서 고대의 인문주의가 '재생'되었다는 의미를 가진 용어, '르네상스'가 만들어졌다. 신(神) 중심에서 인간 중심으로 세계관의 변혁이 일어났으며 회화, 문학, 과학, 교육, 정치 등 광범위한 분야에서 대변화가 나타났다. 르네상스는 13세기 이탈리아에서 시작해 전 유럽으로 퍼졌으며, 서양 근대의 정신적·문화적 배경이 되었다. 단테, 미켈란젤로, 레오나르도 다 빈치, 갈릴레오, 마키아벨리 등이 대표적인 초기 르네상스의 인물들이다. 르네상스를 통해 정치가 재발견되었다고 할 수 있으며, 국가나 사회와 관련된 일을 인간이 어떻게 해결할 수 있을 것인가에 대한 고민이 공화주의, 자유주의, 사회주의, 민주주의 등 근대의 다양한 정치사상의 발단이 되었다.

덕적 행위가 공적인 선이 될 수 있다는 점을 강조한 것이다.

그는 『군주론』에서 주로 왕정체제의 정치에 대해 논했지만, 『로마사논고』에서는 일관되게 공화정의 우월성을 주장했고 특히 공화정에서 가장 중요한 덕목이 시민의 자유임을 역설했다. 자유는 자치 정신에서 나오며, 공적인 일에 참여함으로써 얻어진다. 이러한 그의 사상은 공화주의, 자유주의, 민주주의에 큰 영향을 주었다.

• 시대의 베스트셀러, 마키아벨리의 『군주론』
마키아벨리는 조화와 일치가 안정을 가져온다는 종래의 관념에 도전하여, 정치에서 갈등은 필연적이며 그 갈등을 효율적으로 관리하는 것이 정치의 역할이라고 생각했다. 이후 정치학자 샤츠슈나이더 등은 갈등이 민주주의의 핵심 요소라고 평가하였으며, 이는 현대 민주주의에서 중요한 원칙으로 받아들여지고 있다.

| 『군주론』 원본(1550년)과 번역본(2015년)
자료: https://en.wikipedia.org/wiki/The_Prince,
　　　http://book.naver.com/bookdb/book_detail.nhn?bid=8788213

(2) 프로테스탄트 종교개혁

1517년 비텐베르크 대학 신학 교수였던 마르틴 루터Martin Luther는 카톨릭교회의 면죄부 판매에 반대하고 카톨릭 교회의 부패를 비판한 '95개조의 반박문'을 발표했다. 그는 모든 신앙인은 곧 자기 자신의 사제가 될 수 있으며, 사제가 아니라 성서의 권위를 존중해야 한다고 주장했다. 그는 일반 신도들이 성서를 직접 읽을 수 있도록 독일어로 번역했고, 교황권을 견제하고자 했던 독일 군주들이 그를 옹호하면서 루터의 주장은 유럽 전역에서 힘을 얻게 되었다.

영국에서는 헨리 8세가 가톨릭으로부터 독립을 선언하고 국교회를 창립했고, 스위스 제네바에서는 칼뱅Jean Calvin이 프로테스탄트 종교개혁을 본격적으로 이끌었다. 이러한 변화는 양심과 사상의 자유, 관용의 정신을 확산시키며 17세기 자유주의의 모태가 되었다.

- **인쇄혁명과 미디어**

루터의 종교개혁은 15세기 중엽 거의 모든 유럽에 확산된 인쇄술 혁명에 힘입어 성공할 수 있었다. '95개조의 반박문'은 독일어로 번역된 지 15일 만에 독일 전역에서 읽혔고, 관련한 루터의 저술 30종은 3년 만에 유럽에서 30만부이상 팔렸다. 또한 성경이 각 나라의 언어로 보급되면서 성서에 대한 해석권을 독점하였던 사제의 권위가 하락하였다. 종교개혁 이후에도 인쇄술은 신문이나 팸플릿을 통해 여론을 형성하고, 사상을 전파하는 데 기여했다. 로크의 『통치론』, 루소의 『사회계약론』은 근대 시민혁명의 사상적 기반을 제공했고, 팸플릿 형태로 인쇄되어 출간된 시에예스의 『제3신분이란 무엇인가』, 토마스 페인의 『상식』은 프랑스혁명과 미국혁명에 직접적인 영향력을 발휘했다. 이 때문에 두 혁명은 '팸플릿 혁명'으로 불리기도 한다.

- **상업의 발전과 부르주아의 등장**

상업 발전과 르네상스 인문주의 정신은 근대 민주주의를 발전시킨 부르주아 계급의 성장에 결정적인 역할을 했다. 르네상스 시기 이탈리아 도시국가들이 인문주의를 발전시킬 수 있었던 계기는 이슬람 및 아시아 국가들과의 중계무역에 기반을 둔 경제력이었다. 피렌체, 베네치아 등은 당시 유럽에서 가장 부강한 도시였고, 이를 기반으로 교황권이나 황제권, 그리고 특정 귀족가문의 전제적 통치에도 저항할 수 있었다.

지중해에서 대서양으로 상업의 주도권이 넘어간 뒤로는 영국, 프랑스, 네덜란드 등에서 상업이 본격적으로 발전하였다. 이에 막강한 경제력을 갖게 된 부르주아 계급은 지대(地代)에만 의지하던 봉건 토지 귀족에 맞서 시민혁명을 일으키는 주체로 성장하게 된다. 이 때문에 근대 민주주의를 연 시민혁명을 부르주아 혁명이라고 불리기도 한다.

(3) 사회계약론

홉스, 로크, 루소 등이 주장한 '사회계약론'은 국가와 사회가 자연의 산물이 아니라 인간이 만들어 낸 것이라고 본다. '사회계약'은 각 개인의 자연적 권리를 보장하기 위한 것이며, 국가 수립 과정인 '사회계약'에는 모든 사람이 평등하게 참여하기 때문에, 주권의 최종적 근거가 인민에게 있다는 근대 민주주의의 인민주권론의 토대가 되었다. 또한 로크와 루소 등은 국가가 각 개인의 자연권을 침해할 경우 이 계약은 무효가 되므로 정부가 교체되어야 한다는 주장을 통해 시민적 저항권의 근거를 제시했다.

2) 시민 혁명과 민주주의

(1) 영국 내전과 명예혁명

1629년 찰스 1세가 전쟁을 위한 세금을 걷기 위해 의회를 소집

했으나, 의회는 오히려 승인 없이 과세를 금지하는 권리청원을 통과시킨다. 이후 찰스 1세는 11년간 의회를 소집하지 않는데, 1640년에 다시 소집된 의회는 왕의 측근들을 해임하고 체포했다. 왕과 의회의 갈등으로 1642년에 발발한 왕당파와 의회파의 내전은 1651년까지 약 10년 간 지속된다.

전쟁 도중 찰스 1세가 포로로 잡혀 처형당하고, 승리한 올리버 크롬웰은 공화정을 수립했다. 1658년 크롬웰 사후 다시 영국은 군주정으로 돌아오지만, 의회의 실질적 권한은 사실상 왕권을 넘어서게 되었다.

1685년 왕위에 오른 제임스 2세가 가톨릭을 부활시키려고 하자 영국 의회는 메리공주와 남편 오렌지 공작에게 왕위를 양도하였다. 1688년의 이 조치는 피를 흘리지 않았다는 의미에서 '명예혁명'으로 불리게 되며, 이후 의회 우위의 입헌군주정이 확립되게 된다.

자료: http://cogweb.ucla.edu/Restoration/Images/DeclarationOfRights_1688.jpg

• **권리장전**(Bill of Rights, 1689년)
1689년 2월, 명예혁명으로 윌리엄 3세를 국왕으로 추대하면서 왕관과 더불어 권리선언을 제출하여 승인받았고, 이를 기반으로 12월 16일 '신민의 권리와 자유를 선언하고 왕위계승을 정하는 법률'이 공포되었는데, 이를 권리장전이라고 부른다. 전임 국왕인 제임스 2세의 문제점을 12개 조로 열거한 후 의회와 시민의 주요한 권리를 보장하였다.
주요한 내용은 의회의 동의 없는 입법 및 법률의 집행, 과세, 징집의 금지, 청원권의 보장, 의회에서의 언론의 자유 보장, 과도한 형벌의 금지 등이다. 권리장전은 영국 입헌군주제의 기반이 되었을 뿐 아니라, 식민지 시기 미국 각주의 권리선언, 프랑스 인권선언 등에도 영향을 주었다.

• **올리버 크롬웰**(Oliver Cromwell, 1599–1658년)
영국 내전은 초반에 왕당파에게 유리하게 전개되었다. 의회군은 물적, 인적 자원에서 왕당파의 상대가 되지 못했다. 이 때 하원의원 크롬웰은 고향인 케임브리지 근교에서 기병대를 조직하고 엄격한 훈련을 통해 여러 전투에서 전과를 올렸다. 의회군은 그의 부대를 본 떠 신형군(New Model Army)이라는 새로운 기병 부대를 편성하고 크롬웰에게 지휘를 맡겼다. 이후 의회군은 프레스턴에서 대승리를 거두며 영국내전에서 승리했다.
의회파 핵심으로 떠오른 크롬웰은 찰스 1세의 처형을 주장해 관철시켰고, 왕정을 폐지한 후 공화정을 수립한 후 종신 호국경(Lord Protector)에 올랐다. 크롬웰에 대해서는 1인 통치를 강화함으로써 공화국의 가치를 훼손하고 결과적으로 왕정복고를 가져왔다는 부정적인 평가도 존재한다. 그러나 명예혁명 이후 영국에서 입헌군주정이 수립되는 과정에서 끼친 크롬웰의 영향력은 모두가 인정하고 있다. 현재 영국 의회 의사당인 웨스트민스터에는 그의 동상이 자리 잡고 있다.

자료: http://www.dailymail.co.uk/sciencetech/article-3291659/What-REALLY-killed-Oliver-
Cromwell-Civil-War-leader-died-lethal-combination-malaria-typhoid-poisoning-plot.html

• 수평파(Levellers)

수평파는 영국 내전 시기 의회파 군인을 중심으로 근본적인 정치적, 경제적 개혁을 주장했던 집단을 말한다. 이들은 '모든 인간은 과거와 현재에 모두가 날 때부터 권력, 품위, 권위가 평등하고 동일하다. 그 누구도 날 때부터 다른 사람에 대해 어떠한 권위, 지배 혹은 통치권을 가질 수 없다. 모든 영국인은 그가 가진 부와 관계없이 동의에 의한 통치를 받을 권리가 있다'는 등의 급진적 평등론을 내세웠다.

수평파는 성인 남자의 평등/보통선거권, 매 2년 마다 선거를 치르는 하원 중심의 의회 운영, 양심의 자유, 인신의 자유, 법 앞의 평등, 균등한 토지분배, 종교의 자유 등을 주장했다. 이들의 주장은 의회파 내 소수에 불과했고 크롬웰은 이들이 지나치게 급진적이라면서 탄압했다. 그러나 수평파 운동은 19세기 이후 영국 근대 민주주의의 사상적 원류로 주목받고 있다.

(2) 프랑스 대혁명

1789년 루이 16세는 재정 위기를 극복하기 위해 '삼부회'를 소집했다. 삼부회에서 부르주아 및 하위계층이었던 제3신분은 성직자인 제1신분, 특권 귀족인 제2신분이 주도하는 삼부회를 비판하고 '국민의회'를 구성했다.

루이 16세가 회의장을 폐쇄하자 국민의회는 스스로 '제헌의회'임을 선포하고 새로운 헌법 수립에 착수했다. 왕이 무력으로 국민 의회를 해산하려 하자 파리 시민들은 바스티유 감옥을 습격하고 파리를 장악했다.

국민의회는 '프랑스 인권 선언'을 발표하고 신분제에 따른 봉건제의 폐지를 공식화했다. 오스트리아와 프로이센 등 왕정 폐지를 두려워한 반혁명 연합군과의 전투에서 승리한 프랑스 민중은 루이 16세를 처형하고 공화정을 수립했다. 이후 약 150년에 걸쳐 공포정치, 왕정복고 등 우여곡절을 겪었지만, 프랑스 혁명의 정신은 지금 프랑스의 국기삼색기와 국가라 마르세예즈에서 보듯이 근대 민주주의와 인권의 상징으로 남아있다.

• 삼부회(États généraux)
삼부회는 프랑스의 세 신분인 성직자, 귀족, 평민으로 이루어진 신분제 의회이다. 1302년 필리프 4세가 교황권과 대립하면서 국민의 지지를 얻기 위해 소집한 것이 시초이다. 삼부회의 주요한 기능은 국왕의 세금징수에 대한 동의, 왕의 즉위에 대한 승인(실제로는 즉위 선물 증정)이었지만, 소집 여부가 국왕에게 달려있었기 때문에 전쟁 등 반드시 필요하다고 생각될 때만 소집되었다. 실제로 1789년 이전에는 175년 동안 소집되지 않기도 했다.
삼부회에서는 성직자와 귀족들이 다수를 차지했다. 전체 인구의 2%를 차지하는 제1, 2신분은 전체 농지의 40%이상을 차지하면서도 세금을 전혀 내지 않았고, 삼부회를 통해 자

ㅣ1789년 열린 삼부회
자료: https://bienvenueauxviiie.wordpress.com/tag/etats-generaux

신들의 특권을 유지하고자 했다. 그러나 루이 16세가 소집한 삼부회에서 부르주아와 평민으로 구성된 제3신분이 봉건적 특권의 폐지를 주장하면서 프랑스 혁명의 도화선이 되었다.

• 시에예스(Emmanuel Joseph Sieyès, 1748-1836년)
시에예스는 프랑스혁명 직전 『제3신분이란 무엇인가』라는 짧은 저작을 익명으로 출간했다. 이 책은 1789년 1월 단 몇 주 만에 3만 부 이상 팔렸는데, 파리 사람들은 거리에서 서로 그 책을 읽어보았는지를 인사말로 할 정도였다. 그는 제3신분을 '사회의 전체이면서도 구속되고 억압된 존재이며, 특권 신분(제1, 2신분)이 존재하지 않으면 그 자체만으로 자유롭고 번성하는 전체'라고 정의했다. 또한 '실제로는 세상의 전부이지만 현재로서는 아무런 권력도 갖지 못한 제3신분이 주권을 가져야 하며, 봉건적 신분제를 폐지해야 한다'고 역설했다.
『제3신분이란 무엇인가』로 유명해진 시에예스는 1789년 삼부회의 제3신분 대표로 선출되었고, 그는 저작의 내용을

그대로 실천에 옮겨 제3신분만으로 국민의회의 성립을 선언하고 봉건제의 폐지를 선언했다. 프랑스 인권선언의 초안 작성과 헌법 제정에서도 중요한 역할을 했다.

• 프랑스 인권선언(Declaration of the Rights of Man and of the Citizen, 1789년)
프랑스 인권선언은 제3신분으로 이루어진 국민의회가 1789년 8월 26일 선포한 선언이다. 공식 명칭은 '인간과 시민의 권리 선언'이지만 일반적으로 프랑스 인권선언으로 불린다. 제1조에서 '인간은 자유롭고 평등한 권리를 지니고 태어나서 살아간다. 사회적 차별은 오로지 공공 이익에 근거할 경우에만 허용될 수 있다'는 천부인권과 자유와 평등 정신을, 제3조에서 '모든 주권의 원리는 본질적으로 국민에게 있다. 어떤 단체나 개인도 국민으로부터 직접 나오지 않는 어떤 권력도 행사할 수 없다'는 인민주권의 원리를 천명했다.

ㅣ 시에예스의 초상
자료: https://sites.google.com/site/weitungleochen

제7조에서는 '법에 의해 규정된 경우가 아니거나 법에 의해 규정된 형식에 따르지 않고서 누구도 기소되거나 체포되거나 구금되어서는 안 된다'는 법치주의를 구현하고 있다. 1791년 프랑스 헌법의 전문(前文)으로 채택된 인권선언은 이후 세계 각국의 헌법에 큰 영향을 주었다.

(3) 미국 혁명

미국 혁명이란 북아메리카의 13개 영국 식민지가 전쟁을 통해 독립한 사건을 말한다. 영국은 '7년 전쟁'의 비용을 충당하기 위해 북아메리카의 영국 식민지에 새로운 세금을 부과하려 했다. 그러나 식민지들은 "대표없이 과세없다"는 주장으로 저항하며 '대륙회의'를 구성했고, 1773년에는 '보스턴 차tea 사건'이 발생했다. 영국은 군대를 파견해 이러한 저항을 제압하려고 했고, 식민지인들이 민병대를 조직하여 대항하면서 1775년부터 실질적인 전쟁상태에 돌입했다.

1776년 13개 식민지 대표들은 조세저항을 넘어 독립을 선언하기로 하고 7월 4일 독립선언서를 작성하여 이를 선포했다. 미국 독립이 미국 혁명으로 불리는 이유는, 미국이 영국으로부터 단순히 독립했을 뿐만 아니라 중세 이후 처음으로 왕이 없는 정부 체제, 곧 공화정을 수립했기 때문이다.

- 미국 독립선언서(Declaration of Independence, 1776년 7월 4일)

미국 독립선언서는 미국의 3대 대통령이 된 토머스 제퍼슨(Thomas Jefferson)이 초안을 작성했다. 전문(前文)의 주요한 내용은 다음과 같다.

"우리들은 다음과 같은 사실을 자명한 진리로 받아들인다. 모든 사람은 평등하게 태어났고, 창조주는 몇 가지 양도할 수 없는 권리를 부여했으며, 그 권리 중에는 생명과 자유와 행복의 추구가 있다. 이 권리를 확보하기 위해 인류는 정부를 조직했으며, 이 정부의 정당한 권력은 인민의 동의로부터 유래한다. 어떤 형태의 정부이든 이러한 목적을 파괴할 때에는 언제든지 정부를 개혁하거나 폐지하여 인민의 안전과 행복을 가장 효과적으로 가져올 수 있는 새로운 정부를 조직하는 것은 인민의 권리다. 오랜 동안에 걸친 학대와 착취가 인민을 절대 전제 정치 밑에 예속시키려는 계획을 분명히 했을 때에는, 이와 같은 정부를 타도하고 미래의 안전을 위해서 새로운 보호자를 마련하는 것은 그들의 권리이며 의무다."

독립선언서에서 나타나는 이러한 저항권은 존 로크의 『통치론』에서 영향을 받은 것으로 사실상 자연권과 사회계약론의 핵심 주장을 요약한 것이다.

｜독립선언서 원본

자료: http://www.revolutionary-war-and-beyond.com/declaration-of-independence.html

- 미국혁명의 발단, 토머스 페인(Thomas Paine)의 『상식』(Common Sense, 1776년)

1737년 영국에서 출생한 페인은 가난 때문에 13세 이후 정규교육을 받은 적이 없었다. 코르셋 상점의 직공, 공무원, 목사, 교사, 담배가게 직원 등을 전전하다가 런던에서 만나 그의 재능을 알아 본 벤저민 프랭클린의 소개로 미국으로 건너갔다.

페인은 독립전쟁이 막 시작되었던 1776년 1월에 48장의 팜플렛으로 인쇄된 『상식』을 출간했는데, 3개월 만에 10만 부, 1년 만에 50만 부가 팔려나갔다. 당시 북아메리카 식민지 인구가 250만 명이었다는 점을 감안하면 전 인구의 1/5이 『상식』을 구매한 셈이다.

『상식』은 일정한 권리를 획득하고 영국의 통치하에 남을 것인지, 아니면 완전한 독립을 쟁취할 것인지에 대한 논쟁에서 후자가 승리하는 데 결정적인 기여를 하게 된다. 그 결과 『상식』이 출간된 지 6개월 만에 대륙의회가 소집되고, 그로부터 2개월 뒤 독립선언서가 작성된다.

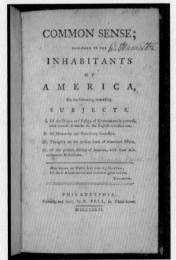

자료: https://en.wikipedia.org/wiki/Thomas_Paine#/media/File:Commonsense.jpg

(4) 러시아 혁명

러시아 혁명은 1905년과 1917년의 두 혁명을 말한다. 1905년 러일전쟁에서 패한 후 경제적 어려움에 처한 러시아에서는 전국적인 파업과 시위가 일어났다. 시민 청원서를 무력 진압한 1월 9일의 '피의 일요일' 사건 이후 전국 200개 도시에서 광범위한 파업이 일어나고 전함 포템킨Potemkin에서의 수병 반란 등 차르체제에 대한 전면적인 투쟁이 벌어졌다.

차르는 10월 헌법의 제정과 입법권을 가진 의회, 언론, 집회, 결사의 자유, 투표권의 확대를 약속했다. 입헌군주제 하에서 1914년 1차 세계대전이 발발했고, 승려 라스푸틴Raspu'tin에게 장악된 황실은 무능함의 극치를 보여주었다.

1917년 2월, 전국적으로 파업과 시위가 일어났고 시위대를 진압하기 위해 동원한 병사들이 혁명군에 가담하면서 수도가 함락되었다. 같은 해 10월, 레닌이 조직한 볼세비키는 겨울궁전을 장악하고 임시 정부를 수립했다.

• 피의 일요일(1905년 1월 22일)

'피의 일요일'은 당시 러시아의 수도 상트페테르부르크에서 니콜라이 2세에게 청원을 하기 위해 겨울 궁전으로 평화적인 행진을 벌이던 노동자와 가족들에게 근위군이 발포하여 다수의 사상자를 낸 사건이다. 극심한 빈곤 상태에 있던 러시아 민중들은 황제권에 대한 종교적 숭배심을 갖고 있었고, 러시아 정교회의 가폰 신부가 이 청원 행진을 주도했다. 이들은 차르 니콜라이 2세의 초상화와 기독교 성화상, 그리고 청원서를 들고 행진을 벌였는데, 발포로 인한 사상자는 수백 명에서 수천 명으로 추산된다.

청원 내용은 노동자의 법적 보호, 러일 전쟁 중지, 헌법 제정, 기본적 인권 확립 등 당시 러시아 민중의 소박한 요구를 대변한 것이었다. '피의 일요일' 사건은 차르 체제에 치명적인 도덕적 정당성의 실추를 가져왔으며, 1917년 10월 혁명으로 이어지는 시발점으로 간주된다. 러시아의 작곡가 쇼스타코비치는 '피의 일요일'을 주제로 교향곡 11번을 작곡했다.

자료: https://en.wikipedia.org/wiki/Bloody_
Sunday_(1905)#/media/File:Gapon_
u_Narvskoy_zastavy1.jpg

이로부터 약 5년 간의 내전에서 승리한 후 볼셰비키와 소비에트는 최초로 마르크스주의에 입각한 공산주의 국가인 소련을 수립한다. 러시아 혁명은 봉건체제를 종식시켰다는 점에서는 공통점이 있지만, 영국, 미국, 프랑스 등 자유민주주의를 구축한 서구의 시민혁명과는 다른 길을 통해 현대사에서 냉전의 한 축이었던 공산주의 진영이 구축되는 시발점이 되었다.

토론 주제

1. 왜 사회계약설이 등장하게 되었을까? 그리고 사회계약설은 민주주의와 어떻게 연관되어 있을까?

2. 우리는 근대에 시민혁명이 일어나고 민주주의가 싹트게 된 것을 자연스럽게 받아들이지만, 이것은 인류 역사에서 실로 예외적인 일이기도 하다. 어떠한 사회적 변화가 이러한 정치적 변동을 가져왔을까?

3. 근대 시민혁명이 일어난 나라들은 오늘날 모두 민주주의의 선진국들이기도 하다. 그러나 그 민주주의의 형식과 내용은 상당히 다양하다. 원인은 무엇일까?

3
현대 민주주의

1) 대표제와 민주주의

현대는 민주주의의 시대이다. 대부분의 국가는 스스로 민주주의로 지칭하거나 적어도 그것을 지향한다. 그러나 아테네식 직접민주주의를 실현하고 있는 나라는 극소수에 불과하고, 대부분 국가에서는 시민이 선출하는 대표자를 통해 정부를 구성하고 운영하는 대의민주주의를 채택하고 있다. 이것은 현대 민주주의가 고대의 직접민주주의와는 달라졌음을 의미한다.

고대 민주주의에 대한 정의가 "인민에 의한 통치"였다면, 현대 민주주의는 토머스 제퍼슨이 제안한 바에 따라 "인민의 동의에 의한 통치"로 바뀌었다. 정당을 "현대의 군주"로 부른 샤츠슈나이더는 민주주의를 "우리가 하는 다른 모든 일과 마찬가지로 무지한 사람들과 전문가들이 함께 하는 협력의 한 형식"으로, 마넹Bernard Manin은 "민주주의는 선거를 통해 시민들이 정부를 해고할 수 있는 제도"라고 이해했다.

이러한 대의민주주의는 1) 시민이 평등한 시민권에 기초해 대표를 선거로 선출하며 2) 대표는 일정한 임기동안 시민의 주권을 위임받으며 3) 대신 시민은 비판의 자유를 가지고 부적격자에 대해 다음 선거에서 책임을 묻는 방식으로 이루어진다.

(1) 미국의 공화주의

미국 역사학자 고든 우드는 미국이 실현 불가능한 '순수 민주주의pure democracy'와 달리 '대표제 민주주의representative democracy'라는 통치시스템을 만들어 낸 것이라고 주장한다. 여기에서 중요한 것은 대표제라는 시스템이 민주주의에 부여하는 공화주의적 성격이다. 이 체제에서 인민은 직접 다스리는 것이 아니라 그들이 선출한 소수에게 권력을 위임한다. 공화주의가 민주주의와 결합하면서 대의민주주의가 나타난 것이다.

• 자유주의와 민주주의의 결합, 토크빌(Alexis de Tocqueville)과 밀(J. S. Mill)
토크빌과 밀은 민주주의를 되돌릴 수 없는 역사의 물결이며 적절히 운영될 경우 자유를 확대할 수 있다고 보았다. 토크빌과 밀은 민주주의에 본질적으로 존재하는 '다수의 폭정'을 경계하면서도, 시민들이 공적인 활동에 참여할 때 자유의 정신이 발휘되면 이러한 문제점이 해결될 수 있다고 믿었다.
토크빌은 『미국 민주주의』에서 특히 타운홀 미팅, 배심 재판제도 등이 시민적 덕성을 고양시키고 있으며 이를 통해 공공선을 달성할 수 있다고 보았다. 밀은 『대의정부론』에서 선거를 통한 대의민주주의가 인민의 공적 참여를 보장함으로써 시민들의 지적, 도덕적 능력을 발전시키고, 가장 효율적인 통치를 가져올 수 있다고 주장했다.
토크빌과 밀에 의해 대의민주주의를 통한 자유주의와 민주주의의 결합, 자유와 평등의 결합이 가능해졌으며, 이들은 20세기 이후 서구사회에서 보편화된 자유민주주의의 이론적 기반을 제공했다.

| 토크빌
자료: https://en.wikipedia.org/wiki/Alexis_de_Tocqueville

| 밀
자료: https://en.wikipedia.org/wiki/John_Stuart_Mill

(2) 유럽의 대의민주주의

영국에서는 명예혁명 이후 토리와 휘그를 중심으로 하는 정당정치가 확립되었고, "왕은 군림하지만 통치하지 않는다."는 입헌군주제 원칙이 확고해졌다. 19세기에는 약 100년간 3번에 걸쳐 성인 남성의 보통선거권이, 20세기 초에는 여성 보통선거권이 확립되었다.

영국은 웨스트민스터 시스템Westminster system으로 불리는 의회제 정치형태의 대표적인 나라가 되었다. 프랑스에서는 1789년 혁명 이후 약 160년 간 왕정복고와 공화국의 재수립 등 혁명과 반동을 반복하다가 1958년 현재의 제5공화국이 성립하였다. 대통령제와 의회제가 결합한 이원집정부제라는 다소 복잡한 정부형태를 갖고 있으며, 과반 이상의 득표를 강제하는 결선투표제two-round system 선거제도를 갖고 있다.

현재 유럽 대부분 국가는 비례대표제를 기반으로 다당제와 연립정부를 중심으로 하는 정부형태를 갖고 있다. 이러한 권력구조와 선거제도는 대화와 타협을 바탕으로 한 합의제 정치문화와 깊게 연관되어 있다. 특히 지방자치가 폭넓게 확립되어 있으며, 스위스 등 일부 국가에서는 다양한 형태의 직접 민주주의가 대의민주주의를 보완하는 역할을 하고 있기도 하다.

(3) 후발국의 대의민주주의

서유럽 일부와 북미 대륙을 제외하면 우리나라를 포함한 현재 지구상의 대부분 국가들은 1, 2차 세계대전 이후 탄생한 신생 독립국이다. 이들 국가들은 민주주의 혁명을 거치지 않았고, 대부분 제국주의 시대를 거치면서 식민지화 되었다가 세계대전 후 독립하면서 서구식 대의민주주의 정치체제와 헌법을 채택했다. 민주주의 혁명을 통해 민주적 제도가 수립된 것이 아니라, 민주적 제도와 헌법이 먼저 수립되고 민주주의가 뒤따르는 형태로 대의민주주의가 발전하기 시작한 것이다.

따라서 이들 나라에서는 제도를 실제로 민주적으로 운용하는 것이 중요했다. 그러나 민주 헌법과 선거법이 존재하면서도, 현실적으로는 그러한 법이 지켜지지 않는 독재상태가 지속되는 경우가 많았다. 또한 건국 당시의 민주적 헌정질서가 독재정권에 의해 폐지, 왜곡되는 상황도 발생했다.

이러한 경우에는 다시 아래로부터 민주주의 혁명을 통해 대의민주주의를 원상 복구하는 절차가 '민주화Democratization'의 이름으로 나타난다. 민주화 과정에서는 서구의 시민과 같은 전통적 계급보다는, 학생, 지식인, 종교인 등 각 국가의 문화와 전통, 상황에 따라 다양한 주체가 등장하게 된다. 또한 민주화 이후 대의민주주의가 정착되는 과정에서도 다양한 진통을 겪을 수밖에 없다. 이 과정에서는 제도만 먼저 이식되었던 과거와 달리, 대의민주주의의 다양한 제도와 운영방식이 제대로 정착하고 주체적인 제도가 발전되어야 한다.

2) 자본주의와 민주주의

(1) 상업과 산업, 금융의 발전

자본주의와 민주주의는 서로 떼려야 뗄 수 없는 관계이다. 자본주의는 개인의 사적 소유에 바탕을 둔 자유주의 경제체제이며 시장이 가장 중요한 자원배분 도구이다. 자본주의는 18세기 중엽부터 영국과 프랑스 등에서 등장하여 산업혁명에 의해서 발전되었으며, 19세기에 들어와 독일과 미국 등으로 파급되었다. 자본주의 체제 안에서 개인은 경제적 이익을 위해 경쟁하며 최적의 경제적 생활을 실현할 수 있다고 보았다.

그러나 자본주의는 20세기 들어 1차 세계대전과 대공황을 거치면서 추락했다. 현실에서 시장은 불완전한 제도라는 것이 드러났다. 단기적 불황이 장기적 공황으로 발전하고 자본의 집중과 집적이 일어나며 빈부의 격차와 경제적 불평등이 심화되기도 하였다. 자본주의는

20세기에 들어와 은행자본과 산업자본이 밀접하게 융합된 금융자본주의로 변화하였다.

• 민주주의에서 자원배분의 두 가지 원리: 국가와 시장

한 사회에서 자원을 배분하는 데는 두 가지 원리가 있다. 시장과 국가가 그것이다. 기업이 중심이 되는 시장에서 자원배분은 불평등을 유발할 수 밖에 없다. 반면 국가에 의한 자원배분은 평등화의 효과를 가진다.
민주주의적인 국가는 빈곤에 처한 사람들에게 보상의 기회를 제공한다. 시장의 실패를 민주화된 정치가 예방하고 해결해야 한다는 사상에 기초해 탄생한 것이 복지국가이다. 시장과 민주주의의 원리는 일정한 균형이 필요하다. 균형을 넘어 시장과 기업의 논리가 지배적이 되면 평등이라는 민주적 가치가 희생될 수 있다.

---

(2) 민주주의와 경제발전

어떤 나라에서 민주주의는 발전하는가? 민주주의는 경제발전을 가져오나? 반대로 경제발전은 민주주의를 지속하는데 유리할까? 이와 관련해 대표적인 이론이 근대화론이다.

1970년대부터 미국 학자인 립셋S. M. Lipset 등은 '근대화론'을 주장하였다. 이는 산업화와 경제성장이 민주주의를 가져온다는 이론이다. 근대화론에 따르면 경제발전은 중산층을 성장시키며 교육과 문화적 태도의 확산을 통해 민주주의 가치가 널리 수용될 수 있는 기반을 제공한다. 또한 생활수준의 향상으로 정치 참여의 증대를 가져오며 제도를 통해 사회적 갈등을 해결하게 된다.

그러나 1990년대 말 이후 근대화론은 실제로 사실에 부합하지 않으며, 서구의 사례를 다른 나라에 일방적으로 적용하고 있다고 비판을 받았다. 세계화 시대에 들어서 민주주의와 경제발전의 상관관계에 대한 논란은 더욱 커지고 있다.

• 부르주아

부르주아는 원래 성(城)에 둘러싸인 중세 도시 국가의 주민을 이르는 말이었으나, 근대에 와서 절대 왕정의 중상주의 경제 정책으로 부를 축적한 상인, 자본가 계급으로 시민 혁명의 주체가 된 사람을 부르주아라고 불렀다. 시민 혁명 이전의 시기의 부르주아는 상당한 부를 소유하였음에도 왕과 귀족의 지배를 받는 피지배 계급이었다. 그러나 구제도의 모순을 깨뜨리려는 시민 혁명을 주도한 이후 사회의 주체 세력으로 등장하였다.

- 프롤레타리아

프롤레타리아는 생산수단을 소유하지 못한 노동자 계급을 말한다. 이들은 정치·사회·문화적 권력을 소유하지 못한 계급이었다. 자본주의 발전 과정에서 프롤레타리아는 인클로저 운동(enclosure movement) 등으로 경작할 토지를 상실한 농민, 길드(Guild)에서 탈락한 직공 등이 자신의 노동력을 상품으로 팔 수 밖에 없는 근대 노동자계급으로 나타나게 되었다. 더욱이 산업혁명을 통해 근대적 공장제도가 성립함에 따라 프롤레타리아, 즉 노동자계급은 더욱 늘어났다. 마르크스(Karl Marx)는 자본주의가 발전하면 자본가와 프롤레타리아의 사회적 갈등이 더욱 심화되어 자본주의가 멸망한다고 주장했다.

(3) 미국 정치와 돈, 로비

민주주의가 실행되는 과정에서 또 다른 문제는 돈이다. 돈이 민주주의를 타락시킨다. 미국 대통령 선거 비용은 수십억 달러에 달하고 거액 기부자들은 막강한 영향력을 행사한다.

민주주의 국가들은 돈이 위력을 발휘하지 못하도록 하는 여러 제도를 도입하였다. 그 제안의 대부분은 선거 비용 지출 제한 제도나 선거 자금법 등의 형태였다. 선거자금 규제는 미국이나 캐나다보다 유럽과 기타 지역에서 강하다. 그러나 선거자금 규제 제도가 만들어지면서 주요 민주주의 국가들에서는 정치인들이 규제를 피하기 위해 위법 행위를 저지르는 사례가 늘어났다.

이 모든 선거자금은 대부분 '이미지'를 사는 데 사용된다. 여론조사, 포커스 그룹의 운영, 전화 홍보, 화려한 TV광고, 전문가들의 고용, 요란한 정치 집회들이 그것들이다. 현실 정치가 기득권세력의 이익만을 보장한다는 비판이 강해지고 있으며, 이에 대항해 월스트리트 점령운동 등 시민의 직접적인 정치행동이 나타나고 있다.

- 월스트리트 점령운동(Occupy WallStreet)

월스트리트 점령운동은 2011년 빈부격차 심화와 금융기관의 부도덕성에 반발하면서 미국 월가(금융·증권회사가 밀집해 있는 지역)에서 일어난 시위를 말한다. 시위는 미국 전역으로 확산됐으나, 큰 성과 없이 73일 만에 막을 내렸다. 하지만 빈부격차가 심화되고 있는 신자유주의의 문제점과 금융기관들의 부도덕성에 대해 경종을 울렸다는 점에서 그 의의를 남겼다.

(4) 사회민주주의와 민주주의

20세기 초반을 거치면서 정치권력은 자본주의를 조절하고 제한하게 되었다. 현대 자본주의에서는 자유주의자들이 주장한 바와 같이 시장과 개인의 최대한의 자유가 보장되지 않는다. 또한 마르크스주의자들과 공산주의자들이 주장했던 바와 같이 자본주의가 철폐된 것도 아니다.

1920년대 후반이 되자, 서유럽 대부분 지역에서 19세기의 두 거대한 정치적 운동이자 이데올로기였던 자유주의와 마르크스주의는 쇠퇴하고 양자를 적절히 융합한 사회민주주의가 출현하였다.

사회민주주의는 정치권력을 사용해 사회와 경제를 조절하고자 하는 체제이다. 국가가 시장을 통제할 수 있으며 또 그래야만 한다는 믿음을 바탕으로 사회민주주의는 자본주의와 사회주의 중간의 '제3의 길'을 추구했다.

3) 법치주의와 민주주의

(1) 정치의 사법화

한국정치에 '정치의 사법화'라는 말이 등장하였다. 정책을 둘러싼 갈등이 국회나 행정부 등 정치권에서 해결되지 않고 법원을 통해 해결되는 현상이다. 가장 극적인 사례는 2004년 대통령 탄핵소추 기각 판결과 신행정수도 건설을 위한 특별조치법의 위헌 평결이다. 사법부, 특히 헌법재판소는 가장 중요한 제도가 되고 있다. 9명의 헌법재판소 판사들이 대통령을 탄핵할지, 말지, 수도를 어디에 정해야 할지 등 중요한 문제를 결정하게 된 것이다.

국회의원이나 대통령은 국민이 선출했기 때문에 민주주의적인 정당성이 있다. 그러나 사법부는 국민이 선출한 기관이 아니다. 정치적인 문제를 사법부가 거의 단독으로 결정하는 정치의 사법화는 결국

민주주의의 약화를 가져올 수 있다.

(2) 시민불복종 운동

시민 불복종은 국가의 법이나 정부가 부당하다고 판단했을 때 시민들이 이를 공개적으로 거부하는 행동을 말한다. 이 용어는 원래 헨리 데이비드 소로Henry David Thoreau, 1817~62년의 논문인 '시민불복종의 의무'1849년에서 처음 사용되었는데, 그는 노예제를 지원하는 정부에 대항한 납세 거부를 지지하였다. 대개 비폭력적인 저항이지만 꼭 그렇지 않을 수도 있다.

인도의 비폭력 저항 운동간디의 사회복지 운동, 영국으로부터의 독립 운동과 남아프리카 공화국의 인종차별 반대 투쟁, 미국의 흑인 시민권운동 등이 대표적인 예이다. 고대 그리스의 아테네에서 소크라테스 재판에 대한 시민들의 저항은 시민 불복종의 역사적인 사례가 되었다.

토론 주제

1. 자본주의와 민주주의는 서로에게 도움되는 관계일까, 서로에게 장애가 되는 관계일까?

2. 시민불복종은 불법이면서도 정당성을 가질 수 있다. 어떤 경우에 시민불복종은 정당할까? 그 이유는 무엇일까? 또 어떤 경우에 시민불복종은 정당하지 않다고 볼 수 있을까?

4

한국의 민주주의

1) 헌법의 기본정신과 민주주의

(1) 헌법의 역할

헌법은 국가의 기본 구조와 규칙을 정한다. 민주주의국가의 헌법은 권력구조, 대표자의 선출방식, 임기 등을 제시하고 특히 국민의 권리를 보장한다. 대부분 국가에 헌법이 있지만, 헌법이 있다고 모두 민주주의 국가는 아니다. 중국과 같은 사회주의 국가에도 헌법이 있지만, 실제로는 많은 부분에서 국민의 권리를 제한하고 있기 때문이다. 또한 민주주의 국가에서도 많은 하위법들이 국민들의 기본권을 제한하는 경우가 있다. 헌법재판소는 헌법이 국민 기본권을 제한하고 있는지 결정하고, 헌법에 대한 분쟁을 다룬다. 최근에는 헌법재판소의 많은 판결이 과연 절대적인가에 대한 논란이 진행되기도 한다.

(2) 우리 헌법의 구성

우리나라 헌법은 1948년 제정되어 1987년에 마지막으로 개정되었다. 우리나라 헌법은 3·1운동으로 건립된 대한민국 임시정부의 법통과 불의에 항거한 4·19 민주이념을 기본정신으로 표방하고 있다. 대한민국 헌법은 총 130 조문으로 이루어져 있다. 제1조는 '대한민국은 민주공화국이며, 대한민국의 주권은 국민에게 있고, 모든 권력은 국민으로부터 나온다'고 선포하고 있다.

(3) 헌법에 보장된 국민의 권리

헌법은 국민의 정치적 권리와 의무를 규정하고 있다. 모든 사람에게는 인간으로서 당연히 누려야 할 기본적 권리가 있는데 이를 기본권이라고 한다. 우리나라 헌법은 제10조에서부터 국민 기본권을 보장하고 있다.

기본권은 평등권, 사유권, 사회권, 청구권, 참정권으로 구성되어 있다. 첫 번째 평등권은 누구든지 성별이나, 종교, 직업, 장애 등에 의해 차별받지 않을 권리이며, 두 번째 자유권은 국가로부터 간섭을 받지 않고 행동하고 생각할 수 있는 권리로 종교를 믿을 권리, 살고 싶은 곳에 살 권리, 말할 권리, 원하는 직업을 가질 권리 등이다. 세 번째 사회권은 인간답게 살 수 있도록 국가에 요구할 수 있는 권리이다. 예를 들어 일할 기회를 요구할 권리, 교육을 받을 수 있는 권리, 깨끗한 환경에서 살 권리, 생계를 유지할 수 있도록 보호를 받을 권리 등을 말한다. 네 번째, 청구권은 국민이 국가에게 어떤 행위를 해달라고 요구할 수 있는 권리로 여기에는 청원권이나 재판 청구권, 국가 배상 청구권 등이 있다. 마지막으로 참정권은 정치에 참여할 수 있는 권리로 선거에 참여할 권리, 공무원이 되어 나랏일을 할 수 있는 권리 등이다.

2) 우리나라의 민주화

(1) 1948년 제헌헌법

1948년 7월 17일 제헌국회는 제헌헌법을 제정하였다. 총 10장 130조로 구성되어 있는 제헌헌법은 이후로 우리나라 헌법의 초안이자 국가 통치의 기본으로 작동하고 있다. 제헌헌법은 3·1운동을 통해 국가를 건립한 독립정신을 계승한다고 밝히고 있으며, 대통령제에서 대통령의 임기 및 입법과 사법에 관한 제도적 사항도 밝히고 있다.

유구한 역사와 전통에 빛나는 우리들 대한국민은 기미 삼일운동으로 대한민국을 건립하여 세계에 선포한 위대한 독립정신을 계승하여 이제 민주독립국가를 재건함에 있어서 정의인도와 동포애로써 민족의 단결을 공고히 하며 모든 사회적 폐습을 타파하고 민주주의 제제도를 수립하여 정치, 경제, 사회, 문화의 모든 영역에 있어서 각인의 기회를 균등히 하고 능력을 최고도로 발휘케 하며 각인의 책임과 의무를 완수케하여 안으로는 국민생활의 균등한 향상을 기하고 밖으로는 항구적인 국제평화의 유지에 노력하여 우리들과 우리들의 자손의 안전과 자유와 행복을 영원히 확보할 것을 결의하고 우리들의 정당 또 자유로히 선거된 대표로써 구성된 국회에서 단기 4281년 7월 12일 이 헌법을 제정한다.

(2) 1954년 사사오입 개헌(四捨五入改憲)

1948년 제헌헌법에 의하면 국회에서 간접선거로 대통령을 선출하는 것이었지만 1952년에는 직선제로 개헌하여 이승만 대통령이 중임되었다. 그러나, 이후 대통령 임기 4년과 1차만 중임할 수 있다는 제한조항을 개정하고자 국민투표제의 필요성이 제기되어 국민투표실시 여부에 대한 국회 비밀투표가 진행되었다.

1954년 시행된 이 투표에서 참석의원 202명 중, 찬성 135표, 반대 60표, 기권 7표로 나타났다. 당시의 개헌 가능 의결정족수는 재적의원의 2/3 이상이었기 때문에 135.33…명이므로, 그 충족수는 136명이어야 했다. 따라서 당시 사회자였던 국회 부의장은 부결을 선포하였다.

그러나 자유당은 4사5입론을 적용하여 135.33명은 논리적으로 성립되지 않으며 0.33이란 자연인으로 존재할 수 없다고 주장하였다. 그 의견에 반대한 야당 의원들은 모두 의사당에서 퇴장하였고, 이후 자유당 의원들만 남은 투표를 통해 125명 중 123명이 찬성하여, 개헌안을 공표·발효하였다. 이를 토대로 이승만은 1956년 3선 대통령으로 당선되었으며, 자유당의 장기 집권이 이루어졌다.

(3) 1960년 4·19혁명

우리나라 민주화의 가장 중요한 시발점은 1960년의 4.19 혁명이다. 해방 후 1948년 제헌헌법으로 자유민주주의 국가가 수립되었으나 자유당정권은 독재적 성격이 강하였다. 이승만정부는 부정선거를 통해서 장기집권을 하고자 하였으며 시민들은 이에 저항하였다. 당시 마산상고 1학년 김주열은 1960년 4월 11일 부정선거 규탄 집회에 참여했다가 사망하였고, 그 시신이 마산 앞바다에서 발견되었다. 이 사건으로 시민들의 분노가 폭발하여 서울에서만 10만 명이 참여한 집회가 진행되었고, 4·19 이후 1주일 만에 이승만 대통령이 사임하고 자유당 정권은 붕괴되었다.

• 4·19혁명 당시, 초등학생 강명희의 시 '오빠와 언니는 왜 총에 맞았나요'

강명희(대구 수송국민학교)

아! 슬퍼요 / 아침 하늘이 밝아오며는 / 달음박질 소리가 들려옵니다.
저녁 노을이 사라질 때면 / 탕탕탕탕 총소리가 들려옵니다.
아침 하늘과 저녁 노을을 / 오빠와 언니들은 피로 물들였어요.

오빠 언니들은 / 책가방을 안고서 / 왜 총에 맞았나요.
도둑질을 했나요. / 강도질을 했나요.
무슨 나쁜 짓을 했기에 / 점심도 안먹고 / 저녁도 안먹고 / 말없이 쓰러졌나요.

잊을 수 없는 4월 19일 / 그리고 25일과 26일
학교에서 파하는 길에 / 총알은 날라오고 / 피는 길을 덮는데
외로이 남은 책가방 / 무겁기도 하더군요.

나는 알아요. 우리는 알아요. / 엄마 아빠 아무말 안해도
오빠와 언니들이 왜 피를 흘렸는지를....

오빠와 언니들이 / 배우다 남은 학교에서 / 배우다 남은 책상에서
우리는 오빠와 언니들의 / 뒤를 따르렵니다.

• 4·19혁명에 참가한 중2여학생 진영숙의 유서
시간이 없는 관계로 어머님 뵙지 못하고 떠납니다.
끝까지 부정 선거 데모로 싸우겠습니다.
지금 저와 저의 모든 친구들 그리고 대한민국 모든 학생들은
우리나라 민주주의를 위하여 피를 흘립니다.

어머니, 데모에 나간 저를 책하지 마시옵소서.
우리들이 아니면 누가 데모를 하겠습니까.
저는 아직 철없는 줄 잘 압니다.
그러나 국가와 민족을 위하는 길이 어떻다는 것을 잘 알고 있습니다.

저의 모든 학우들은 죽음을 각오하고 나간 것입니다.

저는 생명을 바쳐 싸우려고 합니다.

데모하다가 죽어도 원이 없습니다.

어머닌. 저를 사랑하시는 마음으로 무척 비통하게 생각하시겠지만.

온 겨레의 앞날과 민족의 해방을 위하여 기뻐해 주세요.

이미 저의 마음은 거리로 나가 있습니다.

너무도 조급하여 손이 잘 놀려지지 않는군요.

부디 몸 건강히 계세요.

거듭 말씀드리지만 저의 목숨은 이미 바치려고 결심하였습니다.

시간이 없는 관계상 이만 그치겠습니다.

〈진영숙님의 정보〉

구분	내용	구분	내용
안장장소	국립419민주묘지	성별	여자
소속	4.19혁명유공자	배위	
출생지	경기 수원	사망일자	1960-04-19
출신학교	한성여자중학교	안장일자	
계(직)급		묘역구분	1묘역
군번		묘역번호	185
내용	1960년 4월 19일 미아리고개에서 총상 사망		

ㅣ 국립419민주묘지의 진영숙 관련 정보
* 자료: http://419.mpva.go.kr

(4) 1980년 5·18 광주민주화운동

우리나라 민주화 과정의 가장 중요한 사건은 1980년 광주에서 일어난 광주민주화항쟁이다. 광주에서는 제5공화국 전두환 정부의 군사독재와 통치에 반대하여 1980년 5월 18일부터 27일까지 민주화 운동이 일어났다. 전두환 정부는 군대를 투입하여 폭력 진압을 실시하였는데, 이에 시민들이 저항하는 과정에서 많은 피해자가 발생하였다. 5·18 광주민주화운동은 한국전쟁 이후 최대의 희생자가 발생한 비극적인 사건이 되었다. 처음에는 '5·18 광주사태'로 불리다가 1997년에 '5·18 광주민주화운동'으로 명칭이 확정되면서 기념일로 지정되었다.

• 광주민주화운동(1980년)

광주민주화운동 혹은 광주민중항쟁은 대한민국 내 언론 통제로 독일 제1
공영방송 ARD의 위르겐 힌츠페터 기자가 5·18 광주민주화운동과 그 참
상을 세계에 처음으로 알렸다.

당시 광주시민은 신군부 세력이 집권 시나리오에 따라 실행한 5·17 비상
계엄 전국확대 조치로 인해 발생한 헌정 파괴·민주화 역행에 항거했으며,
신군부는 사전에 시위 진압 훈련을 받은 공수부대를 투입해 이를 폭력적으
로 진압하여 수많은 시민이 희생되었다. 1995년 '5·18 민주화운동 등에
관한 특별법' 제정으로 희생자에 대한 보상 및 희생자 묘역 성역화가 이뤄
졌고 1997년 '5.18 민주화운동'을 국가기념일로 제정해 1997년부터 정부
주관 기념행사가 열렸다. 2011년 5월에는 5·18 광주민주화운동 관련 기
록물이 유네스코 세계기록유산에 정식으로 등재되었다.

⌐ 5.18 민중항쟁 추모탑
자료: https://upload.wikimedia.org/wikipedia/
commons/3/3a/May_18th_Memorial_M
onument.jpg

(5) 1987년 6월 민주화 항쟁과 직선제 개헌

1987년 6월 항쟁은 우리나라가 결정적으로 민주화된 중요한 사
건이었다. 6월 민주화 항쟁 때에는 20여 일 동안 전국적으로 500만
명이 참여하여 '4·13 호헌 철폐', '직선제 개헌 쟁취', '독재 정권 타
도'를 외쳤다. 6월 항쟁 이후 국민투표 93.1%의 찬성으로 대통령 직
선제가 확립되었다. 우리나라에는 그 이후 평화로운 민주적 정권 교
체가 정착하였다.

3) 한국민주주의의 수준

(1) 민주주의 지수(이코노미스트)

한 나라가 얼마나 민주적인지는 어떻게 평가할 수 있을까? 세계적
으로는 민주주의 수준을 평가하기 위해 몇 가지 기관이 활동하고 있다.
영국 주간지 이코노미스트The Economist 산하 Economist Intelligence

Unit의 '민주주의 지표Democracy Index'는 2년 간격으로 167개 국가의 민주주의 수준을 평가한다. 평가는 '선거과정의 공정성', '정부 기능', '정치 참여', '시민 자유', '정치문화'의 5개 분야 60개 지표로 이루어진다. 최근에는 세계적으로 민주주의가 후퇴하고 있다는 보고가 잇따르고 있다. 2015년 보고서의 부제는 〈민주주의 우려의 시대Democracy in an age of anxiety〉이다.

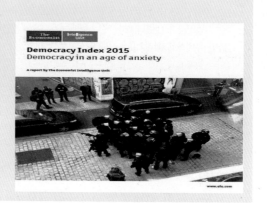

• 민주주의 지수(Democracy Index)
2015년 '민주주의 지수' 랭킹 1위는 총점 9.93의 노르웨이다. 한국은 총점 7.97로 22위이며, 2014년의 21위(평균 8.06점)에서 한 계단 떨어졌다. 정권 형태 분류에서는 완전한 민주주의가 20개국, 미흡한 민주주의 59개국, 혼합형 체제 37개국, 권위주의 체제 51개국 등으로 나타났는데, 한국은 완전한 민주주의 국가군에서 미흡한 민주주의 국가군으로 밀려났다.(연합뉴스, 2016/01/21)

(2) 언론자유 지표(프리덤하우스)

언론자유의 수준을 측정하는 데 가장 널리 참고하는 자료는 프리덤하우스 발표자료이다. 1941년 창립한 프리덤 하우스Freedom House, http://www.freedomhouse.org는 매해 '언론자유Freedom of The Press순위'를 발표하고 있다. 언론자유에 대한 법·정치·경제적 환경을 100점 기준으로 환산하여 100점에 가까울수록 언론 탄압이 심한 나라로 평가한다. 1~61위는 언론 자유국, 62~133위는 부분자유국, 133위 이하는 언론 자유가 없는 국가로 평가한다. 2016년 조사에 의하면 전 세계 인구 중 13%만 언론의 자유를 누리고, 41%는 일부 자유를, 46%는 전혀 자유를 누리지 못하고 있는 것으로 나타났다. 한국은 2016년 조사대상 199개 국 가운데 66위로 '부분적 언론 자유국'에 속한다.

4) 한국 지방자치와 민주주의

(1) 지방자치 제도

지방자치제도는 지방자치단체 주민의 자율적인 참여와 지역정치 활성화를 목표로 한다. 즉, 중앙정부나 중앙 정치인이 아니라 지역의 정부와 정치인이 지역주민과 함께 지역의 문제를 해결한다는 취지이다. 따라서 지방에도 단체장과 의회가 만들어졌다.

지방자치단체장은 지역 내에서 행정권을 행사할 수 있으며, 지방의회는 '조례'를 제정한다. 2000년부터는 주민이 직접 정치에 참여할 수 있도록 주민발의제도를 도입하여 주민이 직접 조례를 발의할 수 있게 되었다. 이 외에도 주민감사청구제도, 주민참여예산제, 주민투표제, 주민소송제, 주민소환제 등이 있다.

(2) 지방자치의 과제

우리나라의 지방자치 제도에 대한 논란은 끊이지 않고 있다. 예를 들어, 여전히 중앙정부에 권력이 편중되어 있다는 점, 주민참여가 미진하다는 점 등이 지적된다. 또한 지방자치단체는 여전히 중앙정부에 대해 재정적으로 의존되어 있기 때문에 자립이 어렵다.

■ 야간시위는 몇 시까지 가능한가, 집회·결사의 자유는 제한할 수 있는 것인가

헌법 제21조에서는 "모든 국민은 언론·출판의 자유와 집회·결사의 자유를 가진다"고 규정되어 있다. 그러나 시민들이 시위에 참여했다고 처벌받는 경우가 많다. 특히 과거에는 「집회 및 시위에 관한 법률」에 야간시위금지조항이 있어서 야간에 시위를 할 경우 처벌되었다. 한편 헌법재판소는 2014년 3월, 야간시위금지조항을 '해가 진 후 자정까지의 시위'에 적용하는 한 위헌이라고 결정했다(6인 한정위헌). 과연, 집회·결사의 자유를 제한할 수 있는 것일까?

ǀ 헌법재판소 판결 과정에서 제기된 반대의견

자료: 헌법재판소(https://www.ccourt.go.kr/cckhome/kor/event/cartoonDec/selectCartoonDec.do)

5

민주주의의 미래

1) 미디어와 민주주의

(1) 매스미디어와 여론

미디어는 대중에게 정보를 전달하는 매체이다. 특히 TV나 라디오와 같은 미디어는 다수에게 메시지를 전달한다는 점에서 '매스mass 미디어'라고 부른다. 최근에는 인터넷과 소셜미디어와 같은 새로운 소통적 '뉴미디어'가 등장하였다. 민주주의에서 미디어는 극히 중요하다. 미디어를 통해 여론 수렴과 재생산이 이루어지기 때문이다.

다른 한편 미디어는 정치의 연예화, 포퓰리즘적 정치현상, TV광고 등 지나친 고비용정치의 폐해 등 부정적인 측면을 동반한다.

(2) 인터넷과 민주주의

2000년대 초반부터 인터넷을 통한 시민들의 정치참여가 활성화되었다. 정치후보자는 소셜미디어나 홈페이지, 블로그를 통해 자신을 알릴 수 있게 되었고, 시민들은 SNS 상에서 후보자와 토론하거나 인터넷 게시판에 자신의 의견을 표현하기도 한다. 이런 현상을 전자민주주의, 인터넷 민주주의라고 표현한다.

인터넷은 토론을 활성화하고 풀뿌리 민주주의를 발전시킬 수 있다는 장점이 있다. 그러나 혹자는 전통적인 정당이나 정부 등 대의민주주의를 위협한다고 비판하기도 한다. 또한 끼리끼리 현상의 심화로 인해 파편화나 극단화가 나타날 수 있고, 개인의 프라이버시를 위협하고 개인정보를 독점하는 문제가 일어나기도 한다.

2) 민주주의의 새로운 과제

(1) 관용

최근에는 민주주의의 중요한 미덕으로 '관용'을 꼽는다. '똘레랑스 tolerance'는 사회 다양성을 인정한다는 관용을 의미하며 '참다', '견디다'라는 단어에서 유래하였다. 주로 소수자 권리와 입장을 인정한다는 의미로서 개인적 차원의 인정 뿐만 아니라 사회와 국가 차원의 관용을 모두 의미한다. 민주주의는 다양한 권리와 주장을 용인할 수 있는 원리로 구성되어 있기 때문에 차이와 다양성에 대한 관용은 가장 기본적인 필수적 사회 덕목이다.

(2) 불평등과 양극화

민주주의가 발전하고 부유한 국가가 많아지고 있음에도 불구하고 우리사회의 사회경제적 불평등은 증가하거나 심화되고 있다. 특히 1997년 IMF와 2008년 글로벌 경제위기를 겪으면서 양극화가 심화되어 사회 불안을 더욱 가중시키고 있다. 2014년 아시아개발은행ADB의 보고서 『아시아의 불균형 상승과 정책 함의』에 의하면 우리나라의 소득 불균형 수준은 아시아 28개 국 가운데 5번째이다. 불평등과 양극화의 심화는 민주주의 발전을 저해하는 요소이다.

(3) 감시와 기본권 침해

민주주의 사회에서 개인의 인권은 가장 중요한 문제이다. IT가 발전하면 시민의 참여방법이 다양해질 수 있지만 한편으로는 고도의 기술을 활용하여 개인을 감시하고 개인정보를 유출하는 경우도 발생할 수 있다. 철학자 푸코Foucault, M.는 근대 사회에서의 개인 감시 가능성이 일상적으로 이루어지는 상황을 경고한 바 있는데, 오늘날에도 이러한 개인 감시는 전방위적으로 이루어지고 있는 상황이다.

3) 왜 또다시 민주주의인가

(1) 완전하지 않은 민주주의

민주주의 발전은 시민의 참여를 기반으로 한다. 그러나 대부분의 국가에서는 민주주의적 참여가 저조하다. 투표율은 하락하고 있으며 정당원은 감소하고 노동조합의 영향력도 약화되고 있다. 한편, 입법부, 사법부, 행정부에 대한 시민의 실질적인 참여는 이루어지지 못하고 있다. 시민은 매스미디어나 정치인을 바라보기만 하는 '정치 소비자'에만 머무르고 있다는 것이다. 민주주의는 과연 진정으로 실현될 수 있을까?

(2) 민주주의 발전의 조건

세계적으로 민주주의가 완벽했던 적은 한 번도 없다. 민주주의는 언제나 현재 진행형이기 때문이다. 투표나 대표 선출 그리고 다수결만으로 민주주의가 완성되는 것도 아니다. 그렇다면, 민주주의의 무엇이 좋은가? 우리는 왜 민주주의를 소중하게 생각해야 하는가? 일단 성취된 민주주의는 어떻게 유지될 수 있는가? 무기력해진 민주주의 앞에서 이와 같은 문제에 대해 생각해볼 필요가 있다.

분야	긍정적 평가	부정적 평가
제도	언제나 법이 정해진 대로 규칙적인 선거가 실시되었다	선거만 규칙적이었을 뿐 대표자는 국민을 대표하지 않았다
정당	정당의 '경쟁'이라는 역사적 전통이 안정적으로 이어지고 있다	헌법재판소에 의해 정당이 없어지기도 했다
이념	반공주의와 권위주의가 압도적인 시대에서 이제는 시민의 목소리가 커지는 시대가 되었다	커진 시민의 목소리가 실질적으로 반영된 것이 없다
사회	다양한 시민의 목소리를 반영하는 포용적인 사회가 되었다	여전히 성적 소수자, 이주자에 대한 사회적인 편견이 높다
가치	경제성장만 중요한 것이 아니라 탈물질적인 가치도 중요하다는 것을 자각하는 사회가 되었다	물질만능주의는 영원히 사라지지 않는 절대불변의 가치이다
경제	사회가 풍요로워지고 선택할 수 있는 직장의 수도 많아졌다	풍요 속의 빈곤감은 없이 살던 시대보다 더 큰 것 같다
지역	지방자치의 중요성에 대해 공감하는 사람들이 많아졌다	지방자치로 인해 지역주민의 삶이 나아졌는지 잘 모르겠다
문화	국가가 통제하는 TV가 아니라 많은 수의 TV 채널이 생겼다	그렇다고 볼만한 프로그램들이 늘어나서 나의 삶에 도움이 되는 것은 아니다

1. 2017년까지 민주화 30년 동안 경험한 긍정적 변화와 부정적 변화에 대한 의견은 위의 〈표〉와 같다. 이와 같은 평가를 하게 된 이유는 무엇인지 토론해 보자.

2. 이 외에도 민주화로 인해 나타난 긍정적인 효과와 부정적인 효과에 대해 생각해 보자.

참고문헌 | REFERENCE

- 강원택. 2015. 『대한민국 민주화 이야기』. 서울: 대한민국 역사박물관.
- 샤츠슈나이더. 2008. 박수형·현재호 역. 『절반의 인민주권』. 서울: 후마니타스.
- 이승원. 2014. 『민주주의』. 서울: 책세상.
- 최장집. 2002. 2005. 『민주화이후의 민주주의』. 서울: 후마니타스.
- 김육훈. 2007. 『살아있는 한국 근현대사 교과서』. 서울: 휴머니스트.
- 김육훈. 2012. 『민주공화국 대한민국의 탄생』. 서울: 휴머니스트.
- 권재원. 구민적 편. 2011. 『민주주의를 만드는 생각들: 고대 편』. 서울: 휴머니스트.
- 권재원. 구민적 편. 2011. 『민주주의를 만든 생각들: 근현대 편』. 서울: 휴머니스트.
- 소피 라무뢰, 클레르 페레 (그림). 양진희 역. 2010. 『세계역사를 바꾸는 정치 이야기: 고대 그리스 민주주의에서 시민운동까지』. 서울: 상수리.
- 사카이 도요타카, 현선 역. 2016. 『다수결을 의심한다 − 왜 선거는 우리를 배신하는가?』. 경기: 사월의책.
- 후지요시 마사하루, 김범수 역. 2016. 『이토록 멋진 마을 − 행복동네 후쿠이 리포트』. 서울: 황소자리.
- 『민주주의의 엔진, 갈등』(EBS 다큐프라임 2016년 5월 24일 방영)

Ⅱ · 국가

1

서 론

국가는 우리가 이해해야 하는 가장 중요한 개념 가운데 하나이다. 우리는 다른 국가와 운동 경기가 있을 때마다 '대~한민국'을 목이 터져라 외친다. 2002년 월드컵 경기 때를 기억해 보자. 이때 우리 젊은이들은 '대~한민국'을 외치는 전국적인 응원을 연출함으로써 세계로부터 큰 주목을 받았다.

우리는 태어나면서 자신의 의지와 상관없이 대한민국의 국적을 지니게 된다. 대한민국 국민으로서 우리는 초등학교 6년과 중학교 3년을 합친 총 9년 동안 의무 학교 교육을 받아야 한다. 우리가 대한민국 국적을 갖고, 학교에서 최소 9년 동안 교육을 받아야 하는 이유는 사실 국가 때문이다. 우리는 인간다운 생활을 할 수 있는 권리를 국가에게 요구할 수 있다. 또한 대한민국 국민이면 신분, 성별, 종교, 지역에 따라 차별을 받지 않으면서 생활할 수 있는 권리가 있다.

위에서 언급한 상황들을 보자. 우리는 태어나면서부터 죽을 때까지 국가와 떨어져서 생활할 수 없다. 그렇다면 우리에게 국가는 무엇일까? 우리에게 국가는 어떤 의미를 지니고 있는 것일까? 국가의 역할은 무엇인가? 우리의 국가인 대한민국은 우리들에게 무엇을 하여야 하는가? 또한 국민으로써 우리는 국가에게 어떻게 하는 것이 바람직한 것인가? 우리가 이런 질문들을 받게 된다면 어떻게 대답할 수 있을까? 막상 우리가 이런 질문들을 받는다면 대답하는 것이 쉽지 않을 것이다.

그렇다면, 이런 질문들은 어떠할까? 우리가 살고 있는 국가 이름은 무엇인가? 국가의 3요소는 무엇인가? 이 질문에 대한 대답은 쉬울 것이다. 첫 번째 질문에 대하여서는 누구나 모두 대한민국이라고 할 것이고, 두 번째 질문에 대하여서도 쉽게 국민, 주권, 영토라고 할 것이다.

국가 이름이나 국가의 3요소와 같은 질문에 대하여 대답하는 것은 쉬운데, 국가란 무엇인가란 질문을 받으면 왜 어렵다고 생각하는 것일까? 국가의 존재는 우리 생활과 밀접한 관계가 있는데 국가의 의미는 어렵다. 아마 국가는 우리가 태어나면서부터 우리의 선택과 무관하게 주어진 '원래부터 존재하였던 것'이라고 생각하여, 이런 질문에 대하여 심각하게 고민해 보지 않았을 가능성이 있다. 이런 이유 때문에 '국가란 무엇인가?' '국가는 우리에게 어떤 의미일까?'란 질문이 어렵다고 생각할 수 있다. 하지만 보다 근본적인 이유는 국가의 개념 그 자체가 어렵기 때문일 것이다.

국가에 대하여 설명한 책은 많이 있다. 그러나 이들 책을 자세히 읽어 보면 국가란 무엇인가란 질문에 대하여 모호하게 설명하는 경우가 많다. 역사가 오래된 개념일수록 그 개념은 모호하게 설명되어 있다. 국가도 이런 개념 가운데 하나이다. 본 장은 국가에 대하여 소개한다. 국가란 무엇인가라는 기본적인 물음으로부터 시작하여 국가의 정의, 국가의 특징, 정부 형태, 입법부, 행정부 등에 대하여 소개하고 마지막에는 정부의 신뢰에 대하여 설명한다.

• 국가의 3요소
1. 국민: 국가의 구성원이며 법률은 국민이 되는 조건을 규정하고 있다.
   (헌법 제2조①: 대한민국의 국민이 되는 요건은 법률로 정한다.)
   * 대한민국의 국민이 되는 요건은 『국적법』에 규정되어 있다.
2. 주권: 국가의 의사를 최종적으로 결정하는 절대적인 권력. 대외적으로는 독립성을 지닌다.
   (헌법 제1조②: 대한민국의 주권은 국민에게 있고, 모든 권력은 국민으로부터 나온다.)
3. 영토: 국가의 주권이 미치는 영역으로 영토, 영해, 영공을 포함한다.
   (헌법 제3조: 대한민국의 영토는 한반도와 그 부속도서로 한다.)

• 국가에 대한 자부심 여론조사 결과

   2012년 서울대학교 한국정치연구소가 실시한 여론조사 결과에 의하면, 우리나라의 국민 가운데 85.6%는 국가에 대하여 자랑스럽다고 응답하였다(응답자의 28.2%는 "매우 자랑스럽다"고 응답했고, 57.4%는 "다소 자랑스럽다"고 응답). 여론조사는 만19세 이상을 대상으로 하였다.

• 대한민국 헌법

   대한민국 최고의 기본법이다. 현재의 대한민국 헌법은 1948년에 제정되었고, 그 이후 9차례에 걸쳐 개정되었다. 9번째 개정이 1987년에 이뤄졌기 때문에 '87년 헌법' 또는 '제6공화국 헌법'이라고 부르기도 한다. 대한민국 헌법은 전문과 본문 130개조, 부칙 6개조로 구성되어 있다. 대한민국 헌법은 일반 법률보다 개정절차가 까다롭고 어렵다. 이를 경성헌법이라고 부른다.

ㅣ 헌법 공포를 기념하는 우표
자료: http://iloverossi.egloos.com/m/593521

2

국가의 개념

1) 국가의 어원

(1) 國家

국가에 대한 한자어 표기는 國家이다. 즉 국가는 나라 국國자와 집 가家자로 구성되어 있다. 대한민국을 비롯해 미국, 중국, 영국, 국가의 이름에는 나라 국國자를 포함하고 있다. 국가의 국國자는 어떤 뜻을 갖고 있는 것일까? 국國은 세 가지의 뜻을 갖고 있다. 우선 우리가 음식을 먹는데 필요한 입口, 우리가 음식을 구할 때 혹은 짐승으로부터 자신을 지킬 때 필요한 도구戈, 우리가 생활하는데 필요한 터전口의 세 가지 의미를 지니고 있다.

가家 자를 보면 지붕 면宀과 돼지 시豕로 구성되어 있다. 지붕은 자연 상태에서 인간이 지닐 수 있는 건축물은 아니다. 지붕은 인류 문명이 발전하면서, 인간이 인공적으로 만든 건축물의 한 부분이다. 돼지는 집에 같이 거주하는 가족들을 의미한다. 돼지는 새끼를 많이 낳는다. 그렇기 때문에 번성의 의미를 지니고 있기도 하다. 가家는 인류가 인공적으로 만든 건축물과 가족의 번성이란 의미를 갖고 있다.

즉, 위의 내용을 종합하면 나라 국國자와 집 가家자로 이뤄진 국가國家는 어원적으로 다음과 같은 뜻을 갖는다. 국가는 가족 공동체가 확대되어 만들어진 공동체의 한 형태란 뜻을 지니고 있다. 또한 국가는 가족 공동체의 규칙, 의식과 규범이 외연적으로 확대되어 구현되는 공동체라는 의미를 지니고 있기도 하다.

> **• state**
> 'state'는 국가에 해당되는 영어 표현이다. 영어 표현 'state'의 어원은 '서다'의 뜻을 지닌 라틴어 'stare'으로 알려져 있다. 'stare'는 원래 통치자의 신분을 나타내는 표현이었다. 즉 14세기에 로마법이 부활하면서 라틴어인 'stare'는 개인이나 특정한 정치 집단의 지위 혹은 상태를 나타내는 용어로 사용되었다.
> 라틴어 'stare'는 영어 표현 'status'에 해당되기 때문에 국가를 나타내는 'state'의 어원은 'status'으로 이해할 수 있다. 'status'는 개인이나 어떤 대상이 지니고 있는 신분이나 상태를 의미한다. 이밖에 'status'는 관계라는 의미도 있다. 재산, 지위, 직업 등은 개인의 신분과 관계가 있다.
> 이후 'status'는 왕과 같은 특별한 사람의 지위를 나타내던 의미가 사라지고, 전체 사회의 지배를 의미하는 표현으로 사용되었다고 한다. 이런 어원에서 시작한 'state'는 국가의 상태, 권력의 지위를 의미하기 시작하였고, 현재 국가의 의미로 사용되고 있다.

2) 국가 개념에 대한 접근 방식

국가 개념은 오래된 역사를 지니고 있다. 즉 국가는 인류 역사와 함께 하였다. 그렇기 때문에 국가를 정의하는 방식은 시대와 상황에 따라 다르다. 사람마다 국가에 대하여 이해하는 것이 다른 이유는 서로 접근하는 방식이 다르기 때문이다. 이 책에서는 세 가지 접근법 – 이상주의적 접근법, 기능주의적 접근법, 제도주의적 접근법 – 에 대하여 소개한다.

(1) 이상주의적 접근법

국가 개념에 대하여 소개하는 첫 번째 방식은 이상주의적 접근법이다. 이 접근법에 따르면 사회는 가족, 시민사회 그리고 국가라는 세 가지 요소로 이루어져 있는데 이들은 각각 차이점이 있다. 우리는 가족에서 '특수한 이타주의'를 발견할 수 있다. 부모가 자식에 대하여 무한한 사랑을 베푼다던지, 자식이 부모를 공경하는 것은 '특수한 이타주의'이다.

둘째, 시민사회에서는 '보편적인 이기주의'를 발견할 수 있다. 우리가 남의 이익보다 자신의 이익을 먼저 생각하는 것을 '보편적인 이기주의'라고 한다.

셋째, 국가는 '보편적인 이타주의'에 의해 유지되는 '윤리적 공동체'로 이해할 수 있다. 국가의 구성원인 개인들은 윤리적 공동체인 국가를 통하여 각자의 특수성을 초월하고 자유를 얻을 수 있다. 즉 사회를 구성하는 3요소 가운데 국가는 가족, 시민사회와 다르다.

(2) 기능주의적 접근법

기능주의적 접근법은 국가가 어떻게 '기능'하는가를 중요하게 보는 관점이다. 즉, 국가의 특수한 목적이나 의도에 대하여 관심을 갖고 국가를 이해하는 방식이다. 국가의 가장 중요한 목적 가운데 하나는 개인의 사유재산을 보호하는 것이다. 또한 개인의 안전을 보장하는 것도 국가의 중요한 목적 가운데 하나이다. 즉 기능주의적 접근법은 국가의 목적과 관계가 있다. 예를 들어 가족, 대중매체, 종교단체와 같은 사적인 영역의 제도들도 국가의 목표를 달성하는데 관련이 있다면 국가의 일부분으로 볼 수 있다.

(3) 제도주의적 접근법

국가를 정부와 같은 제도들의 집합체로 이해하는 접근법이다. 여기서는 특히 공식 제도, 예를 들어 행정부, 사법부, 군대, 경찰, 정책 등이 중요하다. 이와 같이 국가를 정의하는 경우에는, 국가 범위가 사회 범위보다 작아지게 된다. 즉 제도주의적 접근법에서 국가는 공적인 것과 관련 있는 제도들의 집합체로 볼 수 있다.

• 제도(Institution)
관습이나 도덕, 법률 따위의 규범 혹은 일정한 목적을 위하여 우리들의 행동을 규율하는 수단을 체계화시킨 것을 말한다. 예를 들어 정치제도, 법률제도 등을 생각할 수 있다.

3) 국가의 정의

(1) 개념 정의

많은 학자들이 국가에 대하여 정의하였다. 우선 한국에 비해 국가에 대한 연구가 많이 이뤄진 해외의 경우부터 살펴보자. 대표적으로 빈센트Andrew Vincent는 국가란 "지배자와 피지배자 모두에게 지속적으로 적용되는 공권력"이라고 정의한다. 헤이우드Andrew Heywood는 국가를 "제한된 영토적 한계 내에서 독립적 사법권을 확립하고, 일련의 영속적인 제도를 통해 권위를 행사하는 정치적 결사체"로 본다. 안게르만Erich Angermann은 국가에 대하여 "적어도 경향적으로 그 개념이 모든 종류의 자연법적·절대주의적 국가학의 근저에 놓인, 관료제적으로 훈련되고, 내부의 질서와 외부로의 안보를 책임지며 최고의 권위가 부여된 신시대의 조직"이라고 정의한다.

국내 학자들의 견해는 다음과 같다. 손문호는 국가란 "사회의 유지와 공공선을 위한 목적으로 지속적이고 막강한 힘을 지닌 자족적·자율적 인간 결합"이라고 정의하였다. 우명동은 국가를 "형식적으로는 의회가 담당하는 입법부, 정부 각 부처들로 이루어진 행정부, 그리고 재판 기구들로 구성된 사법부 등으로 이루어진 제기구의 집합체"로 이해하였다.

(2) 정의의 특징

위에서 소개한 국가에 대한 개념 정의를 살펴보면, 학자마다 견해가 조금씩 다르다는 것을 발견할 수 있다. 그럼에도 불구하고 위에서 소개한 국가에 대한 정의는 다음과 같은 내용을 포함하고 있다.

첫째, 국가는 주권 즉 국가의 의사를 최종적으로 결정하는 절대적인 권한을 갖고 있다. 물론 주권은 대외적으로 독립성을 지니고 있다.

둘째, 국가는 공적인 영역에만 관심이 있다. 국가는 가족이나 종교단체, 시민사회와는 다르다. 그렇기 때문에 국가는 공적인 제도라고 말할 수 있다.

셋째, 국가 권력은 정당한 것이다. 국가는 독점적으로 강제력을 행사할 수 있는 권한이 있다. 이 권한은 국민으로부터 부여받았다. 그렇기 때문에 국가 결정이 국민을 구속하더라도 국민은 그것을 받아들여야 한다.

넷째, 국가 권력은 독립된 집행 기구를 지니고 있다. 국가는 입법부, 행정부, 사법부 등으로 이뤄진 집합체라는 것을 의미한다.

- **무정부 상태(anarchy)**
  정부가 없는 상태를 의미하며, 그렇기 때문에 국가의 사회 질서가 유지되지 않고 불안한 상태를 의미한다. 정치적 권위와 합법적인 권리가 존재하지 않는 사회로 이해하면 된다.

- **국가의 수**
  국가의 수는 조사하는 기관에 따라 조금씩 차이가 있다. 2016년 현재 UN(국제연합) 회원국은 193개국이다. 우리나라는 1991년 제46차 UN 총회에서 가입안이 통과되어 UN 회원국이 되었다.
  자료: http://www.un.org/en/sections/member-states/growth-united-nations-membership-1945-present/index.html

- **삼권 분립의 이해**
  권력분립은 국가 권력이 소수의 사람이나 세력에 의해서만 독점되지 않도록 견제와 균형(checks and balances)의 긴장 관계를 제도화시킨 것이다. 권력분립은 크게 두 가지 차원으로 이루어진다. 첫째는 삼권분립(三權分立, trias politica)을 통해서 입법, 행정, 사법의 세 가지 기능을 입법부, 행정부, 사법부라는 각각 독립된 정부기관에 위임하는 형태로 이루어진다. 둘째는 지방분권(地方分權, decentralization of powers)을 통해서 중앙정부와 지방정부 사이에서 이루어진다.

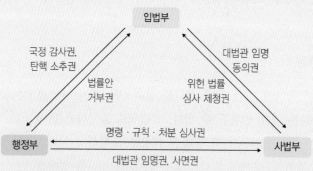

자료: http://study.zum.com/book/12197

1. 국가와 사회집단의 차이점은 무엇일까?

2. 국가의 결정이 우리를 구속하더라도 우리는 국가의 결정을 받아들여야 한다. 그 이유는 무엇인지 토론해 보시오.

3. 우리에게 국가는 왜 필요할까 토론해 보시오.

3

국가의 기원

이렇게 중요한 국가는 언제부터 그리고 어떻게 등장하기 시작했을까? 많은 철학자와 정치학자들은 '국가가 어떻게 태어나게 된 것일까?'란 물음에 대하여 관심을 갖고 있었다. 이들의 주장은 많이 소개되어 있지만, 크게 역사적 기원설과 철학적 기원설로 구분할 수 있다.

1) 역사적 기원설

국가의 탄생을 설명하는 역사적 기원설에는 실력설theory of force, theory of conquest, 계급설theory of class, theory of exploitation, 가부장권설patriarchal theory 등이 있다.

(1) 실력설

실력설은 오펜하이머Oppenheimer, 라젠호퍼Ratzenhofer 등이 주장하였다. 실력설은 국가가 만들어진 배경에는 투쟁이 있었다고 본다. 즉 인간과 인간이 대립하고 투쟁하는 과정에서 국가가 탄생했다고 보는 설명이다. 투쟁에서 승리한 집단이 패배한 집단을 정복해 가면서 국가가 만들어졌다는 것이다. 예를 들어 인류의 역사를 보면 농경 사회에서는 투쟁을 승리로 이끈 집단들이 대토지를 소유하고 있었다. 이후 대토지를 소유한 귀족 계급이 나타났고, 이들의 이익을 보장하기 위하여 국가라는 제도로 발달했다고 볼 수 있다.

(2) 계급설

계급설은 철학자인 마르크스Marx와 엥겔스Engels가 주장하였다. 이들은 국가가 만들어진 배경을 계급들 사이의 경제적 관계로 설명한다. 우선 원시 공동사회가 진화하면서 국가가 자연스럽게 탄생했다는 견해는 부정한다. 원시 공동사회에서 생활하던 구성원들 사이에 분업이 있었는데, 이런 분업 결과, 일부 구성원들은 부유하게 되고 나머지 구성원은 빈곤하게 되었다는 것이다. 또한 분업 결과 발생한 빈부의 차이로 인하여, 구성원들 사이에 지배와 피지배 관계가 만들어졌고, 이런 관계는 세습되었다고 본다. 그 결과 지배 계급은 피지배계급을 착취하면서 잉여가치, 즉 부를 축적하게 되었는데 이 과정에서 국가가 만들어졌다고 보는 견해이다.

- **원시공동사회**
  일반적으로 원시공동사회란 인류사에서 경제적인 불평등이 발생하기 이전의 시기이다. 이 시기 인류는 혈연을 토대로 토지와 자원을 공유하며 정치적으로 평등했다.
- **잉여가치**
  자본가 A가 노동자 B의 노동력을 구매하는데 투자한 가치의 양보다 더 많은 가치의 양을 말한다. 즉 자본가가 투자한 가치보다 더 늘어난 가치를 의미한다.

(3) 가부장권설

가부장권설은 메인Maine 등이 주장하였다. 가부장권설은 국가의 기원을 가족에서 찾는다. 인류가 최초로 경험한 사회의 형식은 가족이었고, 가족과 가족이 확대되면서 국가가 만들어졌다는 시각이다. 즉 가족 집단이 모여서 씨족 집단으로 확대되고, 씨족 집단이 모여서 부족 집단을 형성하였으며, 부족과 부족이 결합하고 확대되면서 국가가 성립되었다는 견해이다.

2) 철학적 기원설

국가 탄생을 설명하는 철학적 기원설에는 신의설divine theory, 자연 발생설natural theory, 사회 계약설social contract theory 등이 있다. 이들은 신의 뜻, 인간 본성, 사회계약 등 다양한 원인으로 국가 탄생을 설명했다. 철학적 기원설 가운데 사회 계약설이 가장 큰 주목을 받았다. 사회 계약설은 17·18세기 사회를 주도한 사상으로 이를 주장한 학자로는 홉스, 로크, 루소 등이 있다.

(1) 홉스의 사회 계약설

홉스Thomas Hobbes의 사회 계약설은 그의 유명한 책 『리바이어던Leviathan』에 소개되어 있다. 홉스는 먼저 자연상태를 설정한다. 자연 상태에서 인간은 평등하게 태어났다. 여기에는 국가도 잘못을 판단할 수 있는 규칙도 정해져 있지 않은 상태이다. 그렇지만 인간들은 스스로의 목적을 위해 그리고 자신을 보호하기 위해 서로 경쟁할 수밖에 없었다고 본다. 즉 인간은 자연 상태에서 '만인에 대한 만인의 투쟁' 상태였기 때문에 스스로의 안전을 보장받을 수 없었던 것이다.

이런 자연 상태에서 인간은 어떤 느낌을 받았을까 생각해 보자. 행복하였을까? 아니면 불행하였을까? 안전을 보장받을 수 없는 환경을 생각해 보자. 이런 환경에서 인간은 행복할 수 없다. 즉 이런 자연 상태에서 인간은 불행했던 것이다.

다음으로 인간 본성에 대하여서도 생각해 보자. 인간의 본성은 평화와 협력을 원할까? 아니면 갈등과 다툼, 전쟁을 더 원할까? 인간은 보편적으로 평화를 추구하는 본성을 지니고 있다.

홉스의 주장에 따르면, 여기서 누군가는 국가이고, 보호 받기를 원했던 인간은 추상적인 공동체인 국가와 계약을 맺는 것이다. 홉스는 이런 배경에서 국가가 탄생했다고 본다. 이것이 『리바이어던Leviathan』에 소개된 사회 계약설이다. 인간은 자연 상태에서의 모든 권리인

자연권을 포기하였고, 이를 강력한 권력을 지닌 국가에 위임했다고
본다.

• **토마스 홉스(1588년~1679년)**
홉스는 사회계약론을 처음으로 소개한 철학자
이다. 홉스의 유명한 책 『리바이어던』은 1651
년에 출판되었다. 홉스는 원래 인간의 보편적
운동법칙에 대한 책을 저술하려고 했으나, 영국
을 비롯한 유럽의 곳곳에서 발생한 분쟁을 보면
서 국가와 시민권에 대한 연구를 시작하였다.
이때 출판된 책이 『리바이어던』이다.

자료: https://en.wikipedia.org/wiki/Thomas_Hobbes

(2) 로크의 사회 계약설

로크John Locke의 사회계약설은 그의 저서 『시민정부론Second Treatise
of Government』에 소개되어 있다. 로크의 사회 계약설도 홉스의 사회 계
약설과 마찬가지로 자연 상태에 대한 설명으로부터 시작한다.

그러나 로크의 견해는 달랐다. 로크에 의하면 인간은 자연 상태
에서 자연권을 지닌 존재로, 자연 상태에서 인간은 평화롭고 자유롭
게 생활하였다. 물론 이런 상태에서도 분쟁이나 갈등, 다툼 등이 발생
할 가능성이 있다. 인간의 생활이 항상 평화만을 추구하는 것은 아니
기 때문이다.

그런데 문제는 이런 상황이 발생할 경우 자연 상태에서는 이를
해결할 수 있는 재판관이나 해결사가 없다는 것이다. 로크에 의하면
이때 필요한 재판관이 바로 국가이다. 인간은 이런 자연 상태에서 벗
어나기 위해 공동의 권력인 국가가 필요했던 것이다. 인간은 그들이
누리고 있던 자연권을 보다 확실하게 누리기 위하여 국가와 계약을
맺는 것이다. 로크는 이런 과정에서 국가가 탄생했다고 본다.

로크는 홉스와 다르게 권력을 한명의 사람이나 추상적인 공동체에게 양도한 것은 아니다. 즉 국가 권력의 원천은 인간 자신에게 있고, 국가는 인간을 보호하여야 할 의무가 있는 것이다. 그러므로 로크는 통치자가 계약을 위반하고 개인들의 자유를 침해한다면 시민들은 이에 저항할 권리를 지니고 있다고 주장하였다.

• **존 로크**(1632년~1704년)
로크는 1688년에 있었던 영국 명예혁명의 사상가로 알려져 있다. 로크는 인식론의 창시자이며 계몽주의 철학의 개척자로 알려져 있다. 그의 저서들은 볼테르와 루소 등 유명한 철학자의 사상에 영향을 주었다. 로크가 저술한 『시민정부론』은 홉스의 『리바이어던』 보다 약 40년 늦은 1690년에 출판되었다. 이외에도 중요한 저서로 『인간 오성론(An Essay Concerning Human Understanding)』과 『관용에 대한 편지(A Letter Concerning Toleration)』 등이 있다.

자료: https://en.wikipedia.org/wiki/Two_Treatises_of_Government

• **자연권**
자연권은 인간이 태어날 때부터 자연적으로 가지고 있는 천부적인 권리를 말한다. 한국 헌법에서 자연권을 찾을 수 있다. 헌법 제10조에서 '모든 국민은 인간으로서의 존엄과 가치를 가지며, 행복을 추구할 권리를 가진다. 국가는 개인이 가지는 불가침의 기본적 인권을 확인하고 이를 보장할 의무를 진다'라고 밝히고 있다. 보다 구체적으로 평등권(11조), 신체의 자유권(12조), 재산권의 보장(23조) 등으로 나타나고 있고, 제37조 1항에서 '국민의 자유와 권리는 헌법에 열거되지 아니한 이유로 경시되지 아니한다' 라고 규정하여 자연권을 포괄적으로 보장하고 있다. 그러나 제2항에서는 '국민의 모든 자유와 권리는 국가 안전 보장·질서 유지 또는 공공복리를 위하여 필요한 경우에 한하여 법률로써 제한할 수 있으며, 제한하는 경우에도 자유와 권리의 본질적인 내용을 침해할 수 없다'고 규정하여 자연권의 제한과 한계를 언급하고 있다.

(3) 루소의 사회 계약설

루소Jean-Jacques Rousseau의 사회 계약설 내용은 그의 책 『사회 계약론Du Contrat Social ou Principes du droit politique』에 나타나 있다. 루소의 사회 계약설도 홉스나 로크와 마찬가지로 자연 상태에 대한 설명으로부터 시작한다. 루소에 의하면 인간은 자연 상태에서 자유롭고 평등한 존재이다. 자연 상태에서 인간은 자신의 이익을 추구하고 서로 다투기도 한다. 그러나 이런 다툼이 치명적 결과를 초래한다고 보지 않았다. 자연 상태에서 인간은 '자기애'와 동료들에 대한 '자연적 동정심'이라는 좋은 성품을 지니고 있었기 때문이다. 이는 홉스의 견해와 다르다. 자유롭고 평화로운 자연 상태에서 인간은 자유와 평등을 제도적으로 보장받기 위해 자발적으로 계약을 맺어 국가를 건설했다고 본다.

　　루소의 계약설은 홉스와 마찬가지로 주권의 절대성을 인정한다. 그러나 여기서 주권의 소재는 계약을 맺은 개인에게 있는 것이지 국가에 있는 것은 아니다. 그렇기 때문에 국가가 계약을 위반한 경우 개인은 국가에 대하여 저항할 수 있는 권리가 있다고 본다.

• 장 자크 루소(1712년~1778년)

루소의 『사회 계약론(Du Contrat Social ou Principes du droit politique)』은 1762년에 출판되었다. 이외에도 중요한 저서로 『에밀(Émile ou de l'éducation)』, 『인간 불평등의 기원론(Discours sur l'origine et les fondements de l'inégalité parmi les hommes)』 등이 있다.

루소는 스위스 제네바에서 태어났다. 열 살에 집을 떠나, 열두 살에 법원 서기가 되는 교육을 받았다. 신학교에 입학했으나 사제의 뜻이 없어 신학 공부를 포기하고 음악 공부를 하였다. 그러나 음악인으로 성공하지는 못하였다. 루소는 1749년 디드로(Denis Diderot, 1713년~1784년)와 알게 된 이후,

자료: https://ko.wikipedia.org/wiki/%EC%82%AC%ED%9A%8C%EA%B3%84%EC%95%BD%EB%A1%A0

그의 권유로 마흔이 다 된 나이에 프랑스 아카데미의 학술 공모전에 참가하는데 그가 공모한 『학문 및 예술론』이 1등으로 당선되면서 이름을 떨치게 된다.

이후, 루소는 불평등의 원인을 파헤친 『인간 불평등의 기원』을 저술했다. 임마누엘 칸트가 "번개를 맞은 듯한 깨달음을 얻었다"고 칭찬한 책이 바로 이 책이다. 루소는 모든 사회악의 근원과 사회 갈등의 원인은 경제적 불평등에 있다고 주장하면서, 이를 해결하기 위해서는 사회구조가 근본적으로 변화하여야 한다고 주장한다. 『사회 계약론』에서 그가 주장한 급진적 정치 이론에는 이런 근본주의적인 인식이 배경이 되었다.

• 자연 상태

사회 계약설을 주장하는 학자들이 그들의 이론을 설명하기 위하여 만든 사회라고 생각하면 된다. 자연 상태란 개인의 정치적 권위와 합법적인 권리가 존재하지 않는 사회를 의미한다.

1. 국가는 개인의 자유를 어떤 경우에 어느 정도까지 정당하게 구속할 수 있다고 생각하는지 토론하시오.

2. 다음 밑에 있는 그림은 홉스가 설명하고 있는 리바이어던이다. 왕관을 쓴 리바이어던은 국가를 상징한다. 그의 몸은 국민들로 구성되어 있고, 국민들은 그를 향하고 있는 것을 알 수 있다. 한 손에는 칼을 들고 있는데, 이것은 국가 권력을 의미한다. 다른 손에는 종교적 권위를 뜻하는 지팡이를 들고 도시를 지키고 있다. 리바이어던에 의하면 국가 권력의 원천은 어디에서 나타나는지 설명해 보시오.

4

정부 형태

정부의 형태는 국가마다 다르다. 어떤 국가는 대통령제presidential system, 다른 국가는 의원내각제parliamentary system 또는 분권형 대통령제semi-presidential system를 갖고 있다. 또한 어떤 국가는 단방제unitary system, 다른 국가는 연방제federal system를 갖고 있다. 이러한 다양한 정부 형태는 어떻게 다르며 어떤 특징을 갖고 있을까?

1) 권력의 기능에 따른 분류

(1) 대통령제

대통령제는 대통령을 중심으로 행정권을 행사하는 정부형태를 의미한다. 대통령은 의회로부터 독립되어 있고 독자적인 선거에 의해 선출된다. 따라서 기본적으로 대통령제는 대통령과 의회, 두 개의 민주주의 제도가 운영되는 이원적인 구조를 가진다. 대통령제는 18세기 영국에서 독립한 미국에서 처음 등장하였고, 19세기에 남미의 일부 국가에서 이 제도를 채택하면서 전 세계로 확산되어 갔다. 이 제도의 장단점은 동전의 양면과도 같은데, 장점은 대통령이 정해진 임기를 보장받고, 의회가 아닌 국민의 신임 여부에 따라 국정을 신속하게 강력하게 추진할 수 있다는 것이다.

반면 단점으로는 대통령이 막대한 권한을 악용하여 독재정치를 할 가능성이 존재하고, 의회와의 대립이 발생하면 정국이 마비상태에

빠질 수 있다는 것이다.

(2) 의원 내각제

의원 내각제는 내각 즉 행정부가 전적으로 의회의 신임 여부에
달려있는 정부 형태이다. 시민은 의원만을 선출하며 다수당이 내각을
구성하기 때문에 민주적 정당성이 일원화되어 있다. 의원 내각제는
17세기 영국에서 입헌군주제의 도입과 동시에 실시되었다.

장점은 체제의 민주적 정당성이 매우 높고, 이른바 내각의 책임
정치가 실현될 수 있다. 일반적으로 평시에 그 효율성이 매우 높다고
평가된다. 그러나 단점은 일반적으로 위기 상황 시에 극명하게 나타
나는데, 내각을 전문가나 행정 관료가 맡는 것이 아니라 집권당 혹은
연립정부를 구성하는 정당의 소속 인사들이 구성하므로, 신속한 결정
과 판단이 불가능할 수 있다.

의원내각제는 그 시초가 영국이라는 점에서, 이 국가의 역사적 변화과정과 함께 발전했다. 행정부보다 입법부가 제도적 차원에서 우위에 있다는 점에서 고전적 의미에서의 삼권분립의 원칙에 상대적으로 더욱 부합한다고 할 수 있다. 그러나 항상적으로 존재하는 행정부의 불안정성은 이 제도의 가장 큰 약점으로 꼽을 수 있다.

• 입헌 군주제

입헌 군주제(立憲君主制)란 헌법 체계 아래서 세습되거나 선임된 군주를 인정하는 정부 형태이다. 즉 군주의 권력이 헌법에 의하여 제한을 받는 정치 체제가 입헌 군주제다. 군주가 절대적인 권력을 가지는 전제 군주제에서의 법률과 입헌 군주제에서의 법률은 보통 상당히 다른 양상을 보인다.

오늘날의 입헌 군주제는 거의 대부분 간접 민주제와 혼합되어 있고, 나라의 주권은 국민에게 있다는 주권 이론을 내세우기도 한다. 국왕은 나라의 수장이다. 현대의 입헌 군주제는 대부분 민주주의를 표방한다. 그러나 역사적으로 항상 그러했던 것은 아니다. 이탈리아, 스페인과 같이 군주제와 헌법이 공존하던 나라에서 권력자의 독재가 이루어지기도 했으며, 타이와 같이 정부가 군부 독재 치하에 있었던 경우도 있다.

아시아에서는 말레이시아와 일본, 유럽에서는 영국과 네덜란드, 아프리카에서는 모로코와 스와질란드 등 전 세계적으로 모두 38개의 국가가 입헌 군주제를 채택하고 있다.

(3) 분권형 대통령제(혹은 이원집정부제)

분권형 대통령제는 이원집정부제라고 불리며 대통령과 수상이 공존하는 제도이다. 평상시에는 내각이 수상을 중심으로 행정권을 행사하나, 위기 상황 시에는 대통령이 긴급명령권, 계엄선포권 등 기타 행정권을 행사한다. 즉 의원내각제와 대통령제의 요소가 혼합된 형태라고 할 수 있다.

역사적으로 독일의 바이마르 공화국, 오스트리아, 핀란드 등에서 실시 및 발전해왔으며 현대적 유형으로는 프랑스의 제5공화국이 가장 대표적이다. 이 제도의 특징은 첫째, 내각은 의회에 대하여 책임을 진다. 둘째, 대통령은 의회로부터 독립하여 존재한다. 셋째, 평상시와 위기시 등 시기에 따라 행정권을 행사하는 주체가 다르다. 전자에서는 내각의 수반 즉 총리 혹은 수상이, 후자에서는 대통령이 행정권을 행사한다. 이 제도는 대통령과 다수당의 소속 정당이 같을 경우 대통령제의 장단점이, 다를 경우 의원내각제의 장단점이 각각 나타날 가능성이 높으며, 운용의 묘가 상대적으로 더욱 중요한 제도라고 할 수 있다. 현재 프랑스, 포르투갈, 러시아, 이집트 등 약 30여개 국가에서 이 제도를 채택하고 있다.

• 독일 바이마르 공화국(1919년~1933년)
바이마르 공화국은 1919년부터 1933년까지의 독일을 가리키던 비공식적 명칭이다. 바이마르라는 이름은 이 공화국의 헌법 제정단이 처음으로 회의를 개최한 바이마르란 도시 이름에서 따왔다. 정식 명칭은 1918년까지 존속했던 독일 제국의 이름을 따온 독일국이다.
바이마르 공화국은 이원집정부적 간접 민주제를 채택하였으며, 11월 혁명 속에서 탄생하게 되었다. 1919년 8월 11일에 '독일국'의 명칭으로 쓰인 헌법이 바이마르에서 소집된 의회에서 채택되면서 바이마르 공화국은 정식 출범하게 되었다. 이후 공화국은 초인플레이션과 극좌·극우 세력의 저항과 제1차 세계대전 이후 외교 관계의 논란 등 많은 문제에 직면하게 되었다.
특히 대공황은 브뤼닝 내각의 경제 정책을 붕괴시켰으며 실업률은 폭등하였다. 1933년에 아돌프 히틀러는 연정을 통해 총리에 취임했으며, 나치는 각료 10명 중 2명을 나치하게 되었다. 폰 파펜은 부총리로 위촉되어 힌덴부르크와의 연결을 통해 히틀러 뒤에서 흑막 정치를 할 계획을 세우게 되었다. 그러나 히틀러는 폰 파펜의 계획과 달리 실질적인 권력을 잡아 독재 정치를 펼치게 되고, 이로써 바이마르 공화국은 사라지게 된다.

2) 권력의 지역배분에 따른 분류

(1) 단방제

단방제는 단일제라 불리기도 한다. 단방제는 중앙정부가 모든 정책에 대하여 권한을 지니고 있는 정부 형태를 말한다. 중앙정부는 지방정부에게 자치권을 부여하기도 한다. 그렇기 때문에 중앙정부와 지방정부의 사이에 권력의 분산이 이뤄질 수 있다. 그러나 이 경우에도 지방정부가 행사할 수 있는 권한은 미약하다.

단방제에서 모든 권한은 중앙정부에 집중되어 있기 때문에 국가 단위의 정책을 계획하고 추진하는데 적합하다. 또한 단방제는 중앙정부가 모든 정책을 통제하고 감독하기 때문에 정책을 계획하고 추진하는데 있어서 효율적이다. 그러나 지방자치의 기회가 박탈된다는 점, 지역적 특수성을 고려하지 않고 정책이 결정된다는 점 등은 단방제의 단점이다. 현재 다수의 국가들이 단방제 정부형태를 채택하고 있다. 대한민국도 단방제의 정부형태를 채택하고 있다. 이외에 영국, 프랑스, 일본, 이스라엘, 칠레, 스웨덴 등이 단방제의 정부형태를 채택하고 있다.

• 자치권
지방자치단체(지방정부)가 단체로서의 존립 목적을 실현하기 위해 가지고 있는 자율적인 통치권을 말한다. 즉 지방정부가 그 지역 내에서 법률에 의해 정해진 자치 행정을 할 수 있는 통치권을 의미한다.

(2) 연방제

연방제는 중앙정부와 지방정부의 정치권력이 분할되는 정부 형태를 말한다. 즉 연방제에서 중앙정부와 지방정부는 각각 자신의 영역에서 독자적으로 결정을 내릴 수 있는 권한이 보장되어 있다. 일반적으로 중앙정부는 국방, 외교, 경제 등에 대하여 권한을 지닌다. 반면 지방정부는 복지, 교육, 보건 등에 대하여 책임을 진다. 연방제에서 지방정부는 중앙정부와 함께 모두 권한을 행사할 수 있다.

연방제는 주로 여러 지역이 하나로 통일되는 것이 어려운 경우 채택되곤 한다. 미국의 탄생 배경이 이런 사례이다. 일반적으로 연방제 국가는 의회에서 양원제를 채택하고 있다. 전체의 국민을 대표하는 의회 이외에도 지방을 대표하는 또 하나의 의회가 필요하기 때문이다. 미국, 독일, 호주, 캐나다 등이 연방제를 채택하고 있으며 연방제를 채택한 국가의 숫자는 많지 않다.

• 단방제/연방제 국가
2011년을 기준으로 하여, 연방제 정부형태를 채택한 국가는 21개이다. 반면 174개 국가는 단방제 정부형태를 채택하였다. 세계에서 연방제를 채택한 국가의 비율은 11%정도 밖에 되지 않는다. 그러나 인구는 세계 인구의 39%, 영토는 세계 영토의 50% 정도를 차지하고 있다(쉬블리 2013).

• 양원제
의회가 상원과 하원으로 구성되어 있는 형태를 양원제라고 한다. 반면 단원제는 상원과 하원의 구분이 없는 경우를 말한다. 현재 대한민국의 국회는 단원제를 채택하고 있다. 역사적으로 제2공화국 때 민의원과 참의원으로 구성된 양원제를 채택한 경험이 있다.

3) 한국의 정부

한국은 대통령제를 원칙으로 한다. 역대 제3공화국의 대통령제가 미국의 대통령제와 유사한 측면이 많이 존재한다. 그러나 제6공화국에 들어 대통령의 권한은 다소 약화시키고, 국정조사권 부활 등 국회의 권한을 강화시키며, 헌법재판소 제도의 도입을 통해 사법부의 독립성을 제고하려 하였다. 우리나라의 대통령은 국가의 원수인 동시에 행정권의 수반이며 5년 단임제로써 국민이 직접 선출한다. 그는 법률안거부권, 중요정책에 대한 국민 투표회부권, 대법원장과 대법관 및 헌법재판소 소장 임명권, 긴급 명령권, 긴급 재정 및 경제 명령권과 처분권, 계엄선포권을 가지고, 국무회의의 수장이 되는 등 권한 행사에서 다른 권력에 비해 우월한 측면이 있다.

국회는 행정부에 대한 견제를 위해 국무총리에 대한 임명동의권을 가지며, 국무위원에 대한 출석요구권과 질의권 그리고 해임건의권을 가진다. 또한 탄핵소추와 긴급명령 및 긴급재정 그리고 경제명령 승인권 그리고 계엄해소 요구권 등을 가지며, 국정감사권을 활용하여 행정부의 국정을 감사하거나 특정 국정사안에 대하여 조사할 수 있는 권한을 보유한다. 한편 대통령은 대법관의 임명에 국회의 동의를 얻어야 하며, 대법원은 사법을 담당하는 주무기관으로써 국회와 행정부를 견제하기 위해 독자적인 자치입법권을 보유하며, 위헌법률심사를 헌법재판소에 제소할 수 있다. 헌법재판소는 이밖에도 탄핵, 정당의 해산, 국가기관 간 권한 쟁의, 헌법 소원 등에 관하여 심판한다.

- **한국의 대통령실**
한국의 대통령실은 대통령의 국정수행 보좌에 관한 사무를 관장하는 중앙행정기관이다. 2013년 대통령실은 폐지되고, 대통령비서실로 재편되었다. 조직은 10개 실(경제수석, 국정기획, 외교안보수석, 민정수석, 정무수석, 교육과학문화수석, 국가위기관리, 사회정책수석, 홍보수석, 정책)과 경호처 그리고 대변인으로 구성된다.

- **한국의 지방자치**
한국은 지방자치 단체 즉 지방 정부가 일정한 지역에 대하여 국가로부터 자치권을 부여받아 지방의 사무를 처리할 수 있다는 지방 자치의 원칙을 헌법에서 인정하고 있다. 지방자치단체의 조직 및 운영 등에 관한 사항은 법률로 정하고 있고, 자치행정권, 조례에 대한 제정 및 개폐 등을 골자로 하는 자치입법권, 지방세 과징과 사무처리 경비의 수입 및 지출 등을 골자로 하는 자치재정권을 인정하고 있다.

지방자치 단체는 광역(서울특별시, 부산·대구·인천·광주·대전·울산광역시, 세종 특별자치시, 경기·강원·충남·충북·경북·경남·전남·전북도, 제주 특별자치도)와 기초(인구 50만 이상의 도 소속의 시에 설치된 구와 특별자치도 소속의 시를 제외한 각 시와 군 및 자치구)로 나뉜다.

• **한국 행정부 기관의 종류**

원(院): 대통령 직속 기관으로 국가 안보·안위와 관련된 업무를 수행하는 기관

실(室): 대통령 또는 국무총리를 보좌하는 기관

부(部): 대통령이 결정한 정책과 그 밖에 행정부의 권한에 속하는 사항을 수행하는 국무총리 산하의 기관

처(處): 국무총리 소속으로 여러 부에 관련되는 기능을 통합적으로 관할하는 참모적 업무를 맡으며 정책 수립을 주로 하는 기관

청(廳): 부가 수행하는 기능 중에서 독자성이 높으면서도 업무의 범위가 전국에 미치는 일을 수행하며 정책 수립보다는 정책 집행을 하는 기관

위원회(委員會): 행정기관이 담당하는 사무에 관하여 자문을 하거나 조정, 협의, 심의 또는 의결 등을 하기 위해 만들어진 조직으로 복수의 구성원으로 이루어진 합의제 기관

토론 주제

1. 입법부가 행정부를 견제하는 수단에는 무엇이 있는지 토론해 보시오.

2. 대통령제와 의원 내각제의 차이점은 무엇인가 설명해 보시오.

3. 우리나라에는 삼권분립이 제대로 이루어지고 있는지 토론해 보시오.

5
행정부

1) 행정부의 개념

　　17-18세기에 이르러 정부는 권력 분립 원칙에 따라 입법부와 사법부 그리고 행정부로 나누어졌다. 따라서 이 시기에 들어서야 행정부는 정부의 하나의 기구로써 분화되어 이해되기 시작했다. 즉, 이 시기에는 국가와 정부 그리고 행정부가 서로 다른 개념으로 구분되어 사용되었다.

　　이런 전통은 현재까지도 이어져서, 정부는 광의적 의미에서 정부를 입법부, 사법부 그리고 행정부를 모두 포함한 총체적인 정부기관을 지칭하는 즉 국가의 통치 기구로 보는 견해와, 다른 협의의 측면에서 정부를 입법부와 사법부를 제외한 행정부만을 가리키는 견해가 존재한다.

　　그러나 인류 역사의 발전추세를 감안한다면, 국가와 정부 그리고 행정부는 각각 서로 다른 개념으로 이해되는 것이 바람직하다. 즉 국가는 가장 넓은 범위를 포함하는 공동체의 공적 뿐만 아니라 사적 영역까지도 포괄한다. 정부는 이 가운데 공적 영역을 대표하며, 국가 의지의 집행과 그 존재를 영속시키는 주요 기능을 담당한다. 한편 행정부는 바로 이 정부의 한 부분으로써 주로 정책의 집행을 담당한다.

2) 행정부의 기능

행정부는 일반적으로 아래와 같은 기능을 수행한다.

(1) 의전적 리더십

국가의 수장, 최고 행정관 그리고 더 작은 범위에서 원로급 장관 혹은 차관들은 국가를 대표한다는 의미를 갖고 있다. 의전儀典은 정해진 격식에 따라 치르는 행사를 의미한다. 따라서 의전적 리더십은 행정부가 위계를 갖춘 질서와 구조를 가시고 있고, 이에 따라 명령하고 지휘한다는 것을 뜻한다. 이를 위해 행정부는 관료제 혹은 공무원이라는 제도를 갖추고 있다. 입법부와 사법부에도 이런 제도가 존재하지만, 집행기구로써 행정부의 관료제는 더욱 중요하다.

(2) 정책입안 리더십

행정부는 정책과정을 지시하고 통제한다. 정책은 주로 정부기관에 의해 만들어지는 다양한 지침을 의미한다. 행정부는 정책을 입안하는 과정에서 매우 중요한 역할을 한다. 이 과정은 정책 의제를 채택하고 구체화하는 다양한 단계로 이루어진다.

(3) 대중 리더십

정부는 정책을 제시하고 운영하는 과정에서 대중의 지지를 이끌어내야 한다. 대중의 협조와 양보를 얻어내는 대중 리더십은 정책을 효율적으로 진행하기 위하여 극히 중요하다. 특히 1980년 이후 사회가 민주화되면서 정부는 과거와 같이 일방적으로 사회를 통제하고 관리할 수 없게 되었다. 대중의 협력과 지지가 더욱 중요해진 것이다. 시민사회와 연계하여 공공의 문제를 해결하는 과정에서 행정부는 더욱 더 대중과의 소통에 노력을 기울여야 한다.

(4) 관료적 책임

행정부의 주요 업무는 정책집행이며 행정부가 주요한 관료적, 행정적 책임을 갖고 있다. 정책 집행을 하기 위해서 행정부는 인적 및 물적 자원을 동원하고 조직해야 한다.

(5) 위기 관리

행정부는 국내정치나 국제정치에서 위기가 발생할 경우 대응할 수 있어야 한다. 예를 들어 국내적 차원에서는 지진, 해일, 태풍 등 자연 재해와 대형사고, 전염병 등 인적 재해 등이 주요한 대상이다. 한편 국제적 차원에서는 전쟁, 분쟁 등 전통적인 위기뿐만 아니라 인터넷, 테러, 통상, 환경 등 전 세계 혹은 지역적 차원에서의 위협이 주요 대상이라고 할 수 있다.

3) 행정부의 정책과정

(1) 행정부의 정책

정책이란 공공문제를 해결하거나 목표 달성을 위해 정부가 만드는 행동 방침이다.

정책에는 여러 가지 분류가 존재한다. 예를 들면, 농업정책, 주택정책, 과학기술정책, 안보정책 등이다. 또 전통적인 분류로는 노동정책, 복지정책, 민권정책 등이 있다. 한편, 정책과정은 특정 정책이 채택되고, 결정되고, 집행된 후 평가되는 과정을 가리킨다.

(2) 정책의제 설정

어떤 정책이 필요한지 결정하는 것이 정책의제 설정이다. 정책의제의 설정이 중요한 이유는 모든 문제를 다 처리할 수 없는 현실적인 한계 때문이다. 따라서 어떤 문제가 가장 먼저 해결되어야 할지,

어떤 문제가 부차적인지를 결정하는 것이 중요하다. 일반적으로 아동학대나 장애인문제, 실업문제 등 어떤 특정 사안이 공개적으로 이슈가 될 때 정책의제로 설정된다.

(3) 정책결정

행정부는 그렇다면 어떻게 정책을 결정할까? 학자들은 행정부의 결정에 대하여 다양한 의견을 제시하고 있다. 어떤 학자는 행정부가 합리적으로 이성적으로 정책을 결정한다고 본다. 다른 학자들은 합리적 판단에는 한계가 있다고 보며 따라서 적절히게 만족스러운 수준에서 결정한다고 주장한다. 그러나 도대체 무엇이 만족스러운 기준인지 판단하기 어렵다는 비판이 존재한다. 또 다른 학자들은 대부분의 정책들이 기존 정책을 약간씩만 수정하는 과정에서 결정된다고 본다. 모든 정책대안을 다 검토하고 근본적으로 개혁하는 것은 현실적으로 어렵다는 지적이다.

4) 한국 행정부의 역사

(1) 대한민국 정부 출범(1945년) 이전의 행정부

1919년 수립된 대한민국 임시정부는 초기에 대통령제를 채택했고 1925년까지 이승만이 대통령을 수행하였다. 그러나 이후 1925년 국무령과 국무원으로 조직된 국무회의가 정무를 총괄하도록 하는 국무위원제를 운영하였으며 이후 의원내각제로 변화했다.

> • 대한민국 임시정부(1919-1948년)
> 대한민국 임시정부(大韓民國臨時政府, 영어: Provisional Government of the Republic of Korea, 1919년~1948년)는 1919년 3월 1일 경성(京城)에서 선포된 3·1 독립선언에 기초하여 일본 제국의 대한제국 침탈과 식민 통치를 부인하고 한반도 내외의 항일 독립운동을 주도하기 위한 목적으로 1919년 4월 13일 중화민국 상하이에서 설립된 임시 정부이다.
> 같은 해 9월 11일에는 각지에 난립된 임시 정부들과 통합하여 발전을 모색하였다. 1919년 임시 헌법을 제정하여 대

한제국의 영토를 계승하고 구 황실을 우대한다고 명시하였다. 대한민국 임시 정부의 초대 대통령이었던 이승만은 광복 후 수립된 대한민국의 초대 대통령이 되었고, 1948년 제정된 대한민국 제헌 헌법 전문과 1987년 개정된 대한민국 헌법 전문에 대한민국 임시정부에 대한 계승 의지가 수록되었다.

┃ 중국 상하이의 대한민국 임시정부 자취
자료: https://upload.wikimedia.org/wikipedia/commons/2/25/Entrance_
of_Provisional_Government_of_ROK_in_Shanghai.JPG

(2) 국가 건설기(1945년~1960년대 초반)의 행정부

1945년 광복 이후, 이승만의 주장으로 단원제 국회와 대통령제를 골자로 하는 정부형태가 채택되었다. 이후 행정부의 형태를 둘러싼 대통령제와 의원내각제 간의 논쟁과 다툼이 줄곧 진행되었다. 이승만은 대통령제를 보다 강화하고자 1954년 제2차 헌법 개정을 불법적으로 시도하였다.

결국 1960년 4.19혁명 이후 의원내각제를 기본 정부 형태로 하는 제3차 개헌이 진행되었다. 강력한 대통령제가 독재체제를 낳았다는 비판에 근거하여 의원내각제가 도입된 것이다. 대통령의 지위는 원칙적으로 의례적·형식적 지위에 한정되었고, 실질적 행정권은 국무총리를 중심으로 한 내각이 보유하였다. 그러나 의원내각제는 곧이어 1961년에 발생한 군사 쿠데타로 인해 중단되었다.

(3) 경제 발전기(1960년대 중반~1980년대 후반)의 행정부

5.16 쿠데타로 이후에는 다시 1962년 제5차 헌법 개정에서 '강력한' 대통령제와 단원제를 골자로 하는 정부 조직안이 도입되었다. 이 헌법은 대통령에게 막강한 권한을 부여했다. 긴급명령과 긴급재정 및 경제 명령권, 그리고 계엄 선포권을 갖는다고 규정했다. 동시에 국무

총리 임명 시 국회의 동의를 필요로 하지 않고, 국회의 해임건의권은 법적 구속력이 없는 것으로 만들었다. 또한 헌법재판소를 폐지하여 사법권을 크게 훼손시켰다. 이런 강력한 대통령제는 독재형태로 사실상 운영되었다.

1971년 3선에 성공한 당시 박정희 대통령은 1972년 이른바 유신헌법 즉 제7차 개헌을 통해 대통령의 중임이나 연임 규정을 없애고, 헌법 개정을 국민투표를 통해 진행하게 했다. 이후 시민들의 저항이 격렬하게 일어났으며, 결국 10.26사건이 일어나면서 박정희 체제는 붕괴했다. 이 시기는 점차 일반적인 대동령제, 즉 제3공화국과 대통령의 권한이 절대적인 초월적 대통령제인 제4공화국 두 시기로 나눌 수 있다.

1980년 찾아온 이른바 짧은 민주화의 시기는 그해 전두환을 중심으로 하는 신군부에 의해 막을 내렸다. 전두환은 제8차 개헌을 통해 대통령의 간접선출, 7년 단임제 등을 명문화했다. 그러나 국회해산권의 존속 등을 근거로 봤을 때 여전히 행정부 중심의 대통령제였다.

(4) 민주화 시기(1988년~2007년)의 행정부

전두환군부 쿠데타를 통해 등장한 제5공화국은 1987년 6월 항쟁을 기점으로 폭발한 시민들의 저항으로 막을 내린다. 이후 여야합의를 통해 대통령 직선제로의 개헌을 골자로 하는 안이 공포되었고, 1987년 국민투표에 의해 확정되었다. 이를 통해 대통령 직선제, 대통령 5년 단임, 대통령의 국회해산권 박탈, 헌법재판소의 부활, 국회의 국정감사권 부활 등으로 인해 상대적으로 행정부 권력이 약화된 형태의 정부 조직의 틀을 갖추게 되었다.

이후 김영삼 행정부 시기에는 작은 정부의 구현을 기치로 정부조직 개편과 통폐합을 진행했고, 정부의 규제 완화를 추진하기 위해 기구 설립 등을 추진했다. 김대중 행정부 시기에도 2차례 정부 개혁을 진행했다. 곧이어 등장한 노무현 행정부 역시 이러한 기조를 이어받았다. 권위적 정치문화 극복을 기치로 내걸기도 했으며, 특히 지방 분권의 측면에서 중앙 행정부의 권한 감소를 추진했다.

• 6월 항쟁(1987년 6월)

6월 항쟁은 1987년 6월 10일부터 6월 29일까지 대한민국에서 전국적으로 벌어진 반독재, 민주화 운동이다. 6월 민주항쟁, 6.10 민주항쟁, 6월 민주화운동, 6월 민중항쟁 등으로 불린다. 전두환 대통령의 호헌(護憲) 조치(후임 대통령 역시 선거인단에 의한 간접선거를 골자로 한 기존의 헌법으로 선출하겠다는 것으로, 개헌 요구를 전면 부정한 특별 선언)와, 경찰에 의한 박종철 고문 치사 사건, 이한열이 시위 도중 최루탄에 맞아 사망한 사건 등이 도화선이 되어 6월 10일 이후 전국적인 시위가 발생하였다. 이에 1987년 6월 29일 노태우가 수습안을 발표하였고 대통령 직선제로 개헌이 이루어졌다. 이후 1987년 12월 16일 새 헌법에 따른 대통령 선거가 치러졌다. 6월 항쟁은 대한민국의 민주화에 큰 영향을 주었으며, 사회 운동이 비약적으로 상승하는 효과를 가져왔다.

---

(5) 민주화 이후 시기(2008년~현재)의 행정부

2008년과 2013년에 시작된 이명박과 박근혜 행정부 하에서는 개인적 특성이나 선호보다는 제도가 더 큰 영향을 미쳤다.

• 헌법 개정과 공화국 구분

국가의 기초법인 헌법의 개정은 공화국의 특성에 매우 중요한 영향을 미친다. 그러나 공화국의 구분은 전체 국가의 통치체제가 변화되었을 때 이루어진다. 따라서 헌법이 개정되었다고 해서 무조건 공화국이 달라지는 것은 아니다. 실제로 2016년 기준으로 한국의 헌법은 모두 9차례 개정되었으나, 동년 기준 제6공화국이다.

보다 자세히 살펴보면, 제1공화국은 대통령제를 중심으로 모두 3차례의 개헌이 진행되었으며, 제2공화국은 제4차 개헌으로 내각책임제를 채택했고, 제3공화국은 대통령제를 채택하고 모두 2차례의 개헌을 진행했다. 제4공화국은 6년 임기, 연임 제한 철폐, 간선제 등 '제왕적' 대통령제를 채택했으며, 제5공화국은 7년 단임제의 대통령제를, 제6공화국은 5년 단임제의 대통령제를 채택했다.

---

(6) 한국 행정부의 미래

한국 행정부는 본질적으로 국내외 환경의 변화에 적응할 수밖에 없다. 이렇게 봤을 때 다음의 세 가지 측면이 중요하다. 첫째, 국내외적으로 '작은 정부'는 이미 거스를 수 없는 추세이다. 둘째, 이 같은 작은 정부 건설 추세에도 불구하고, 국내적으로 복지의 필요성은 더욱 커져가고 있다. 셋째, 이런 측면에서 작은 정부 조건하에서 필요한 공공서비스와 복지를 제공하기 위해서는 국민의 자발성을 끌어내고 비정부 기관과의 협력과 연대를 해야만 한다. 한국 행정부의 미래는 바로 이런 요구에 얼마나 적응하는가 여부에 따라 그 결과가 판가름 날 것이다.

토론 주제

1. 국가와 정부 그리고 정부와 행정부 등의 개념에 대해 역사적으로 그 의미가 어떻게 변화했는지 토론해 보자.

2. 한국 행정부의 변화 상황에 대해 정리하고, 어떤 유형이 한국 사회에 더 적합한지에 대해 토론해 보자. 대통령제? 의원내각제? 이원집정부제?

3. 행정부가 인터넷을 검열하고 규제하여야 한다는 주장이 있다. 행정부가 인터넷의 내용을 검열하고 규제하는 것이 바람직하다고 생각하는가 아니면 적절하지 못하다고 생각하는가?

6

입법부

1) 입법부의 의의와 기원

(1) 입법부의 의의

입법부立法府, Legislature는 국가의 현안에 대한 법률을 만든다. 일반적으로 입법부는 행정부 및 사법부와 함께 삼권분립三權分立, trias politica이라는 권력분립權力分立, separation of powers의 원칙에 근거해서 국가 권력기관들 간에 상호 견제와 균형을 이루게 된다.

그러나 입법부의 존재 의의를 단순히 국가에서 법률을 제정하는 기능에만 한정시킬 수는 없다. 입법부의 또 다른 중요한 의의는 국민들이 직간접적으로 그 대표들을 선출한다는 점에 있다. 대의 민주주의에서 입법부는 국가주권의 최고기관으로서 국민들의 의사를 국정에 반영하고 대변하는 것이다.

- 대의 민주주의(Representative democracy)
대의 민주주의는 시민들이 선거 등의 절차를 통해서 자신들의 대표를 선출해서 간접적으로 정치과정에 참여하는 민주주의 제도이다. 대의 민주주의를 직접 민주주의(直接 民主主義, direct democracy)와 대비되는 뜻으로 사용되는 경우, 간접 민주주의(間接 民主主義, indirect democracy)라는 용어를 대신 사용하기도 한다. 한국을 포함한 오늘날 대부분의 민주주의 국가들에서는 대의 민주주의를 채택하고 있다. 반면, 스위스와 같은 일부 국가들에서는 직접 민주주의 제도가 작동하고 있다.

- 의회의 어원
입법부는 의회(議會)와 사실상 같은 의미로 사용된다. 서양 국가들에서 의회는 다양한 용어들로 지칭되어왔는데, 대표적으로 영국에서는 'Parliament', 프랑스에서는 'Assembly(프랑스어: Assemblée)', 미국에서는 'Congress'를 사용한다. 또한 일본의 의회는 영어권에서 'Diet'로 지칭된다. 의회를 지칭하기 위해 가장 폭넓게 쓰이는 'Parliament'는 '말하다'라는 의미를 가진 프랑스어의 'parler'라는 동사에 그 어원을 두고 있다.

이처럼 의회는 대화와 토론 그리고 협상이라는 과정을 통해서 숙의하는 공간이라는 의미를 내포하고 있다. 즉, 국민의 의사를 대변해서 선출된 정치인들이 치열한 논의 끝에 관련된 입법의 장이라는 의회의 본질적 기능이 단어의 어원 속에도 담겨있는 것이다.

(2) 입법부의 기원

현대적인 의미에서 의회의 역사는 13세기 영국으로부터 시작된다. 영국에는 전통적으로 국왕에게 자문을 하는 신분제에 기반을 둔 귀족들의 회의체가 있었는데, 이를 일명 '귀족원'이라고 한다. 그런데 이 귀족원에 의해 1215년에 왕권에 대한 귀족들의 권리를 보장받는 것을 골자로 한 마그나 카르타大憲章, Magna Carta가 공포되면서 이때부터 의회Parliament라는 이름으로 명칭을 바꾸게 된다.

• **마그나 카르타(大憲章, Magna Carta)**
마그나 카르타(라틴어: Magna Carta, Magna Carta Libertatum, 영어: the Great Charter of Freedoms)는 1215년 6월 15일에 영국의 존 왕이 귀족들의 강력한 요구에 의해 국왕의 권리 제한을 문서화한 것이다. 당시 영국 귀족들은 기존에 국왕이 지니고 있던 권리들의 일부를 포기할 것과, 국왕의 권리가 법에 의해 제한될 수 있도록 요구한 것이다. 신분제에 기반을 두어 귀족의 이해관계만 반영된 것이었기 때문에 이 자체가 민주주의적 의의를 지니고 있는 것은 아니지만, 국왕이 가진 절대 권력의 제한이었다는 점에서 역사적 의의가 있다.

자료: http://www.wikimedia.org

이후 에드워드 1세가 이 의회에 귀족과 성직자뿐만 아니라 기사와 시민대표들도 참여시키면서, 당시 의회는 영국사회의 각 신분계층을 모두 망라하여 대표하는 의미를 갖게 된다. 그리고 14세기에 영국의 의회는 귀족 및 성직자로 구성된 귀족원House of Lords과 기사 및 시민대표들로 구성된 평의원House of Commons으로 분화되는데, 이것이 오늘날 양원제에서 각각 상원과 하원에 해당하는 형태로 발전하게 된다.

2) 입법부의 기능

(1) 입법 기능

입법부의 가장 핵심적인 기능인 법을 만드는 일, 즉 '입법' 기능이다. 입법부는 행정 및 사법과 함께 삼권분립의 한 축을 이루고 있다. 우리나라 헌법은 제40조에서 "입법권은 국회에 속한다"라고 규정하고 있다. 이처럼, 대부분 국가들에서는 헌법에 이러한 내용을 규정해서 의회가 입법기관임을 밝히고 있다. 법치국가에 있어서 법률은 모든 국가 권력의 기반이기 때문에 입법은 입법부의 가장 본질적이고 중요한 권한이다. 또한 입법부는 일반적으로 헌법 개정을 제안하거나 의결할 수 있는 권한을 갖고 있다. 또한, 국민의 권리와 국가의 재정에 상당한 영향을 미칠 수 있는 국제 조약 체결권 및 비준에 대한 동의권도 행사한다.

(2) 대표 기능

입법부는 국민이 선거를 통해서 선출한 의원들로 구성된다. 따라서 국민의 주권을 대변하는 대의민주주의의 최고기관이다. 국민을 대표하는 의원들은 법률을 만들고 수정하는 입법 과정을 통해서 국민들의 이해관계를 반영한다. 즉, 국민의 다양한 이해관계와 신념을 집약하여 법안 및 정책에 반영하는 것이다. 입법부는 국민을 대변하는 기관으로서 이러한 과정을 통해서 국민과 국정 사이의 실질적인 연결고리를 제공한다.

(3) 재정 기능

입법부는 정부의 한 해 살림살이에 대한 예산안을 심의하고 결산한다. 입법부는 예산안 심의를 통하여 국민들의 의사가 제대로 반영되는지 감시한다. 즉, 복지예산이 적절한지, 국방예산은 적절한지, 교육예산이 충분한지 등등을 심의하는 것이다. 입법부가 재정을 감시함으로써 국가의 살림살이는 보다 효율적이고 건전해질 수 있다. 그리고 입법부는 정부의 한 해 살림살이가 법에 맞게 제대로 집행되었는지 평가하고, 법을 어겼거나 부당한 사항이 있었을 경우에는 정부와 해당 기관에 시정을 요구한다. 또한, 입법부는 세금에 대한 법을 만든다.

(4) 일반국정 기능

입법부가 행정부를 감시하는 것을 '국정감사' 혹은 '국정조사'라고 부른다. 입법부는 행정부가 국정운영에서 잘못할 경우 이를 적발하고 시정하게 한다. 이는 책임 있는 정부 운영을 가능하게 해준다. 일반적으로 의회 내에 구성된 상임위원회들은 이러한 국정감사 혹은 국정조사에서 핵심적인 역할을 담당한다. 상임위원회들은 해당 분야에 대한 전문성을 바탕으로 관련 법안의 심사뿐만 아니라 행정부의 관련 부처 및 기관들의 활동을 감시한다. 이를 위해서 입법부에는 국무총리와 국무위원들을 의회 본회의나 상임위에 출석시켜 질문할 수 있는 권한이 주어져있다.

• **국정감사와 국정조사**

우리나라 입법부에서 행정부 활동에 대한 감시와 견제는 무엇보다도 국정감사와 국정조사를 통해서 이루어진다. 국정감사는 국정 전반을 대상으로 정기적으로 행하는 조사이며, 국정조사는 특정한 사안을 대상으로 비정기적으로 실시하는 조사이다.

국정감사는 매년 국회 정기회의 시작 이전에 국회에 있는 상임위원회별로 이루어진다. 만약 필요할 경우에는 정기회

기간 중에도 실시가 가능하다. 반면, 국정조사는 재적의원의 4
분의 1 이상의 요구가 있는 경우에 특별위원회 혹은 상임위원
회를 통해서 국정의 특별한 사안에 한정하여 조사를 시행하게
하는 것이다.

그런데 이러한 정기 국정감사는 전 세계에서 유일하게 우리나
라에만 있다. 학자들은 1년 중 30일 정도의 기간만을 정해 국
정감사를 실시하지 말고 항상적으로 국정감사를 해야 한다고
주장하고 있다.

자료: 산업통상자원부(http://www.motie.go.kr)

(5) 외교 기능

입법부는 의회 차원에서의 외교Parliamentary diplomacy 기능을 수행한
다. 현대 사회에서 외교는 행정부, 특히 외교부에서만 이루어지지는 않
는다. 그래서 다른 부처들은 물론이고 의회도 외교를 수행한다. 일반적
으로 의회의 외교는 세 가지 형태로 이루어진다. 첫째, 의회는 외국 의
회의 주요 인사들을 초청하여 상호간의 이해를 증진하고 현안들에 대
한 의견을 교환한다. 둘째, 의원들은 외국 의회를 방문하여 그 국가의
의회나 정부 주요인사와의 면담을 하고 현안을 논의하기도 한다. 셋째,
의원들은 국제기구나 비공식회의 등 다양한 국제회의에 참여한다.

• 우리나라 제20대 국회의 의회외교 강화 노력

제20대 국회의 전반기를 책임지고 있는 정세균 국회의장은
2016년 9월 28일 "대통령 중심제인 대한민국의 특성상 지금
까지 우리 국회가 펼쳐온 의회 외교는 정부를 보조하는 역할에
머물러왔던 것이 사실"이라며, "국회가 정부외교를 보완하고
선도하는 적극적인 의회 외교의 주체로 나서야 하고 또 그렇게
되도록 의장으로서의 역할을 다 하려고 한다"고 밝혔다. 그러
면서 "북한의 군사적 위협과 한반도 평화체제 구축과 관련해서
국회가 손을 놓고 있어선 안된다"면서 "안보와 국익에 관한 문
제는 초당적 대응이 필요하다"고 주장했다. 그리고 이러한 맥
락에서 "이번 국정감사가 끝나는 대로 미·일·중·러 4개국 의
회를 상대로 한 의회외교에 착수할 예정"이라고 밝혔다.

자료: 외교부(http://www.nocutnews.co.kr/news/4660713)

3) 입법부의 형태

(1) 단원제

'단원제單院制, Unicameralism'란 입법부가 하나의 의회로만 구성된 형태이다. 그에 비하여 두 개의 의회로 구성된 경우는 '양원제'라고 부른다. 오늘날 세계의 국가들 중 절반 이상이 단원제를 갖고 있다. 국제의회연맹Inter-Parliamentary Union, IPU에 따르면, 2015년 말 기준으로 전 세계 국가들의 58.9%는 단원제를 채택하고 있으며, 반면 양원제를 채택하고 있는 국가들은 41.2%로 나타난다. 뉴질랜드1950년, 덴마크1953년, 스웨덴1970년, 아이슬란드1991년와 같이 기존에 양원제였다가 상원 의회의 폐지를 통해서 단원제 국가로 전환한 경우들도 있다.

단원제를 채택한 나라들은 대부분 민족이나 언어가 동일하고 인구나 국토면적이 비교적 작고, 중앙정부로 권한이 집중된 경향을 갖고 있다. 또한, 중국이나 쿠바처럼 공산권 국가들의 경우에도 다수가 단원제를 채택해왔다. 그 외에도 앙골라나 보츠와나처럼 아프리카 대륙에 위치한 국가들도 양원제보다는 단원제 형태를 선호해왔다.

단원제의 장점은 무엇보다도 입법과정이 능률적이라는 점에 있다. 양원제에서는 법 제정을 둘러싸고 종종 상원과 하원 사이에 갈등이 발생한다. 그러나 이러한 갈등이 단원제에서는 존재하지 않는다. 반면 단원제의 단점은 다양한 계층이나 지역, 민족들의 이해관계들을 제대로 반영시키지 못한다는 데 있다.

(2) 양원제

'양원제兩院制, Bicameralism'는 의회가 상원과 하원으로 분리된 입법부 형태이다. 양원제는 오늘날 세계의 41%의 국가들이 선택하고 있다. 특히 미국, 러시아, 영국, 프랑스, 독일, 일본 등 세계에서 정치 경제적으로 커다란 영향력 있는 국가들 중 다수가 양원제를 갖고 있다. 그 외에도 폴란드1989년, 루마니아1991년와 같은 구 공산권 국가들이 양원제를 선택하였다.

그렇다면 어떤 나라에서 양원제를 선호할까? 양원제를 채택한 나라들은 대부분 국가 내 다양한 민족들이 같이 살고, 인구나 국토가 크고, 지방분권이 이루어진 경우가 많다. 미국, 독일, 스위스, 벨기에 등 사실상 거의 모든 연방 국가들이 양원제를 가지고 있다. 또한 구 공산권 국가들에서도 연방 국가였던 구소련이나 러시아 모두 양원제를 채택했었다.

양원제의 장점은 무엇보다도 한 국가 내에 존재하는 다양한 계층과 지역, 민족 등의 이해관계들이 반영되기 쉽다는 점에 있다. 또한, 입법부 내에서 상원과 하원이 서로 견제하기 때문에 권력남용을 방지할 수 있다는 점도 장점이다. 반면 상원과 하원 사이의 심각한 의견 불일치나 갈등이 있을 경우에 국정이 마비된다는 점은 단점이다.

4) 한국의 입법부

(1) 입법부 형태

우리나라는 현재 단원제를 갖고 있다. 한국과 같은 대통령제하에서는 양원제보다는 단원제가 맞다고 볼 수 있다. 양원제에서는 상원과 하원 간의 갈등이 생기고 여야의 정쟁이 심화되는 경향이 있기 때문에 국정 운영이 어렵고 특히 의회가 분열되면 행정부를 견제하기 어렵기 때문이다. 그러나 통일 이후에는 남북한의 다양한 이익을 반영하기 위해 양원제를 도입하자는 주장도 있다.

(2) 의원 정수

몇 명의 국회의원이 국민을 대변하고 있을까? 제20대 국회를 기준으로 현재 한국의 국회의원은 총 300명이다. 대한민국 헌법 제41조에 따르면 "국회의원의 수는 법률로 정하되, 200인 이상으로 한다"라고 되어 있다. 국회의원의 정수는 회기마다 변화했는데 제6대 및 제7

대 국회에서 175명으로 최소였고, 제19대 국회부터 300명이 되었다. 의회의 규모가 클수록, 즉 국회의원의 숫자가 많을 수록 국민의 다양한 선호를 국가 정책에 반영할 수 있다고 알려져 있다. 그러나 의회의 규모가 너무 크면, 정치적 합의가 어렵다는 지적도 있다. 또한 일각에서는 국회의원의 특권을 비판하며 국회의원 수를 줄여야 한다고 주장하기도 한다.

(3) 입법부의 구성

한국의 입법부는 의장단의장, 부의장, 위원회상임위원회, 특별위원회, 교섭단체 등으로 구성된다. 의장단이란 의장과 부의장을 의미한다. 의장단은 대내외적으로 국회를 대표하는 권위를 가지고, 원활한 회의운영을 위한 '의사정리권'과 회의장 질서유지를 위한 '질서유지권'을 행사할 수 있으며, 국회의 조직과 운영에 대한 전반적인 '사무감독'을 맡는다.

두 번째, 국회에는 상임위원회와 특별위원회 등이 있다. 이들은 경제, 복지, 외교 등 다양한 분야에서 활동한다. 제20대 국회의 경우 상임위원회는 16개로 구성되어 있는데, 여기에 속하는 법안의 심사를 맡는다. 위원회에는 위원장 1인과 각 교섭단체별로 간사 1인씩을 둔

• 국회의장은 어떻게 선출할까?

국회의장 선출은 무기명투표로 이어지는데, 재적의원 과반수의 득표로 당선이 된다. 만약 1차 투표에서 과반수 득표자가 없을 경우 2차 투표를 실시하고, 2차 투표에서도 과반수 득표자가 없을 경우, 1위와 2위 득표자들을 대상으로 결선투표를 실시한다. 관례적으로, 국회의장은 제1당에서 오랜 기간 의원 활동 경험이 있는 다선 의원들 중에서 당내 후보가 결정되고 본회의에서 투표가 이루어지며, 부의장은 여당과 야당에서 1인씩 당내 선출 후 본회의 투표를 거쳐 선출된다.

• 제20대 국회의 상임위원회와 특별위원회(2016년 9월 1일 현재)

1. 상임위원회

국회운영위원회, 법제사법위원회, 정무위원회, 기획재정위원회, 미래창조과학방송통신위원회, 교육문화체육관광위원회, 외교통일위원회, 국방위원회, 안전행정위원회, 농림축산식품해양수산위원회, 산업통상자원위원회, 보건복지위원회, 환경노동위원회, 국토교통위원회, 정보위원회, 여성가족위원회

2. 특별위원회

예산결산특별위원회, 윤리특별위원회, 인사청문특별위원회

정당명		지역구	비례대표	총의석수	비율(%)
교섭단체	새누리당	112	17	129	43.00
	더불어민주당	109	13	122	40.67
	국민의당	25	13	38	12.67
비교섭단체	정의당	2	4	6	2.00
	무소속	5	0	5	1.67
총합		253	47	300	100

다. 임기는 2년이며 상임위원들은 소관 상임위원회의 직무와 관련한 영리행위를 할 수 없다.

세 번째, 국회에는 교섭단체가 있다. 20인 이상의 소속의원을 가진 정당이 하나의 교섭단체를 구성할 수 있게 되어있다. 하지만, 다른 교섭단체에 속하지 아니하는 20인 이상의 의원으로 따로 교섭단체를 구성할 수도 있다.

그 외에도 국회의 입법지원조직으로 국회사무처, 국회도서관, 국회예산정책처, 국회입법조사처가 있다.

(4) 선출 방식

우리나라 국회의원들은 어떻게 그리고 얼마나 자주 선출할까? 우리나라에서 국회의원 선거는 4년에 한 번씩 이루어진다. 대한민국 국민은 만 25세가 지나면 국회의원 선거에 출마할 수 있다. 우리나라의 국회의원선거는 후보자에게 투표하는 지역구 선거와 정당에게 투표하

• 국회의원의 특권

국회의원은 보좌관, 비서관, 비서, 인턴비서 등 총 9인(인턴 2인 포함)의 보좌직원을 둘 수 있으며, 현행범인 경우를 제외하고는 회기 중에 의회의 동의 없이는 체포·구금되지 않는 불체포특권, 국회 밖 또는 국회에서 직무 상 행한 발언과 표결에 대해 책임지지 않는 면책특권을 갖는다. 이 특권들은 의원이 외부의 압력이나 방해 없이 국민의 대표로서 자유로운 의정활동을 할 수 있도록 보장하기 위해 만들어졌다. 그러나 최근에는 국회의원의 특권이 너무 과도하다는 비판이 제기되고 있다.

는 비례대표 선거가 혼합된 형태로 이루어져 있다. 2016년에 치러진 제20대 국회의원 총선거의 경우, 지역구 선거를 통해 선출된 당선자는 253명, 비례대표제를 통한 당선자는 47명이었다.

(5) 운영 방식

우리나라 국회의원들은 어떤 일을 하며 국회는 어떻게 운영될까? 우리나라에서는 주로 상임위원회를 중심으로 법안을 처리한다. 상임위원회에 배치된 국회의원들은 해당 분야와 관련된 법안들만을 심사함으로써 효율적으로 법안을 처리함과 동시에 전문성을 키울 수 있다.

(6) 한국 의회의 기능

우리나라 국회에서 법률안을 제출하기 위해서는 국회의원 10명의 동의가 필요하다. 제출된 법률안은 상임위원회와 법제사법위원회의 심사를 거친다. 의결된 법안은 정부로 이송되고, 대통령은 이송 후 15일 이내에 해당 법안을 공포하거나 거부권을 행사하여야 한다.

그 외에도 예산심의는 국회의 핵심적인 역할 중 하나다. 국회는 예산안을 심사하고 의결함으로써 정부의 예산 편성에 대해 직접적인 압력을 행사할 수 있다. 정부는 예산안을 편성하고 국회에서는 예산결산특별위원회에서 이를 심사한다. 심사된 예산안은 본회의에서 심사 및 의결되어 확정된다.

마지막으로 우리나라에서도 의회의 가장 중요한 기능 중의 하나는 행정부 감시 기능이다. 민주화 이후 국회의 협력을 얻지 않고서는 행정부는 제 역할을 수행할 수 없다. 헌법 제61조에 따라 우리나라의 국회는 국정을 감사하거나 특정한 국정 사안에 대해서 조사할 수 있다. 또한 국회는 대통령이 거부권을 행사한 법안을 재의결할 수 있을 뿐 아니라 대통령을 탄핵 소추할 수 있는 권한도 갖고 있다.

1. 입법부가 오늘날 민주주의 국가에서 하고 있는 중요한 역할은 무엇인가?

2. 양원제와 단원제는 각각 어떤 나라들에서 채택하고 있는가? 그 이유는 무엇이라고 생각하는지 토론하시오.

3. 현재 한국에서는 만 19세 이상에게 투표권을 부여하고 있다. 하지만 전세계 여러 국가들은 16~18세 이상에게 투표권을 부여하고 있다. 이에 투표권 연령을 낮추는 것에 대한 찬반논의가 활발한데, 이에 대해 토론하시오.

4. 한국 입법부가 국민들로부터 정치 불신을 넘어 신뢰를 받기 위해서는 어떠한 노력이나 변화가 필요하다고 생각하는지 토론하시오.

7

국가의 미래

　국가의 미래에서 중요한 것은 무엇일까? 국가의 미래에 대해서는 많은 것들이 언급될 수 있다. 그러나 무엇보다도 일반 시민들이 정부를 믿는 것이 중요하다. 정부에 대한 불신이 오랜 기간 지속되는 경우 정치체제 전반에 대한 불신으로 확산될 수도 있다. 또한 정부에 대한 신뢰가 낮으면 경제에 나쁜 영향을 미친다는 연구결과도 있다. 정부신뢰가 낮은 경우 투자가 감소되고 이로 인해 경제성장이 둔화된다는 것이다.

　그렇다면 정부는 어떻게 시민의 신뢰를 얻을 수 있을까? 시민은 투명하고 경쟁력 있는 정부를 신뢰한다. 예를 들어 경제성장률, 실업률, 물가 상승률 등에서 정부가 경제적 성과를 올릴 때 시민은 정부를 신뢰하게 된다. 즉, 시민들은 정부가 제도를 잘 운영하고 그 결과가 만족스러우면 정부에 대하여 신뢰를 표현한다. 그러나 정부가 기능을 제대로 수행하지 못할 경우 시민들은 정부를 불신하게 된다.

　그 외에도 시민들은 투명하고 책임성 있는 정부를 신뢰한다. 또한 시민들이 정치참여에 대한 평등한 기회를 갖게 될 때도 정부에 대

● 정부 신뢰도 비교
경제협력기구(OECD)에서 발표한 '한눈에 보는 정부 2015(Government at a Glance 2015)' 보고서에 의하면, 2014년을 기준으로 정부에 대한 한국 국민의 신뢰도는 조사에 포함된 41개국 중 26위에 머물렀다. 2014년 한국 국민 가운데 정부를 신뢰한다고 응답한 비율은 34%로 조사에 포함된 국가의 평균 42%보다 낮았다.

한 신뢰는 커진다. 국가에 대한 신뢰는 국가가 안정적으로 유지되고 효율적으로 운영되기 위해 반드시 필요하다. 그렇기 때문에 미래의 국가에서 다른 무엇보다도 중요한 것이다.

참고문헌 | REFERENCE

• 김영재 외. 2015. 『정치학』. 서울: 박영사.
• 쉬블리, 필립스. 김계동 외 역. 2013. 『정치학개론: 권력과 선택』 서울: 명인문화사.
• 유낙근·이준. 2006. 『국가의 이해』. 서울: 대영문화사.
• 이재철. 2013. "남한주민과 북한이탈주민의 정부신뢰 및 정부신뢰 결정요소 분석: 젊은 세대의 비교" 『정치·정보연구』제16권 2호.
• 이정식 외. 1993. 『정치학』. 서울: 대왕사.
• 정상호. 2012. "제2공화국의 양원제 연구." 『한국정당학회보』제11권 제3호, 5-37.
• 최학유. 2001. 『국가론』. 서울: 세종출판사.
• 카야노, 도시히토. 김은주 옮김. 2010. 『국가란 무엇인가: 국가의 본질에 대한 역사적 고찰』. 고양: 산눈출판사.
• 헤이우드, 앤드류. 조현수 옮김. 2003. 『정치학: 현대정치의 이론과 실천』. 서울: 성균관대학교 출판부.
• 홍익표·진시원. 2009. 『세계화 시대의 정치학』 서울: 오름.

Ⅲ

· 정

당

1

정당이란 무엇인가

1) 정당의 기원

(1) 정당이란?

정당이란 무엇일까? 어떤 목적을 가지고 만들어지는 걸까? 정당에 대한 정의는 다양하다. 버크Edmund Burke는 "구성원들이 동의하는 원칙에 기초해 공동으로 노력함으로써 국익을 증진하고자 하는 사람들의 연합체"라고 정의했다. 원칙과 공공선의 추구를 정당의 가장 중요한 목표로 본 것이다.

반면, 슘페터J. Schumpeter는 정당을 "당원들 모두가 동의하는 어떤 원칙에 입각하여 공공의 복리를 증진하고자 하는 사람들의 집단이 아니라 정치권력을 향해 싸우고자 모인 사람들의 집단"이라고 정의함으

- '정당(Political Party)'의 개념

정당은 선거나 다른 수단을 통해 정부권력을 획득하고자 하는 사람들의 집단이다. 정당은 종종 이익집단 또는 정치적 운동과 혼동된다. 일반적으로 정당은 다음 네 가지 특징에서 다른 집단과 구별된다.

1) 정당은 정치적 직책을 획득함으로써 정부권력을 행사하는 것을 목적으로 한다. 하지만 작은 정당들은 직접 권력을 획득하기보다는 공론의 장에 참여하기 위해 선거를 이용할 수 있다.

2) 정당은 '공식적으로 등록된' 회원을 가진 조직단체이다. 이 점은 정당을 더 폭넓고 분산된 정치운동과 구분하도록 만든다.

3) 정당은 일반적으로 주요한 정부정책을 포괄하여 정부정책 전반에 대해 관심을 가지고 문제를 제기한다. 하지만 작은 정당들은 하나의 문제에만 초점을 둘 수 있으며, 그런 점에서 이익단체와 유사할 수 있다.

4) 정당은 정도차가 있지만 공동의 정치적 선호와 일반적인 이데올로기적 정체성을 통해 결합된다.

자료: 앤드류 헤이우드 저. 조현수 역. 2010. 『정치학』. p.491.

로써 경쟁의 의미를 강조하였다.

사르토리G. Sartori는 정당을 "선거에 후보자를 내세우고 선거를 통해서 후보자를 공직에 앉힐 수 있는 모든 정치집단"이라고 정의하였다. 이러한 다양한 정의들을 고려해 볼 때 정당은 공동의 원칙과 목표에 동의하면서 선거에 참여하고 승리함으로써 공적 권력을 쟁취하고자 하는 사람들의 집단이라고 볼 수 있다.

(2) 정당은 왜 등장했을까?

정당은 근대 민주주의 사상과 선거권이 점차 확대되는 과정에서 등장하였다. 상업을 통하여 부와 영향력을 축적한 시민계급부르주아은 강력한 절대왕정과 전통적 신분사회에 저항하며 시민적 권리와 자유를 주장하기 시작하였다. 시민계급은 초기에는 경제적인 권리, 즉 사적 소유권만을 주장하였으나 이후 선거권, 언론의 자유, 집회·결사의 자유를 비롯한 정치적 권리 역시 주장하기 시작하였다. 이 과정에서 정당이라는 새로운 제도가 탄생하였다.

정당의 기원은 의회 내부와 의회 외부의 두 종류로 나눌 수 있다. 초창기에는 주로 의회에 진출한 귀족, 지주, 대부르주아 등이 지역적·이념적 공통점을 기반으로 의회 내 조직을 결성한 것이 정당의 기원이 되었다. 그러나 점차 집단적인 이익표출이 중요해지면서 노동자 및 농민세력 역시 의회 외부에서 정당을 조직하기 시작하였다.

(3) 누가 정당을 만들었을까?

근대적인 의미의 정당은 영국, 미국, 독일 등 유럽 국가들에서 처음 나타나기 시작되었으며 짧게는 150년에서 길게는 350년 이상의 역사를 갖고 있다.

가장 역사가 오래된 정당은 17세기에 등장한 영국의 토리당Tory과 휘그당Whig이다. 이들은 의회에 진출한 귀족, 상공업자, 지주 등 의회의 엘리트집단이 만든 의회 내 조직이었다. '토리'는 왕정체제에 보다 우호적인 정당으로 점진적이고 보수적인 개혁을 지지하였다. '토리'는 오늘날 보수당Conservative Party의 전신이다. 반면 상인과 신교세력에 기반한 '휘그'는 보다 급진적으로 의회권력의 강화와 입헌군주제 도입을 주장하였다. 휘그당은 영국 명예혁명을 주도하였으며 19세기 중반 자유당Liberal Party으로 당명을 바꾸게 되었다. 보수당과 자유당은 20세기 초반까지 영국의 양대 정당이었다. 이후 의회 밖에서 노동자 세력을 대표하는 노동당Labour Party이 성장하면서 자유당은 점차 축소되었다. 현재 영국의 정치는 보수당과 노동당 양당이 주도하고 있다.

• 영국 노동당의 성장은 어떻게 가능했을까?
노동당은 1900년에 구성된 '노동대표위원회'(LRC)를 기반으로 1906년에 창당된 군소정당이었다. 경제적·정치적·사회적 약자 집단인 노동자세력이 어떻게 귀족 엘리트 대표세력인 보수당과 경쟁하는 거대 정당을 만들 수 있었을까? 첫 번째, 가장 중요한 요소는 1차 세계대전 이후 선거권이 노동자와 여성에게 확대되었다는 점이다. 영국은 1867년과 1884년에 수공업노동자에게 선거권을 부여하였다. 두 번째, 노동자세력의 성장이었다. 영국은 유럽 국가 중 자본주의가 가장 성장한 국가였으며 19세기 후반에 상당한 규모의 노동자계급이 존재하였다. 이들 노동계급은 교육받고 단결된 세력이었으며 대규모 노동조합을 결성하여 정치적 영향력을 확대하였다. 세 번째, 사회주의 사상의 등장 역시 중요한 영향을 미쳤다. 19세기 후반, 보다 평등한 사회를 지향하는 사회주의 및 사회민주주의 사상은 전 유럽으로 확산되었다.

미국의 정당은 18세기 후반에 등장하였다. 초창기에는 강력한 미국 연방 중앙정부 건설을 지지하였던 연방주의자정당Federalist Party과 개별 주들의 독립과 권리를 지지하였던 민주공화당Republican Party이 서로 대립하였다. 그 중 민주공화당은 19세기 중반 노예제도와 경제정책 등을 둘러싼 갈등 속에서 다시금 민주당과 공화당으로 분화됨으로써 현대 미국의 공화당Republican Party과 민주당Democratic Party의 기원이 되었다.

초창기 북부의 이익을 대변하였던 공화당은 산업자본주의 성장을 지지하며 보수주의 정당으로 자리잡았다. 반면 초기 남부의 이익을 대변하며 노예제를 찬성하기도 하였던 민주당은 이후 노동자와 이민자 이익을 대변하는 정당으로 변화하였다. 두 정당은 19세기 중반부터 미국 정치를 주도하는 양대 정당으로 정착하였다.

미국은 진보 성향의 민주당(Democratic Party)과 보수 성향의 공화당(Republic Party)이 주도하는 양당제 국가로 대통령선거나 연방하원의원선거 등에서 두 정당의 후보가 대결한다. 그림은 1790년부터 2010년 현재까지의 미국정당사를 보여준다.

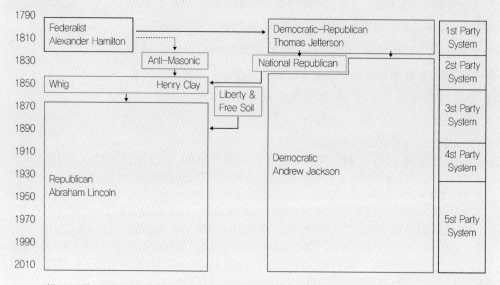

자료: https://en.wikipedia.org/wiki/Political_parties_in_the_United_States#/media/File:Political_Parties_Derivation_in_the_United_States.svg

유럽의 좌파 정당은 19세기 후반 광범위한 노동자세력프롤레타리아트이 형성되면서 의회 밖에서 만들어졌다. 보통선거권이 확대되면서 광범위한 대중조직에 기반한 정당이 탄생하게 된 것이다. 대표적으로 독일의 사회민주당SPD은 노동운동을 배경으로 탄생하였으며 이후 전 유럽으로 확산되었다.

20세기 중반 이후 사회민주당이 노동자계급을 넘어 광범위한 중산층의 이익을 대변하면서 계급적 성격은 약화되었다.

(4) 정당과 이익집단은 어떤 점에서 다른가?

정당과 이익집단은 특정한 이익이나 목표를 추구하고 조직을 만들어 집단적 행동을 취한다는 점에서 비슷하다. 특히 정치적 이익과 목표를 추구하는 이익집단예를 들어 환경운동단체나 여성운동단체은 정당과 비슷하게 조직되고 활동한다. 그렇다면 이익집단과 정당의 차이는 무엇일까?

첫 번째, 정당의 경우 이익집단과는 달리 직접적인 정치권력의 장악을 추구한다. 때로는 정치적 목표를 추구하는 이익집단이 정당으로 이행하는 경우도 있다. 대표적으로 유럽의 환경운동단체들은 1970년대에 보다 적극적으로 환경정책을 추진하기 위해 녹색당을 만들었다.

두 번째, 이익집단은 일반적으로 특정 집단의 이익을 대변한다. 반면 정당은 일반적으로 국가 공동체 전체의 이익을 대변한다. 예외적으로 단일 이슈를 주장하는 정당도 있지만 이들의 영향력은 제한적이다.

2) 한국정당의 기원

(1) 한국정당은 어떻게 등장하였는가?

한국 정당체제는 내부적 기반과 미군정이라는 외부 요인 간의 결합을 통해 만들어졌다. 1945년 해방 전후 한국에는 다양한 이념적 노선과 지향성을 가진 정치단체들이 존재했다. 그러나 이들 정치단체들이 '정당'이라는 명칭으로 불리고 근대적 정당제도 틀 안에서 활동하게 된 것은 해방 직후 미군정의 정당등록 포고문 발표부터였다.

한국 정당은 이후 약 10여년의 짧은 활동기간을 가졌다. 그러나 1961년 군부독재체제가 들어선 이후 정당 활동은 극히 위축되었으며 1987년 민주화까지 약 25년간 제 기능을 수행하지 못하였다. 서구 정당이 수백 년의 역사를 배경으로 하고 있는 반면 한국 정당은 불과

• 미군정의 정당등록 포고문

미군정은 1946년 군령법정 제55호 '정당에 관한 규칙'을 공포하였다. 그 내용은 3인 이상으로 구성된 정치집단들은 정당으로 등록한다는 것이다. 이후 1946년부터 1947년 사이에 4백 개 이상의 정당과 사회단체가 등장하였다. 좌파에는 조선공산당과 남조선노동당(남로당), 우파에는 한국민주당이 등장하였다. 그러나 미군정이 1946년 이후 공산당에 대한 정치적 통제를 하면서 한국에서 좌파 정당은 뿌리를 내릴 수 없었다.

70여년이 채 못 되는 짧은 역사를 갖고 있다는 점, 그 중 약 3분의 1은 권위주의체제 하에서 제 역할을 하지 못했다는 점 등을 고려하면 한국 정당의 역사는 약 30~40년에 불과하다고 볼 수 있다.

(2) 한국정당의 역사

① 해방 후~4.19 혁명(1945-1960): 민주주의 실험과 정당정치의 태동

1945년 해방 이후 1960년 4.19 혁명까지의 기간은 혼란과 무질서, 좌파와 우파 간의 극심한 갈등, 이승만대통령의 독재적 통치방식과 민주주의에 대한 열망이 상호 충돌했던 혼란의 시기였다.

이승만 정부 시기에는 자유당과 민주당이 가장 중요한 정당이었다. 집권여당인 자유당은 1954년 의회에서의 신뢰를 잃은 이승만 대통령이 재선할 수 있도록 국민직선제 개헌을 주도하는 등 이승만 정부의 독재적 통치방식을 지지하였다. 반면 자유주의적인 도시 중산층을 기반으로 한 민주당은 이승만정부의 독재적 통치를 비판하였다.

이승만 정부는 장기집권을 위해 1960년 3월 15일 실시된 대통령 및 부통령 선거에서 대규모 부정선거를 시도하였으며, 이에 저항한 시민들은 4.19 혁명을 일으켰다. 이승만 정부의 붕괴 이후 민주당이 집권하여 장면을 총리로 하는 우리나라 유일의 내각제 정부가 들어섰지만 정치·경제적 혼란은 지속되었다. 결국 장면 정부는 다음 해인 1961년 5.16 군사쿠데타의 발발로 종료되었다.

• 3.15 부정선거와 4.19 혁명

3.15 부정선거는 1960년 3월 5일 실시되었던 대통령선거와 부통령선거 당시 발생했던 개표조작을 말한다. 당시에는 대통령과 부통령을 국민들의 선거로 선출하였다. 자유당은 나이가 많은 이승만 대통령의 유고시 부통령이 그 직을 이어받게 될 경우를 대비하여 부통령선거 선거결과를 조작하였다.

자유당은 유권자의 4할 정도의 표를 사전에 투표함에 넣도록 지시하고 3인 또는 9인씩 조를 편성하여 자유당 완장을 차고 자유당 투표를 독려하게끔 지시하였다. 또한 투표함 수송과정에서 투표함을 교체하거나 개표할 때 표를 교체하도록 공무원들에게 지시하였다.

선거결과 이기붕 후보가 부통령으로 당선되고 이승만대통령은 제4대 대통령으로 재선되었다. 그러나 부정선거라는 것이 밝혀짐으로써 이승만 정부는 광범위한 시민적 저항에 부딪혔고 결국 4.19 민주혁명과 이승만대통령 하야로 이어졌다.

〈1960년 부통령선거 결과〉

득표순위	이름	정당	득표수	득표율	결과
1	이기붕	자유당	8,337,059	79.2%	당선
2	장면	민주당	1,843,758	17.5%	낙선
3	김준연	통일당	249,095	2.4%	낙선
4	임영신	대한여자국민당	97,533	0.9%	낙선
선거인수			11,196,490		
총투표수			10,527,445		
투표율			94%		

자료: https://ko.wikipedia.org/wiki/3%C2%B715_%EB%B6%80%EC%A0%95%EC%84%A0%EA%B1%B0

② 5.16 쿠데타~6월 민주항쟁(1961-1987년): 군부독재와 패권정당

1961년 5.16 쿠데타로 집권한 박정희 정권 시기1961-1979년와 1980년 12.12 사태를 통하여 집권한 전두환 정권 시기1980-1987년는 흔히 '군부독재체제'로 불린다. 이 시기에 한국 정당의 민주주의적 기능은 상당히 제약되었다. 5.16 군사쿠데타 이후 박정희 정권은 2천 명 이상 정치가들의 참정권을 박탈하고 민주공화당을 창당하여 의회를 장악하였다.

1972년 유신 이후에는 자유로운 정치활동에 대한 제한이 더욱 커졌다. 그러나 당시 군부정권에 반대하는 정치세력은 직·간접적인 정치적 탄압에도 불구하고 신민당을 중심으로 정당 활동을 하였다. 1979년 박정희가 암살된 후 12.12 쿠데타로 집권한 전두환 정부 역시 1980년 광주민주항쟁을 유혈 진압하고 권위주의체제를 유지하였다.

그러나 군부 권위주의 정권에 대한 시민들의 반대와 민주화 열망은 지속적으로 확대되었다. 김대중·김영삼 등이 중심이 된 야당세력은 노동운동세력, 재야운동권세력, 학생운동세력과 연대하여 1987년 민주화항쟁을 주도하였다.

1. 정당이란 무엇인가

1961년 군사쿠데타를 통해 집권한 군부는 합법적인 정치활동의 자유를 보장하고 지원하겠다는 선언과 함께 1962년 12월 31일 정당법을 제정하였다. 정당법은 서울과 부산, 도(경기도 등) 등 5곳에 법정지구당이 있어야 하며 지구당 수는 국회의원 지역선거구의 3분의 1 이상이 되어야 한다고 규정하는 등 비교적 까다로운 정당설립 요건을 명시하였다.

또한 정당의 추천을 받아야 대통령이나 국회의원 선거에 출마할 수 있도록 함으로써 정당 기반이 없이는 정치 활동을 할 수 없도록 하였다. 정당법을 제정하면서 박정희 정권은 집권여당인 민주공화당의 창당을 준비하였다. 1963년에 실시된 대통령선거에서 박정희는 민주공화당의 후보로 출마하여 당선되었다.

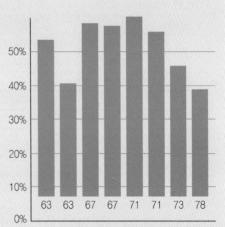

| 민주공화당 역대 선거결과(1963-1978)
자료: https://ko.wikipedia.org/wiki/%EB%AF%BC%EC%A3%BC%EA%B3%B5%ED%99%94%EB%8B%B9_(%EB%8C%80%ED%95%9C%EB%AF%BC%EA%B5%AD)

• 쿠데타(coup d'état)란?

쿠데타란 프랑스어로 정부에 일격을 가한다는 뜻이다. 즉, 무력으로 국가권력을 장악한다는 뜻이며 주로 무기를 갖고 있는 군부엘리트들이 쿠데타를 일으킨다. 정당이나 선거 등 민주주의제도가 취약하고 정치적으로 혼란스러운 국가에서 쿠데타가 주로 발생한다. 1930년대부터 1980년대까지 유럽(독일, 이탈리아, 포르투갈), 라틴아메리카(브라질, 칠레, 아르헨티나 등), 아시아(한국, 태국, 베트남 등) 국가들에서 쿠데타가 발발하였다. 최근에는 주로 아프리카에서 쿠데타가 발발한다.

③ 민주화 이후(1987-2017년): 민주화와 정당체제의 복구

1987년 민주화항쟁을 기점으로 한국은 민주화되었다. 이후부터 정당은 중요한 민주주의적 제도로 성장하기 시작하였다. 민주화 이후에는 민주-반민주의 경쟁구도 대신 진보-보수라는 구도가 형성되었고 정당들은 경제사회정책과 통일안보정책 등을 둘러싸고 경쟁하기 시작하였다.

보수계열은 한나라당에서 새누리당, 자유한국당으로 이어지는 정당들이 명맥을 잇고 있다. 2017년 박근혜 전 대통령 탄핵 정국에 새누리당은 자유한국당과 바른정당, 새누리당 3당으로 분화되기도 했다. 민주당계열 정당은 민주당, 열린우리당, 더불어민주당 등으로 당명을 바꾸어가며 명맥을 유지하고 있다. 두 정당계열 간에는 선거를

통한 평화로운 정권교체가 두 차례에 걸쳐 반복되었다.

그러나 영남과 호남 간의 지역주의적 정당 경쟁구도가 형성되고 지역주의가 다른 계급·계층적 이익 대표를 압도할 정도로 강해지면서 정당체제의 파행이라는 비판에 직면하기도 하였다.

• 선거를 통한 평화로운 정권교체는 왜 중요할까?

독재체제하에서는 정권교체가 주로 권력세습이나 폭력적인 쿠데타를 통해서 이루어진다. 그러나 쿠데타가 아니라 선거를 통해 정권교체가 이루어지는 것이 민주주의 국가의 가장 중요한 특징이다. 우리나라에서는 선거를 통한 평화로운 정권교체기 1997년 대통령선거와 2007년 대통령선거 두 차례 이루어졌다.

1997년 대통령선거의 경우 집권여당이었던 한나라당의 이회창 후보가 야당이었던 새정치국민회의 후보인 김대중에게 패배하여 보수당계열에서 민주당계열로 정권교체가 이루어졌다.

2007년 대통령선거의 경우 여당인 대통합민주신당의 정동영 후보가 야당인 한나라당의 이명박 후보에게 패배하여 민주당계열에서 보수당계열로 정권교체가 이루어졌다.

■ 사람들은 왜 정당을 지지하지 않을까?

• 자료 1: "나는 어떤 정당을 지지할지 모르겠다."

"한국 갤럽이 지난 1일 발표한 여론조사에 따르면 응답자의 25%는 지지하는 정당이 없거나 의견을 유보한다고 밝혔다. 19세-29세에서 이 비율은 43%에 달한다."

(허핑턴포스트코리아 2016. 04. 04)

• 자료 2: "정당이 공약을 지키지 않는다."

"정책을 내세우고 공약을 지켜야 하는 이유가 바로 정당이 국민들에게 하는 약속인 바, 정당은 모름지기 비전과 철학, 집권하고자 하는 목적이 뚜렷해야 하는 것이다. 그래야 국민들이 믿고 찍어주지....그런데, 우리나라가 헬조선인 바 정부도 장관이 바뀌면 정책이 확확 바뀌는데 정당도 대표가 바뀌면 공약이 확확 바뀐다."

(http://cafe.daum.net/kseriforum/7og2/20582?q=%C1%A4%B4%E7)

• 자료 3: "정당은 낯설다."

"노동계급은 왜 진보정당을 찍지 않을까? 중산층 이하의 소득으로 살아가는 사람들은 왜 진보정당을 찍지 않을까? 선거 때면 되풀이되는 물음이다. 지금으로부터 80년전의 영국에서도 마찬가지였다...(중략)... 일반인들은 '부르주아 이데올로기'니 '프롤레타리아 연대'니 '수용자들에 대한 수용'이니 하는 말을 들으면 영감을 받는 게 아니라 정나미가 떨어질 뿐이다."

(https://brunch.co.kr/@vitmania86/154)

〈토론 소주제〉

1. 위의 주장들에 동조하는가? 동조한다면 그 이유를, 아니라면 반론을 제기해 보자.

2. 정당은 있어야 한다고 생각하는가? 왜 정당은 필요한가?

3. 정당은 없어져야 한다고 생각하는가? 그렇다면 정당은 왜 불필요한가?

4. 정당이 사라진다면 어떤 일이 일어날지 상상해 보자.

2

정당은 어떤 기능을 하는가?

1) 정당의 기능

현대 국가에서 정당은 시민과 국가를 연결하는 중요한 연결고리이다. 이러한 정당의 역할은 크게 다음 세 가지 과정을 통해 이루어진다. 첫 번째는 시민의 이익을 수렴하여 정당의 정책을 통해 반영하는 과정이다. 두 번째는 선거에 참여하여 후보를 내고 그 후보자가 당선됨으로써 공직에 진출하는 과정이다. 마지막으로 정당에 소속된 공직자들은 의회나 정부의 국가정책 결정과정에 참여함으로써 시민의 이익을 대변하고자 노력한다. 이 세 가지 기능이 얼마나 원활하게 이루어지는가에 따라 그 정당 및 정당체계의 성숙도를 판단할 수 있을 것이다.

(1) 왜, 그리고 어떻게 정당은 시민의 이익을 대변하는가?

정당의 가장 중요한 목표는 선거를 통해 공직에 진출하고, 궁극적으로는 국가권력을 장악하는 것이다. 현대 민주주의 국가에서 권력을 장악하기 위해서는 유권자의 이익을 대변함으로써 지지를 확보하여 선거에서 승리해야 한다.

그렇다면 다양한 시민들의 이익과 요구를 어떻게 수렴하여 지지를 얻을 수 있을까? 어떤 유권자집단의 이익을 대변할 것인가 결정하는 문제는 쉽지 않은 문제이다. 예를 들어 노동자와 자본가, 도시주민과 농촌주민, 청년세대와 노인세대는 각각 다른 이해관계를 갖는다. 누구의 이익을 대변하는 것이 정당에게 가장 유리할까? 하나의 특정 집단이나 계층, 계급의 이익을 과도하게 강조할 경우 다른 유권자들의 지지를 잃어버릴 수도 있다. 반면 너무 광범위하게 이익을 대변하고자 하면 오히려 핵심 유권자집단의 지지가 약해질 수도 있다.

과거에는 특정 집단이나 계급의 이익을 대변하는 계급정당들이 많았다. 하지만 현대 정당들은 특정 집단이나 계급의 이익을 주장하기보다는 가능한 한 국민 대다수의 이해관계를 반영함으로써 유권자 지지를 확대하고자 한다.

• 계급, 계층과 정당
'계급'과 '계층'이란 고유한 사회, 경제적인 특징을 공유하는 집단을 의미한다. '계급'과 '계층' 개념은 사회가 다양한 집단으로 구분되어 있으며 이 집단 간에 존재하는 정치, 경제, 사회적 차이와 갈등을 강조할 때 주로 사용한다. '계급'은 보다 경제적인 관점이 강한 개념이며 마르크스주의 전통에서 기원했다. 대표적으로 생산수단, 자본을 소유하고 있는 계급은 '부르주아계급(자본가계급)', 생산수단을 소유하지 못한 계급은 '프롤레타리아계급(노동자계급)' 등으로 분류된다.
반면 '계층'은 보다 사회적 의미가 강한 개념이다. 경제적인 특징보다는 생활수준, 교육수준, 소득수준 등의 사회적 요소에 따라서 집단이 구분된다는 것이다. '중산층', '상류층', '중하층' 등의 구분이 대표적이다. 정당은 위와 같은 특정한 계급 또는 계층을 자신의 주요한 지지대상으로 보고 그들을 위한 정책을 만든다.

(2) 왜, 그리고 어떻게 정당은 선거에 참여하는가?

선거는 민주주의의 핵심이다. 선거가 얼마나 공정하고 자유롭게 이루어지는가에 따라 민주주의와 권위주의를 구별하기도 한다. 현대 민주주의국가에서 거의 모든 선거는 정당을 중심으로 진행된다. 정당은 선거에 후보자를 내세우고 후보자는 정당의 물적·조직적·정신적 지원을 원하기 때문이다.

정당이 선거에서 후보자를 내세우는 방식을 공천공직선거후보자 추천이라고 하는데, 공천방식은 개별 국가의 정치문화나 정치제도, 선거제도에 따라 다양하다. 일반적으로 정당문화가 발달한 유럽의 정당들은 일반당원들이 상향식 투표를 통하여 후보자를 선출한다. 하지만 최근

에는 당원의 수가 줄면서 당원이 아닌 지지자들도 일정 요건을 갖추
면 공천과정에 참여할 수 있도록 변화되고 있다.

반면 정당조직이나 당원들의 정당 활동이 활발하지 않은 미국에
서는 당원이 아니라 일반 유권자들이나 지지자들이 광범위하게 정당
의 후보자를 선출에 참여한다.

• 정당공천(공직선거 후보자 추천)이 왜 중요한가?

공천이란 정당이 공직선거에 내보낼 후보자를 지정하는 과정을 의미한다. 정당의 후보자로 선정된다는 것은 선거에
출마하기 위한 일차적인 관문이다. 정당추천을 받지 않고 무소속으로 선거에 출마하는 경우도 있으나 현대 선거에서
는 정당의 추천을 받지 않고 선거에 출마하여 승리하기는 매우 어렵다. 따라서 공천과정은 선거 못지않게 중요하게
인식되고 있다.

특히 특정 정당에 대한 지지가 높은 지역에서는 해당 정당의 추천을 받을 경우 선거에서 승리할 가능성이 높기 때문
에 공천이 선거보다 더 중요하게 취급되기도 한다. 공천은 소수 핵심 당 지도부가 결정하는 방식부터 당원들이 다수
의 예비후보를 대상으로 당원협의회에서 결정하는 방식, 일반유권자까지 광범위하게 경선에 참여하는 방식 등 다양
한 형태로 이루어진다.

• 오픈 프라이머리(Open Primary)의 장·단점?

'오픈 프라이머리'란 미국의 선거제도이다. 연방제 국가인 미국의 경우 주마다 후보자 선출방식이 다른데, 공직선거
의 후보자를 선출하는 방식으로 '오픈 프라이머리'를 채택하는 주가 많다. 오픈 프라이머리는 일반 유권자들이 각 정
당의 후보자를 선출하는 방식이다. 오픈 프라이머리는 선거권을 가진 유권자라면 정당의 후보자를 선출하는 과정에
참여할 수 있도록 함으로써 정당 민주주의를 확대한다는 의미가 있다. 하지만 후보자 선출이 당원의 중요한 권리라
는 점에서 오픈 프라이머리가 당원의 권리를 침해하고 장기적으로는 정당을 약화시킨다는 비판도 있다.

| 2016년 미국 대선에서 공화당과 민주당의 후보로 선출된 트럼프와 클린턴
자료: 2016년 미국 대선 https://www.google.co.kr

(3) 왜, 그리고 어떻게 정당은 국가운영에 참여하는가?

정당은 다양한 방식으로 국가운영에 참여한다. 대통령이나 장관 등의 공직을 통해 정부구성에 참여하여 국가운영을 주도한다. 또한 의회 의원직을 보유함으로써 입법안을 내거나 행정부를 감시하는 등 입법부 활동에 참여하는 것도 대표적이다. 정당이 정부구성에 참여하는 방식은 대통령제와 의원내각제에서 다르게 나타난다.

의원내각제에서는 의회의 다수당이 정부를 구성한다. 즉, 의원내각제에서는 의회 다수당의 대표가 수상이 되고 다수당 또는 연정에 참여하는 정당들이 내각을 구성한다. 정당은 의회선거에 승리하면 동시에 행정부권력을 장악할 수 있는 것이다. 그리고 행정부와 입법부가 실질적으로는 거의 동일하게 구성되고 거의 동일한 입장을 갖는다.

반면 대통령제에서는 행정부, 입법부, 사법부 간의 권력분립이 중요하고 대통령은 독자적인 선거를 통해 선출되기 때문에 정당 소속일지라도 정치적인 독립성을 갖는다. 정부 부처의 장관 또한 대통령이 임명하기 때문에 의원내각제에 비해 정당의 권한이 약하다. 따라서 정당은 일반적으로 대통령제에서보다는 의원내각제에서 국가운영에 더 적극적으로 참여할 수 있다.

(4) 정당은 약화되고 있는가?

20세기 중반 이후 정당의 기능은 전 세계적으로 변화되고 있다. 특히 전통적으로 강한 대중조직을 기반으로 하였던 유럽의 정당조직은 점차 약화되고 있다. 탈산업사회의 도래 이후 개인주의가 확산되면서 젊은 세대는 더 이상 적극적으로 정당 조직에 참여하지 않는다. 정당일체감도 약화되고 있으며 뚜렷한 정당을 지지하기 보다는 당면한 선거이슈에 따라 정당선호가 바뀌는 유동층이 증가하고 있다.

한편, 전통적인 대중정당의 영향력은 약화되고 특정한 이슈만을 주장하는 소규모 정당이 등장하기도 한다. 이에 정당의 전통적인 역할이 더 이상 중요하지 않다고 주장하는 전문가들이 늘고 있다. 다른 제도들이 정당을 대체하거나 시민이 직접 직접민주주의적인 방식으로 정치에 참여하게 될 것이라는 주장이다. 그러나 아직은 정당을 대체할만한 조직은 나타나지 않았으며, 대부분의 민주주의국가에서 정부를 구성하고 정책을 개발·집행하는 가장 중요한 집단은 여전히 정당이다.

2) 한국 정당의 기능

(1) 한국 정당은 어떻게 시민의 이익을 대변하는가?

권위주의 시기에는 민주—반민주의 대립구도가 존재하였다. 1987년 민주화 이후 민주—반민주의 대립구도는 사라졌고 서구와 같이 계급이나 계층의 이익을 대변하는 정당이 등장할 것으로 기대했다. 그러나 한국 정당들은 현재 계급이나 계층보다는 영남, 호남 등 지역의 이익을 대변하는 경향이 강하다.

1987년 대통령선거에 출마했던 노태우, 김대중, 김영삼, 김종필 등 유력 정치가들이 정치적 기반이 되는 지역의 주민들에게 지지를 호소하면서 호남의 평민당김대중—영남의 민주당김영삼—충청의 공화당김종필이라는 정당경쟁구도가 형성된 것이다.

이후, 지역구도는 수십 년 동안 한국 선거에서 강한 영향을 미치고 있다. 한나라당에서 새누리당, 자유한국당으로 이어지는 보수정당은 영남에 기반을 갖고 있다. 그리고 새천년민주당에서 민주당, 더불어민주당으로 이어지는 민주당계열은 호남에 강력한 지지기반을 유지해왔다. 그러나 2000년대 이후 복지문제, 인권문제, 여성문제 등 새롭고 유동적인 이슈들이 등장하면서 지역주의 뿐 아니라 이념 갈등과 세대 갈등이 정치 영역에서 나타나고 있다. 박근혜 전 대통령 탄핵 이후 실시되었던 2017년 5월 대통령선거에서는 지역주의 구도가 많이 약화되었고 정당이념 및 정책에 따라 투표하는 경향이 보다 강화되었다.

• 지역주의

지역주의는 지역적 이익이나 지역정서를 통해 유권자의 지지를
호소하거나 또는 정치집단을 지지하는 행태를 의미한다. 아래 그
림은 1987년 당시 노태우(파란색), 김영삼(붉은색), 김대중(노란
색), 김종필(초록색) 후보가 우세했던 지역을 보여주는데, 특정 후
보에 대한 지지도가 지역별로 구분되는 것을 알 수 있다.

┃ 1987년 대선 시·도별 후보자의 우세지역
자료: 대한민국 제13대 대통령선거
(https://ko.wikipedia.org/wiki)

(2) 한국 정당은 어떻게 선거에 참여하는가?

해방 직후의 선거에서 정당은 그리 중요한 역할을 하지 못했다.
1948년 제1대 국회의원 선거 당시 입후보자의 44%, 당선자의 42.5%
가 무소속후보였다. 그러나 1963년 선거법 개정으로 무소속 출마가
금지되면서 정당은 선거에서 보다 중요한 역할을 하기 시작하였다.

선거에서 정당이 담당하는 가장 중요한 역할은 선거에 출마할 정
당 후보자를 선정하는 것이다. 각 정당들의 후보자 선출 과정은 계파
보스 등 권력자가 특정 후보를 지명하는 관행이 오랫동안 유지되었다.
하지만 민주화 이후 이러한 공천 관행에 대한 비판이 지속되었으며,
'3김'이 정치무대에서 퇴장한 2002년 대통령선거부터 민주적인 상향
식 선출방식이 도입되었다.

2002년 제16대 대선에서 새천년민주당은 대통령선거 후보자 선
출을 위한 경선에 당원과 일반 국민이 참여하는 '국민참여 경선방식'
을 도입하였다. 이후 대통령선거 뿐 아니라 국회의원선거에서도 후보

자 추천 과정에 당원과 일반 국민이 참여하는 국민참여 경선방식은 점차 확대되었으며, 최근에는 미국식 오픈 프라이머리를 도입하자는 주장도 있다.

(3) 한국 정당은 어떻게 국가운영에 참여하는가?

한국은 대통령제를 운영하고 있으며 권위주의체제의 역사를 거치면서 '제왕적 대통령제'라고 칭해질 정도로 대통령의 권한이 강한 편이다. 정당은 대통령선거 후보를 배출하고 대통령선거를 주도하며 행정부구성에 적극적으로 참여한다. 그러나 대통령 및 행정부의 독자성이 보장되는 가운데 정당의 영향력은 다소 제한되어 있다. 한국 정당의 국가운영 참여는 주로 입법부 활동에 집중되어 있다. 정당은 국회의원선거에 소속 정당 후보를 추천한다. 정당의 추천을 받아 국회의원선거에서 승리한 후보자는 국회의원이 되어 입법활동을 비롯해 의정활동을 펼치게 된다. 그 과정에서 정당은 의원총회 등을 통해 정당 소속 국회의원들의 입법활동 방향을 제시하며, 주요 정책에 대한 논의와 결정은 정당을 중심으로 이루어진다.

한국 정당은 전문성이 부족하며 정책 제시 능력 등이 떨어진다는 평가를 받고 있다. 또한 여당의 경우 정부와 대통령의 입장으로부터 자유롭지 못하고 수동적이라는 비판도 받고 있다. 그러나 의원들과 보좌 인력들의 전문성 향상, 정당 부설 정책연구소의 성장, 국고보조금을 비롯한 정당재정의 안정, 민주주의의 성장 등에 힘입어 정당의 정책개발과 정부견제 능력은 점차 향상되고 있다.

• 여당과 야당

여당(與黨)은 국가권력을 갖고 있는 정당을 의미하며 일반적으로 대통령 또는 수상을 배출한 당을 통칭한다. 양당제의 경우는 여당은 보통 1개 정당이지만 다당제에서 여러 개의 정당이 연합정부를 구성할 경우에는 두 개 또는 세개 정당인 경우도 있다. 반대로 현재 대통령이나 수상을 배출하지 못하였으며 여당과 경쟁하며 정권을 장악하고자하는 정당을 야당(野黨)이라고 부른다. 특히 야당 중에서도 가장 규모가 큰 정당을 제1야당이라고 부른다.

1948년 이후 2017년 현재까지 한국에서는 보수당계열 정당이 6차례 집권하였다. 단명하였던(11개월) 장면정부(민주당)를 제외하고는 1948년부터 1987년도 민주화 전까지 약 38년간 전적으로 보수당이 집권하였던 것이다. 그러나 1987년 민주화 이후 보수당계열과 민주당계열 정당 간의 정권교체가 여러 차례 이루어졌다.

 – 보수당정부: 이승만정부(자유당), 박정희정부(공화당), 노태우정부(민정당), 김영삼정부(민주자유당), 이명박정부(한나라당), 박근혜정부(새누리당).
 – 민주당정부: 장면정부(민주당), 김대중정부(새정치국민회의), 노무현정부(새천년민주당), 문재인정부(더불어민주당).

• 국회와 정당

2016년 5월 30일 치러진 제20대 국회의원선거에서는 새누리당, 더불어민주당, 국민의당, 정의당 등 총 4개 정당이 국회에 진출하였다. 그러나 2017년 초반 박근혜 전 대통령 탄핵사태 당시 집권여당 새누리당이 세 개의 정당으로 분산되었다. 새누리당은 자유한국당으로 당명을 변경하였고 새누리당에서 바른정당이 분당하였으며 일부 친박계가 새누리당을 창당하였다.

이에 따라 2017년 5월 현재 국회에는 더불어민주당, 자유한국당, 국민의당, 바른정당, 정의당, 새누리당 등 총 6개 정당이 존재하고 있다.

〈제20대 국회 정당구성〉

교섭단체명	정당명	2016년 총선 결과			2017년 5월 8일 기준		
		지역구	비례대표	합계	지역구	비례대표	합계
더불어민주당	더불어민주당	110석	13석	123석	107식	13석	120석
자유한국당	자유한국당	105석	17석	122석	90석	17석	107석
국민의당	국민의당	25석	13석	38석	27석	13석	30석
바른정당	바른정당	새누리당(자유한국당)에서 분당			20석	0석	20석
비교섭단체	정의당	2석	4석	6석	2석	4석	6석
	새누리당	–	–	–	1석	0석	1석
합계		253석	47석	300석	252석	47석	299석

자료: https://ko.wikipedia.org/wiki/%EB%8C%80%ED%95%9C%EB%AF%BC%EA%B5%AD_%EC%A0%9C20%20%EB%8C%80_%EA%B5%AD%ED%9A%8C

토론 주제

■ **시민들의 이익은 무엇이며 어떤 정당을 지지할까?**

서울에 아버지, 어머니, 아들, 딸 등 총 4인으로 구성된 한 가족이 살고 있다고 생각해 보자. 회사원인 아버지, 자영업자 어머니, 비정규직 아들, 고등학생 딸은 각각 다른 사회적, 경제적 입장에 처해 있다. 이들이 한 가족으로서 동일한 정당을 지지할지, 아니면 개인적 상황에 따라 다른 정당을 지지할지 토론해 보자.

이들의 사회적, 경제적, 정치적 상황을 고려해 볼 때 이들에게는 어떤 이이이 중요하다고 추측될까? 그리고 이들은 어떤 정당을 지지할 것으로 추측될까?

인물		상황	이익	정당 지지
아버지	사회	50대 중반, 서울거주, 대졸		
	경제	중소기업 회사원, 월 소득 350만원		
	정치	보수		
어머니	사회	50대 초반, 서울 거주, 고졸		
	경제	분식집 소유주, 월 소득 150만원		
	정치	보수		
오빠	사회	20대 중반, 대졸		
	경제	학원보조강사, 월 소득 80만원		
	정치	진보		
나	사회	10대 후반, 고등학생		
	경제	소득 없음		
	정치	진보		

〈토론 소주제〉

1. 정당 지지에서 중요한 것은 경제적 상황일까? 사회적 상황일까? 이념적 입장일까?

2. 위의 가족 구성원이 공동으로 지지할 만한 정책이 있다면? 또는 서로 대립되는 정책이 있다면?

3. 내가 정당 정치가라면 나는 위의 가족 구성원 중 누구의 이익을 가장 중요하게 여길까? 그리고 어떻게 대변하고자 노력할까?

3

정당의 유형

1) 세계 정당사에 나타난 정당 유형

(1) 간부정당(엘리트정당)

서구 정당사에서 정당의 유형은 크게 두 가지로 분류된다. 첫 번째는 의회 내부에서 등장한 간부정당이며 두 번째는 의회 외부에서 등장한 대중정당이다. 의회 내부에서는 의원들이 자신의 지역적·경제적·사회적 공통점에 따라 소규모 그룹을 형성하면서 정당이 만들어졌다. 이들은 공통의 이해관계와 공동의 정치적 목표를 달성하기 위해 단합했다. 한편 의회 외부에서는 노동자나 농민 등 사회적 약자 집단들이 정치적 영향력을 갖기 위해 대규모 정당조직을 만들었다.

유럽과 미국의 19세기 초기 보수정당들은 일반적으로 의회 내부에서 등장하였다. 이들 소수 엘리트 의원 중심의 간부조직, 또는 코커스를 기반으로 한 정당을 듀베르제는 간부정당cadre party이라고 불렀다. 간부정당을 구성하고 있는 소수 엘리트들은 풍부한 재정적·사회적 자원을 갖고 있었기 때문에 스스로 국회의원 후보자가 되고 선거비용도 부담했다. 이들은 비교적 동등하게 권력을 나눠 가졌기 때문에 정당의 권력구조는 분권적이었다. 부유한 사람들만 선거권을 가졌던 시기에 출현한 간부정당은 선거 때만 활동하고 평상시에는 별 활동을 하지 않는 엘리트 조직이었다.

(2) 대중정당

19세기 후반부터 20세기에 걸쳐 선거권이 확대되면서 유럽에서는 노동자나 농민 등 사회적 약자집단을 기반으로 하는 사회주의 정당들이 의회 외부로부터 등장하였다. 듀베르제는 이런 정당들을 대중정당mass party이라고 불렀다. 대중정당은 여러 가지 면에서 간부정당과 차별된다. 첫째, 간부정당이 소수 엘리트의 재원에 의지하여 운영된 반면 초기 사회주의 정당들은 당원들이 내는 당비로 운영되었다. 사회주의정당은 노동조합과 연결되어 많은 노동자들이 자동적으로 정당에 가입되었기에 당원 수가 많았다. 또한 이들 당원들은 이념적으로 강하게 결속되어 있었으며 정당 충성도도 높았다. 둘째, 간부정당이 선거 때만 활동한 반면 대중정당은 선거 때 뿐만 아니라 평상시에도 정치활동을 했다. 당원들에 대한 정치교육, 정치토론회, 가족야유회, 상호부조프로그램 운영 등 다양한 활동이 이루어졌다. 셋째, 간부정당이 분권적 조직을 가졌던 반면 대중정당은 중앙집권적인 권력구조를 가지고 있어서 소수의 지도자들이 당의 정책을 결정하고 이를 지부 조직과 같은 소통 채널을 통해 당원들에게 전달했다.

한편 선거권이 확대되면서 유럽의 보수주의적 간부정당들도 사회주의 정당과 마찬가지로 지부 조직을 만들고 당원 수를 늘리면서 대중정당으로 변모하였다. 보수주의나 자유주의 정당들은 중산계층의 유권자들을 대상으로 당원을 늘려갔으며 이들의 이익을 대변하는 정강政綱과 정책을 만들었다.

- 지부(the branch)

  지부는 중앙집권적인 권력구조를 가진 대중정당의 기초 조직이다. 간부정당의 기초 조직인 코커스가 핵심 당 간부로만 구성된 폐쇄적인 조직이었던 것과 달리, 지부는 정당의 구성원이 되기를 원하는 모든 사람에게 개방되었다.

- 독일 사회민주당(SPD)

  독일 사회민주당은 대표적인 대중정당 사례이다. 19세기 중반부터 독일 전역에서 조직된 노동자단체를 기반으로 탄생(1863)하였다. 원래 명칭은 사회주의노동자정당(Sozialistische Arbeiterpartei Deutschalnds)이었으나 1890년 현재의 명칭인 독일사회민주당(Sozialdemokratische Partei Deutschlands: SPD)으로 당명을 바꾸었다.

Ⅰ독일 사민당의 기원, 전독일노동자협회의 창설자,
페르디난드 라살(Ferdinand Johann Gottlieb Lassalle)
자료: https://en.wikipedia.org/wiki/Ferdinand_Lassalle#/media/File:Ferdinand_Lassalle.jpg

(3) 20세기 정당을 둘러싼 논쟁들

이념적 결속력이 강하고 조직 규모가 방대하였던 유럽의 대중정당은 20세기 중반 이후 점차 쇠퇴하고 있다. 학자들은 1960년대 이후 포괄정당catch-all party, 혹은 선거전문가 정당electoral-professional party과 같은 새로운 정당 유형이 나타나고 있다고 주장하였다. 포괄정당이란 중산층이나 노동자층 등 어느 한 계급·계층의 지지에 의존하지 않고 모든 계급·계층의 지지에 호소하는 정당이다. 따라서 이념이 포괄적이고 애매하며 조직적 연계 역시 느슨한 것을 특징으로 한다. 선거전문가 정당이란, 정당이 선거승리만을 목적으로 기능한다는 점에 착안하면서 만들어낸 개념이다. 즉, 최근의 정당들은 당 관료보다 선거전문가의 역할을 강조하며, 당원이 아니라 유권자의 지지를 중요하게 생각한다.

한편 일부 학자들은 정당이 국가의 보조금을 받아 정당 운영을 하게 되면서 1990년대 이후에는 카르텔정당cartel party이 등장하였다고 주장하였다. 카르텔정당은 국고 보조금과 같은 기득권을 유지하기 위해 거대정당들이 카르텔을 형성하고 있다는 비판적 의미를 담고 있다. 현대 정당들은 시민의 이익표출이나 이익대변 등 정당 본연의 임무에 충실하기 보다는 신생정당을 배제하고 이득을 추구하고 있다는 것이다.

• 카르텔(cartel)과 카르텔정당

카르텔은 동일 업종의 기업들이 이윤의 증대를 위하여 가격경쟁을 하지 않고 협정을 맺는 것을 의미한다. 예를 들어 한 지역의 주유소들이 모두 카르텔을 맺어 가격을 동일하게 하는 방식이다. 1980년대 후반 카츠와 메이어(Katz and Mair)는 '카르텔'이라는 용어를 사용하여 정당의 변화를 분석하였다.

과거에 서구 정당들은 시민의 지지를 얻기 위하여 자유롭게 경쟁하였으며 이 과정에서 시민들은 다양한 정책과 노선을 선택할 수 있었다. 그러나 카츠와 메이어의 주장에 따르면 현대 정당들은 마치 기업들이 독과점을 위해 연합하는 것처럼 국고보조금 등 국가의 지원을 독점하기 위해 카르텔을 맺는다. 카츠와 메이어는 더 나아가 거대정당들은 자기들끼리 국고보조금을 나눠 갖기 위하여 새로운 정당이 의회에 진출하는 것을 방해한다고 주장한다.

---

2) 한국의 정당유형

(1) 한국 정당의 성격

정당정치가 발달한 서구에서는 정치사회적 변화에 따라 간부정당, 대중정당, 포괄정당, 카르텔정당 등이 비교적 순차적으로 나타났다. 하지만 한국의 경우는 이런 순차적이고 선형적인 단계를 거치지 않았다. 한국의 정당들은 주로 포괄정당으로 설명되어지는데 그 이유는 정당 간 이념적·정책적 차별성이 적고 선거에 이기기 위한 조직으로 여겨져 왔기 때문이다. 또한 한국의 정당들은 당 재정을 당원의 당비보다는 국가 보조금에 의존하고 있다는 점에서 카르텔정당으로 칭해지기도 한다. 그러나 한국 정당은 정당정치 초기부터 국고보조금에 의존하였으며 대중정당 시기를 거치지 않았다는 점에서 서구의 카르텔정당과는 성격이 약간 다르다고 볼 수 있다.

한편 당 지도부, 특히 명망가 개인의 영향력이 과도하게 크고 당 조직의 대중적 기반이 극히 취약하다는 점에서 일부 전문가들은 한국 정당을 간부정당으로 보기도 한다. 한국 정당에서는 공식적인 당 조직보다는 명망가들의 지연, 학연, 혈연에 근거한 계파가 오랫동안 강한 영향력을 행사해 왔다.

(2) 미래의 정당 모델을 둘러싼 논쟁

정당의 위상과 역할의 변화는 일부 국가에서만 나타나는 특이한 현상이 아니다. 과거 서구의 정당들은 이념과 계층적 동질성을 갖는 집단으로 존재했다. 하지만 계급·계층의식의 약화, 매스컴의 발달과 인터넷의 등장, 다양한 이익집단과 시민단체의 출현, 정치 정보와 지식을 습득할 수 있는 교육 기회의 확대 등 시대적 상황이 변화되면서 정당이 사라질지도 모른다는 위기론이 나타났다. 정치학 관련 잡지인 '포린 폴리시Foreign Policy'는 2005년 창간 35주년 특집으로 '오늘은 존재하지만 내일은 사라질 것Here today gone tomorrow'을 다루면서 그 중 하나로 정당을 꼽기도 했다.

2017년 5월 프랑스 대통령선거에서는 전통적인 거대정당의 후보들이 낙선하고 신생정당, '앙 마르슈전진'의 젊은 후보, 에마뉘엘 마크롱이 대통령으로 당선되었다. 2016년 미국 대통령선거에서도 정치경력이 전무한 정치 신인, 도널드 트럼프가 유력한 기성 정치인들을 물리치고 대통령으로 당선되었다. 당원 수의 감소, 서구 거대 정당들의 약화에서 알 수 있듯이 기존 정당체제에 대한 시민들의 지지는 줄어들고 있다. 이런 추세가 지속되면서 새로운 정당 모델이 필요하다는 논쟁이 시작되고 있다.

• 이탈리아의 오성운동(Movimento 5 Stelle)

오성운동은 코미디언 출신 정치인 베페 그릴로가 2009년 창당한 정당으로 기존의 정당과 정치인의 부패 행위를 비판하면서 유권자들의 지지를 얻어 2013년 총선에서 제3당으로 부상하였다. 중앙당과 지부 등으로 구성된 기존의 정당 조직과 달리 대중집회와 블로그, SNS를 통해 유권자들과 소통하는 새로운 정당 활동 방식으로 많은 지지를 얻었다. 2016년 실시된 지방선거에서 로마시장으로 오성운동의 여성 후보자인 비르지니아 라지가 당선되는 등 오성운동에 대한 지지가 높아지고 있다.

| 오성운동 선거유세와 의원들

자료: https://it.wikipedia.org/wiki/Movimento_5_Stelle#/media/File:Fico,_di_Battista,_di_Maio.jpg/
https://it.wikipedia.org/wiki/Movimento_5_Stelle#/media/File:V-day_bologna_02.jpg

토론 주제

■ 공산당과 파시스트당은 어떤 정당 유형에 속할까?

| 중국 공산당 | 북한 조선로동당 | 이태리 파시스트당 | 독일 나치당 |

소련과 동유럽의 공산주의체제는 붕괴되었지만 중국과 북한에는 공산당이 남아 있고, 히틀러와 무솔리니의 파시스트 정당은 사라졌지만 역사적으로 전 세계에 큰 영향을 미쳤다. 이런 정당들은 대중정당인지, 간부정당인지, 다른 유형의 정당인지 아래 자료를 보고 토론해 보자.

• 자료

공산당과 파시스트당은 자발적인 선택에 의해 정당원이 되지만 당원과 정당의 관계는 이익에 국한된 것이 아니라 성직자와 신도들의 관계처럼 서약집단적인 관계이다.

공산당의 기초조직은 세포(cell)이다. 세포 간의 횡적인 연락이 전혀 없고 위로부터 종적으로 조정되는 조직이고, 이 중 일부가 파괴되어도 공산당 자체에는 별 영향을 미치지 않을 뿐 아니라 파괴된 세포조직은 재건될 수 있는 조직이다. 공산당의 지도자들은 원칙상 모두 선거에 의해 선출되고 그들은 선출하는 사람들에게 책임을 지게 되어 있으나 실제로는 위로부터 임명되는 것이나 마찬가지이며, 선거는 1인 후보자에 대한 찬반투표에 지나지 않는 요식행위일 뿐이다. 공산당의 최고 지도자 그룹인 정치국의 성원들은 엘리트 그룹 내에서의 호선방식에 의해 충원되고, 이에 있어 당서기의 영향력은 나라에 따라 차이가 있지만 거의 절대적이다.

파시스트 정당의 기초조직은 전투대(militia)였다. 전투대 구성원들은 군대식 기율을 가지고 군대식 훈련을 받았고 군대식 복장과 의식을 지켰다. 하지만 법적 신분은 민간이었다. 그들의 임무는 당과 지도자를 보호하고 때로는 무력으로 정권을 탈취하는 것이었다. 전투대 외에 직장세포와 지부도 있었지만 나치당과 파시스트당이 다른 정당과 차별화되는 것은 전투대의 존재 때문이다. 파시스트 정당들은 지도자의 민주적 성격을 원칙적으로 부정하고 '지도자 원칙'을 신봉한다. 지도자 원칙은 신의 섭리이든 우연한 기회에 의해서든 어떤 특정인이 지도자가 된 것은 운명적으로 그렇게 되었다고 보는 것이다. 최고지도자는 하급 지도자들을 임명하고 이들이 국가를 통치한다. <small>(서울대교수 공저, 『정치학의 이해』, 275-277)</small>

1. 공산당이나 파시스트 당의 조직은 민주주의 국가의 정당 조직과 어떤 면에서 다르며 어떤 면에서 유사할까?

2. 공산당이나 파시스트 당들은 어떻게 대중의 지지를 얻을 수 있었을까?

3. 어떤 사회에서 공산당이나 파시스트 당들이 등장할 가능성이 있을까?

토론 주제

■ 미래 정당의 모습을 상상해 보자.

1. 본문 내용을 토대로 아래 표를 완성해 보자.

구분	간부정당	대중정당	포괄정당
정당 구성원은 누구인가?			
정당 운영비는 어떻게 충당하는가?			
정당 조직은 어떤 모습인가?			
주로 어떤 활동을 하는가?			

2. 세 가지 정당 유형이 나타난 시대적 상황에 대해 생각해 보자.

3. 〈모둠 활동〉 미래 한국 사회에는 어떤 정당들이 필요할지 친구들과 이야기해 보자.

4. 위의 내용을 바탕으로 미래 정당을 디자인하고 정당 로고를 그려 보자.

구분	○○당	
정당 구성원은 누구일까?		
정당 운영비는 어떻게 충당할까?		
정당 조직은 어떤 모습일까?		
주로 어떤 활동을 할까?		

5. 모둠별로 자신들이 디자인한 미래 정당을 소개하는 동영상을 제작해 보자.

4

정당 이념이란 무엇인가?

1) 정당 이념의 기원

　　정당은 정치적 견해와 주장이 같은 사람들의 결사체이다. 정치적 견해가 같다는 것은 정책노선이나 방향에 있어서도 유사한 입장을 가지고 있다는 것을 의미한다. 이렇듯 정당이 표방하는 노선이나 색깔을 이념Ideology이라고 한다. 정당의 이념은 매우 다양하지만 기본적으로는 우파와 좌파로 구분된다.

　　좌-우 이념은 경제적인 차원과 사회문화적인 차원의 두 가지 영역에서 차이를 갖는다. 경제 영역에서 좌파는 분배를 지향하며 우파

• 좌-우 개념의 등장

좌(left), 우(right) 개념은 1789년 프랑스 혁명 당시 처음 등장하였다. 루이 16세는 재정파탄 문제를 해결하기 위하여 귀족, 성직자, 평민계급의 삼부회를 소집하였다. 평민(부르주아)계급은 당시 두 가지 세력으로 나뉘어져 있었다. 삼부회 소집 당시 보다 급진적으로 사회적 변화와 평등을 추구하였던 몽테뉴파가 의회의 왼쪽에, 보다 온건하고 점진적 변화를 추구하였던 지롱드파가 의회의 오른쪽에 앉으면서 좌파, 우파 개념이 형성되었다. 이후 좌-우 개념은 정당을 비롯해 정치적 이념성향을 표시하는 대표적인 기준이 되었다. 그림은 1789년 6월 20일 프랑스대혁명 직전 베르사이유 궁전의 공회처에 모인 제3계급(부르주아) 대표들의 모습을 보여준다.

| 프랑스대혁명과 삼부회의

자료: https://ko.wikipedia.org/wiki/%ED%85%8C%EB%8B%88%EC%8A%A4_%EC%BD%94%ED%8A%B8%EC%9D%98_%EC%84%9C%EC%95%BD#/media/File:Le_Serment_du_Jeu_de_paume.jpg

는 경쟁을 지향한다. 사회문화적 영역에서는 좌파는 개인의 자유를, 우파는 사회질서와 권위를 강조한다.

(1) 우파

우파는 현 상황에 만족하면서 점진적인 변화를 추구하는 보수conservatives와 현 상황에 불만이지만 변화를 반대할 뿐 아니라 과거의 가치를 보호하려는 반동reactionaries의 이념으로 구분된다. 보수 이념을 갖는 사람들은 주로 재산이 많은 기득권 계층이다. 영국의 보수당Conservative Party, 독일의 기독교민주연합Christlich-Demokratische Union, 미국의 공화당Republican Party 등 보수 정당들은 사유재산권의 옹호와 개인의 자유가 최대한 보장되는 시장주의 정책을 지지한다. 또한 정치적, 경제적 이익을 보호하기 위해서 급격한 변화를 반대하는 입장을 취한다. 한편, 독일의 나치당이나 이태리의 파시스트당과 같은 극우정당들은 민주주의 정치체제를 거부하고 사회의 전통적인 가치를 보호하는 권위주의 국가를 지향했다.

• **대표적인 우파정당들**
 - 영국 보수당: 1678년 창당된 토리당을 기원으로 1912년 창당된 세계에서 가장 오래된 보수정당
 - 독일 기민련: 기독교 정신을 바탕으로 1945년 창당된 중도보수정당
 - 미국 공화당: 미국의 보수정당

ㅣ 영국 보수당의 창당 주역, 로버트 필(Robert Peel)
자료: https://en.wikipedia.org/wiki/Conservative_Party_(UK)#/media/File:Robert_Peel.jpg

(2) 좌파

좌파는 점진적인 개혁을 원하는 진보liberals와 급직적인 개혁을 지지하는 혁신radicals 이념으로 구분된다. 대표적인 정당은 영국의 노동당, 독일의 사회민주당, 프랑스의 사회당 등이다. 유럽의 근대화 과정

에서 출현한 노동당이나 사회민주당은 기득권을 가진 자본가 계급에 저항하여 노동자 계급의 이익을 대변하기 위해 결성된 진보정당이다. 한편 2차 대전이후 동유럽과 구소련에서 대거 등장하여 권력을 장악한 공산당은 기존의 사회경제적 체제에 반대하며 공산주의 체제로의 급진적인 변화를 시도한 극좌파 정당이었다.

• 대표적인 좌파정당들
 – 영국 노동당: 1900년에 창당되었으며 전통적으로 노동자와 노동조합, 사회주의자를
    대변하는 정당
 – 독일 사민당: 1875년 창당된 중도좌파 성향의 정당으로 독일에서 가장 오래된 정당
 – 프랑스 사회당: 1905년에 발족된 '노동자 인터내셔널 프랑스지부(SFIO)'에 기반하여
    1969년 창당

| 독일 사민당의 로고

자료: http://www.eknews.net/xe/?document_srl=142528&mid=German&sort_index=readed_count&order_type=desc&listStyle=viewer

(3) 정당 이념의 수렴

유럽의 정당들은 초기에 보수주의 이념과 사회주의 이념을 주장하는 정당들로 확실히 구분되었다. 그러나 후기 자본주의로의 변화과정에서 정치적 이념이 쇠퇴하면서 창당 초기에 표명했던 이념이나 노선, 정강정책 등이 수정되었다. 보수주의 정당들은 정권유지에 필요한 득표를 위해서 사회주의 정당이 주장하는 사회복지 정책도 부분적으로 채택했고, 사회주의 정당들도 집권에 필요한 득표를 위해서 급진적 노선을 버리고 중산층이 선호하는 정책을 채택했다.

다른 한편 새로운 이념적 지향이 등장하였다. 대표적으로 프랑스를 비롯해 유럽 각국에서 일어난 68혁명 과정에서 나타난 신좌파들은 좌파 정당들이 전통적으로 주장했던 사회개혁을 계승하면서도 생태주의, 여성주의, 소수자운동 등 새로운 가치를 추구했다. 68혁명의 영향으로 환경이슈를 강조하는 녹색당 등 다양한 이념을 표방하는 정당들이 대두되었다.

• 68혁명

1968년 5월 프랑스에서 드골 정부의 실정과 사회 모순에 저항하여 발생한 총파업 투쟁 등 일련의 사회운동을 뜻한다. 파리 소르본 대학 학생들의 거리 시위에서 시작되어 학생과 노동자의 시위와 파업으로 확대되었을 뿐만 아니라 6월에는 베를린과 로마로 퍼져나갔고 영국, 미국, 칠레, 우루과이, 아르헨티나 멕시코 등 전 세계로 확산되었다. 이런 일련의 저항은 자본주의 진영 뿐 아니라 사회주의 진영이던 동구의 여러 나라에서도 나타났다.

68혁명은 구시대의 가치와 질서에 저항한 사건으로 여러 자본주의 국가에서 사회 변화와 개혁을 추진하는 계기가 되었다. 이를 계기로 서구 사회에서는 종교, 애국주의, 권위에 대한 복종 등의 보수적인 가치들을 대체하는 평등, 성 해방, 인권, 공동체주의, 생태주의 등의 진보적인 가치들이 사회의 주된 가치로 자리매김하였다.

┃ 1968년 유럽 각국의 데모 장면

자료: https://en.wikipedia.org/wiki/Protests_of_1968#/media/File:Olof_Palme_1968.jpg /
https://en.wikipedia.org/wiki/Protests_of_1968#/media/File:Helsinki_demonstration_against_the_invasion_of_Czechoslovakia_in_1968.jpg

2) 한국 정당의 이념

(1) 이념적 스펙트럼의 기원과 배경

해방 직후 한국은 정치적으로 혼란스러운 상황이었으며, 급진적인 체제 개혁을 주장하는 좌파 진영과 보수적인 우파 진영이 대립했다. 좌파 진영의 중심은 조선공산당이었으며, 우파 진영은 한국민주당을 중심으로 세력을 형성하였다. 남한 단독 정부의 수립을 반대하는 좌파와 찬성하는 우파 진영의 대립은 중도 세력을 중심으로 한 통합 시도에도 불구하고 심화되었다.

좌파 진영에서는 노동자와 농민 생활의 급진적인 향상을 주장하며, 토지개혁을 비롯한 사회주의 정책을 추진하고자 했다. 또한 일제와 친일파를 단죄하고 그 잔재를 숙청하기 위한 민족적 투쟁을 전개하고자 했다. 한편 한국민주당을 중심으로 하는 우파 진영은 급진적인 변화를 반대하고 점진적인 개혁을 주장했으며, 좌파 진영이 소련군과 공산주의 세력의 지령을 받아 사회 혼란을 부추긴다고 주장했다.

그러나 미군정이 공산당을 비롯하여 좌파정당을 금지하고 특히 한국전쟁을 겪으면서 한국에서 좌파 정당의 명맥은 끊기게 되었다. 이후 한국의 정당들은 반공 보수주의 혹은 중도 성향의 이념을 주장하는 정당들만 남게 되었다. 이승만 정부와 박정희, 전두환 정부 시기 집권 여당인 자유당과 공화당, 민정당은 물론이고 야당이었던 민주당이나 신민당 등도 이념적으로는 중도 보수 또는 중도적 성격을 띠었다.

(2) 정당 이념의 모색과 분화

이승만 정부와 박정희 정부, 전두환 정부로 이어지는 권위주의 시기, 한국의 정당은 권위주의 독재를 지지하는 여당 세력과 반독재 민주주의를 주장하는 야당 세력 간의 대결구도가 유지되었다. 1987년 민주화 이후 이러한 민주-반민주 대결구도는 영남과 호남을 축으로 하는 지역주의 구도로 바뀌었지만 이념적 측면에서는 여전히 주로 보수 및 중도적인 정당들이 대다수였다.

하지만 2000년대 이후 이념이나 세대 갈등이 새로운 정치적 이슈로 등장하면서 정당 간 이념적 차별성이 점차 커지고 있다. 자유한국당전 새누리당 등 보수 정당과 민주당계열 정당들 간에 안보, 교육, 경제, 사회 문화 등 여러 가지 이슈에 있어서 이념적 차별성이 점차 명확해지고 있다. 2000년 들어 두 정당세력이 각각 선별적 복지와 보편적 복지모델을 주장하면서 복지정책의 차이가 뚜렷해지기 시작했다. 특히 대북정책에 있어서 양당 간의 이념적 차이는 비교적 뚜렷하다. 보수당은 강경노선을 주장하는 반면 민주당계열 정당들은 온건노선을 지지하고 있다.

그 외에도 이념적 성격이 명확한 군소정당들이 꾸준히 성장하고 있다. 2004년 이후 등장한 민주노동당, 통합진보당, 정의당 등은 노동자의 이익을 대변하는 정당으로 기존의 정당들에 비해 좌파적 성격이 강한 정당들이다.

• **제20대 국회의 이념 분포**

2016년 4월 실시된 제20대 국회의원선거 결과 더불어민주당, 새누리당(이후 자유한국당으로 당명 개정), 국민의당, 정의당 4개의 정당이 국회에 진출하였으나 이후 5개 정당으로 늘어났다. 20대 국회는 크게 보수우파, 중도파, 좌파로 분류될 수 있다.

– 우파: 우파 보수당 세력은 2017년 4월 박근혜 전 대통령 탄핵사태를 맞아 자유한국당, 바른정당, 새누리당 등 세 개의 정당으로 분화되었다.

– 중도: 중도에는 더불어민주당이 존재한다. 더불어민주당은 일반적으로 대중매체에서 '진보진영'으로 분류되지만 국제적으로 비교해 볼 때 이념적으로는 중도파에 가깝다. 국민의당은 2016년 창당된 중도보수 정당이다.

– 좌파: 좌파에는 정의당이 존재한다. 정의당은 2012년 민주노동당에서 분화되어 창당된 좌파 진보정당으로 본래 진보정의당이었으나 2013년 당명을 정의당으로 개정하였다.

■ 한국정당 계보

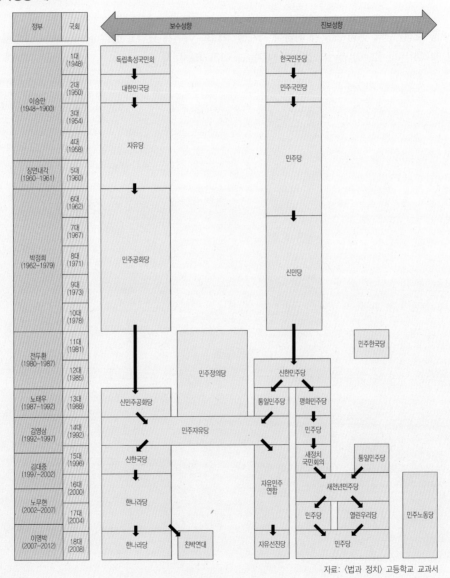

정부	국회	보수성향 → 진보성향

자료: 〈법과 정치〉 고등학교 교과서

4. 정당 이념이란 무엇인가?

1. 현존하는 한국 정당들을 그려 넣어서 계보를 완성해 보자.

2. 그림에 있는 정당들 중 이념적 스펙트럼상 위치가 잘못되었다고 생각하는 정당이 있으면 수정하고 그 이유를 설명해 보자.

3. 〈모둠 토의〉 한국 정당 계보가 이념적 가치를 토대로 이어져 왔다고 생각하는지, 또는 그렇지 않다고 생각하는지, 그 이유는 무엇인지 친구들과 이야기해 보자.

■ **한국 정당들이 추구하는 이념적 가치를 좌우 스펙트럼으로 설명할 수 있을까?**

다음 자료는 정당이 추구하는 정치이념을 나타내는 강령의 일부분이다. 자료를 보고 다음 질문에 답해 보자.

자료1: 새누리당	자료2: 더불어 민주당
우리 국민은 일제의 질곡에서 벗어나 수많은 대내외적 위협에도 불구하고 이를 이겨내고 자랑스러운 대한민국을 건국했음은 물론, 세계역사상 가장 짧은 기간 내에 산업화와 민주화를 성공적으로 완성시킨 자랑스러운 역사를 이룩해 냈다. 이 과정에서 새누리당은 자유민주주의와 시장경제 그리고 법치주의라는 대한민국의 정체성과 보수적 가치를 바탕으로, 끊임없는 자기혁신과 희생 그리고 책임정신을 통해 대한민국의 역동적인 발전을 주도해왔다.	우리는 대한민국임시정부의 항일정신과 헌법적 법통, 4월혁명·부마민주항쟁·광주민주화운동·6월항쟁을 비롯한 민주화운동을 계승하고, 경제발전을 위한 국민의 헌신과 노력, 노동자와 시민의 권리 향상을 위한 노력을 존중한다. (중략) 우리는 대한민국이 당면한 과제를 해결하고 중산층과 서민을 포함한 모든 국민들이 행복한 대한민국이 되도록 '정의, 통합, 번영, 평화'를 새 정치의 시대적 가치로 삼는다.
자료3: 국민의 당	자료4: 정의당
우리는 국민 분열과 이념대립의 시대를 마감하고 사회통합의 관점에서 국가의 중심, 사회의 중심, 국민의 중심을 새롭게 세우고자 한다. 모든 권력은 국민으로부터 나온다는 헌법정신에 따라 국민과의 공감과 소통, 참여와 협치를 구현하고자 한다. 개인과 집단의 다양성을 인정하고 약자의 인권존중과 공정한 법집행으로 사회정의를 실현하고자 한다. 공정과 포용, 배려와 연대의 가치를 바탕으로 상생과 협력의 대한민국을 만들고자 한다. 풀뿌리 시민들이 정치의 주체로서 의사결정에 동참하는 참여적 생활정치를 구현하고자 한다.	정의당은 끊임없이 혁신하고 진화하는 진보정당이 될 것이다. 식민과 분단, 억압과 착취에 맞서 온 진보정치의 자랑스러운 전통을 계승하는 한편, 현실에 맞지 않는 오류와 한계는 극복할 것이다. 우리는 일하는 사람들의 정당이다. 일하는 모든 사람의 권리를 보호하고 확대하기 위해 폭넓은 연대를 주도할 것이다. 우리는 비정규직의 정당이다. 비정규직, 영세 자영업자, 청년 구직자와 같이 노동권의 사각지대에 있는 약자를 대표하는 데 우선적인 노력을 기울일 것이다.

1. 각 정당이 추구하는 이념적 가치는 무엇인지 찾아보자.

2. 각 정당의 정치 이념을 좌우 스펙트럼으로 설명할 수 있을지 토론해 보자.

5

정당 조직

1) 정당조직

(1) 당 중앙조직 / 당원

정당은 정당의 이념과 정책에 동의하여 당원party members으로 가입한 구성원들의 조직이다. 정당의 조직 형태는 나라마다, 또 시기별로 다르지만 듀베르제는 역사적으로 나타났던 정당의 기본 조직을 네 가지로 분류하였다.

첫째, '코커스'caucus, 혹은 간부조직이다. 이는 정당 조직 중 가장 오래된 형태로 소수의 정치엘리트들로 이루어진 폐쇄적 조직이다. 둘째, '지역조직'branch으로 '대중 정당'에서 주로 나타나는데, 지역을 기반으로 조직되며 소수의 정치엘리트로 구성된 코커스와 달리 정당의 이념과 정책에 동의하는 사람은 누구나 당원으로 가입할 수 있다. 셋째, '세포조직'cell으로 주로 공산당에서 나타난다. 직장 혹은 일터workplace 단위로 조직되며 자본주의의 전복을 위해 활동한다. 넷째, '군사조직'militia으로 주로 파시스트 정당이나 극우 정당에서 발견된다. 선거뿐 아니라 다양한 정치적 임무를 수행하였는데 사적 군대와 같이 운영되며, 위계적 질서를 가지고 있었다.

정당의 탄생 이후 민주주의의 발달과 선거권의 확대로 인해 정당은 소수의 엘리트 집단이 아니라 다수의 유권자들로부터 지지를 받아야 선거에서 승리할 수 있게 되었다. 따라서 간부 중심의 코커스 조직에서 보다 개방적이고 대중적인 '지역조직' 혹은 '지구당' 형태로 전환하는 것이 불가피해졌다. 그리고 세포조직이나 군사조직은 민주주의 국가에서 더 이상 적실성을 잃어가고 있다.

(2) 중앙 / 지역

거의 모든 현대 정당은 중앙당 조직과 지역 단위의 지역조직, 혹은 지구당branch 조직을 가지고 있다. 그리고 이들 간 권력 배분은 정치 체제의 특징에 따라 국가마다 다르다. 미국의 경우 정당은 매우 느슨한 형태의 조직으로 이루어져 있다. 미국의 정당은 평상시 정치 활동에 활발히 참여하는 당원 중심의 정당이라기보다 선거기간에 유권자의 지지를 받기 위한 선거활동이 중심인 지지자 중심의 정당이다. 지역단위의 위원회가 조직되어 있지만 선거기간에 주로 활동한다.

반면 영국이나 유럽의 정당은 정당의 정책결정이나 후보자 선정에 적극적으로 참여하는 당원들을 중심으로 지역별로 지구당 조직이 발달해있다. 정당의 사무를 처리하는 관료조직으로서의 중앙당이 있

• **영국의회와 정당**

영국은 양원제 국가로 상원과 하원으로 구분된다. 상원은 귀족이나 여왕이 임명하는 임명직 종신의원으로 구성되며 상징적인 의미를 갖는다. 하원은 국민들의 선거로 선출되며 입법활동이나 중요한 정책결정은 하원에서 이루어진다. 2015년 선거 결과 구성된 하원에서 보수당이 650석 중 316석을 차지하여 집권당이 되었으며, 노동당이 239석으로 제1야당이다.

| 영국 상원(House of Lords)와 하원(House of Commons) 회의장
자료: https://en.wikipedia.org/wiki/House_of_Lords#/media/File:House_of_Lords_Chamber.png /
https://en.wikipedia.org/wiki/House_of_Commons_of_the_United_Kingdom#/media/File:House_of_Commons_Chamber_1.png

지만 정당의 후보자를 지구당에서 당원들이 결정하기 때문에 한국과 같이 중앙당의 권한이나 역할이 크지는 않다. 평상시의 중요한 정책 결정은 당대표를 포함한 하원의원들이 결정한다.

(3) 정당의 재정

정당 활동을 하기 위해서는 돈이 필요하다. 선거에서 유권자는 정당의 정책과 후보에 대해 알아야 선택을 할 수 있는데, 정당이 공약을 개발하고 후보를 공천하는 것, 그리고 유권자에게 정책과 후보를 알리는 행위는 자금을 필요로 한다.

그렇다면 정당의 재원은 어디로부터 오는 것일까? 첫째, 많은 정당들은 개인이나, 기업 혹은 노동조합과 같은 단체로부터 기부를 받는다. 예를 들어 영국 보수당의 경우 기업으로부터, 노동당은 노동조합으로부터 자금의 상당 부분을 기부 받는다. 그러나 기부금을 받게 될 경우 기부금을 낸 기업이나 단체의 이익을 정당이 대변할 수밖에 없다는 점에서 정당의 공적 기능을 약화시킬 가능성이 있다.

둘째, 많은 국가에서 국가 재정으로 정당에 보조금을 지원해주고 있다. 국고보조금이 정당 재정에서 차지하는 비중과 보조 방식은 나라마다 다른데, 현금을 지원하는 방식부터 물품 혹은 시설의 무상 이용 — 대표적으로 방송시설 — 등 다양하다.

마지막으로 당원들이 납부하는 당비이다. 유럽의 정당들처럼 당원 중심의 정당은 당비가 재원의 상당 비중을 차지한다. 하지만 최근 세계적으로 당원수가 감소하면서 정당 재정에서 당비가 차지하는 비중은 점차 줄고 있다.

• 당비는 왜 중요할까?
당비란 당원이 정당에 내는 자금이다. 당원은 당비를 납부함으로써 정당에 대한 자신의 지지를 표현하고 정당활동을 재정적으로 지원한다. 또한 당원은 당비를 냄으로써 정당 활동에 대한 영향력을 갖는다. 예를 들어 재정적으로 당비에 주로 의존하고 있는 유럽의 좌파 정당들의 경우 일반 당원들의 권한과 영향력이 상당히 큰 편이다. 반면 당비보다는 소수 재력가의 기부금에 의존하는 우파 정당들의 경우 당원들의 영향력이 약하다.

(4) 당내 민주주의

민주주의는 국가 차원에서도 중요하지만 정당과 같은 작은 조직 내에서도 중요하다. 정당의 정책결정과정에서 얼마나 대중의 의사가 반영되는가를 묻는 것이 당내 민주주의다. 즉, 정당 내에서 엘리트가 권력을 독점하고 있을 경우 당내 민주주의의 수준은 낮다고 볼 수 있는 반면 일반 당원들의 영향력이 큰 경우 당내 민주주의 수준은 높다고 할 수 있다.

그렇다면 당내 민주주의는 어떻게 측정할 수 있을까? 정당에서의 의사결정이 누구에 의해 이루어지는가는 정당 조직의 특성을 결정하는 중요한 요소이다. 특히 후보나 당 지도부를 누가 결정하는가를 통해 정당 내 권력이 어디에 있는가를 파악할 수 있다.

당원이나 선출된 대의원, 혹은 유권자들이 후보를 선출하는 방식이 당내 민주주의가 높은 방식이라면 선출되지 않은 정당기구나 소수의 정당 지도자, 혹은 한 명의 정당 지도자가 후보를 지명하는 방식은 당내 민주주의가 낮다고 할 수 있다. 정당 형성 초기에는 당 지도자가 소수 지도자들이 후보를 결정하는 경우가 많았으나 최근에는 당원이나 일반 국민들이 후보를 결정하는 경우가 늘어나고 있다.

● **누가 후보를 결정하는가?**
사츠슈나이더는 '후보를 결정하는 사람이 그 정당의 소유자'라고 했다.
그렇다면 후보는 누가 결정하는가?
첫째. 일반 국민이 후보를 선출하는 경우이다. 미국의 '개방형 예비선거'(open primary)가 대표적 예이다. 당내민주주의 수준이 가장 높다고 할 수 있으나 정당 결속력이 약해지는 문제가 있다.
둘째. 당원들이 투표로 후보자를 결정하는 경우이다. 영국의 하원의원선거 후보자가 이러한 방식으로 선출된다. 당내민주주의 수준이 높으며 정당결속력이 강한 경우이다.
셋째. 당원들에 의해 선출된 '대의원'들로 구성된 기구가 후보를 선정하는 방식이다.
넷째. '비선출 정당기구'에서 후보자를 선정하는 방식으로 소수의 정당 엘리트로 구성된 '후보선정위원회'가 후보를 결정하는 경우가 그 사례이다.
다섯째. 소수의 정당 지도자 혹은 정당 엘리트가 '비공식 모임'을 통해 후보를 지명하는 방식이다.
마지막으로 정당 지도자 1인이 후보를 지명하는 방식으로 주로 권위주의적 정당에서 발견되는 유형이다.

• 아래 표는 영국과 독일의 재정 구조를 보여준다. 영국의 경우 개인과 기업, 그리고 노동조합으로부터의 기부가, 독일은 당비와 국고보조금이 더 많은 비중을 차지하고 있음을 알 수 있다.

〈2015년 영국 정당의 정치자금 기부 현황〉

구분	액수(단위: £)	비중(%)	원환산(단위: 억원)
개인	32,645,760.58	42.6	551
기업	14,573,182.07	19.0	246
노동조합	15,153,108.16	19.8	255
법인	2,891,683.31	3.8	48.8
공적자금	9,754,241.44	12.7	164.8
타정당	148,960.00	0.2	2.5
신탁	199,773.11	0.3	3.3
공제회	930,388.00	1.2	15.7
유한책임조합(L.L.P)	305,403.18	0.4	5.2
기타	13,234.00	0.01	0.2
합계	76,615,733.85	100	1,307

자료: 영국 선거위원회 홈페이지(www.electoralcommission.org.uk)에 공개된 자료를 토대로 작성

〈독일 정당의 재정구성〉

연대	당비	기부금	국고보조금	기타
1960년대	19.8	26.2	37.8	16.2
1970년대	26.7	27.3	30.4	15.6
1980년대	31.4	22.8	33.5	12.3
1990년대	36.9	20.6	30.5	12.0
2000년대	38.5	19.9	32.2	9.4
전체 평균	30.7	23.4	32.9	13.0

자료: Koβ (2008), p. 118, 유진숙(2012) 〈표 2〉에서 재인용

2) 한국의 정당조직

(1) 주요 정당의 정당조직

정당법에 따르면 한국의 정당조직은 중앙당과 시·도당으로 구성된다. 과거에는 국회의원선거구 단위로 지구당을 두고 있었으나 2004년 지구당이 폐지되면서 선거구나 구·시·군 단위의 지역조직은 없어졌다. 하지만 국회의원선거를 준비하기 위해서는 선거구에서의 정당

활동이 필요하기 때문에 선거구에 비공식 조직인 당원협의회나 지역
위원회를 두는 경우가 많다. 주요 정당인 자유한국당전 새누리당이나 더
불어민주당의 경우 중앙당은 수도인 서울에 있으며, 서울을 비롯하여
16개 광역시·도에 시·도당을 두고 있다.

한편 특정 정당의 소속인 국회의원들은 의원총회라는 조직을 두
고 국회에서의 정당활동을 하고 있다. 의원총회에서는 국회에서 정당
이 중요한 안건으로 다루어야 할 의제나 국회 제출 법안 중 쟁점 사
안을 심의하거나 주요 정책에 대한 정당의 입장을 결정한다.

(2) 정당의 재정과 운영

민주주의 국가에서 정당은 일반적으로 당비, 국가 보조금, 그리
고 후원금을 통해 재정을 확보한다. 최근에는 당비의 비중이 줄고 국

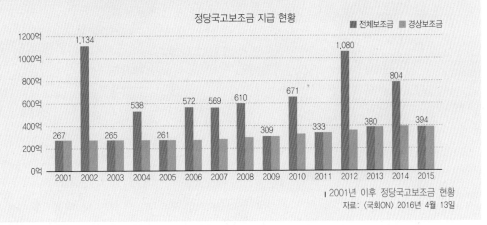

• 국고 보조금

국고 보조금은 정당의 보호, 육성을 위해 국가에서 지급하는 돈으로 매년 분기별로 '경상 보조금'을 지급하되 공직
선거가 있는 해는 별도로 '선거 보조금'을 지급한다. 아래 그림을 보면 한 해에 두 번의 선거(대통령선거와 지방선거)
가 실시되었던 2002년과 2012년에 다른 해보다 많은 국고보조금에 지급된 것을 알 수 있다. 국고 보조금은 총 배분
액의 50%를 먼저 '원내교섭단체'에 배분하고, 나머지는 의석수 비율 혹은 국회의원 선거 득표율에 따라 정당별로 차
등 지급한다. 이 밖에도 공직 선거에 여성을 공천할 경우 그 정당에 지급하는 '공직후보자 여성추천보조금', 그리고
장애인을 추천할 경우 지급하는 '공직후보자 장애인추천보조금'이 있다.

정당국고보조금 지급 현황

ㅣ2001년 이후 정당국고보조금 현황
자료: 〈국회ON〉 2016년 4월 13일

가 보조금이나 후원금의 비중이 늘고 있는데, 우리나라의 경우 국가 보조금이 차지하는 비중이 매우 높다. 한국 정당의 1년 수입은 주요 정당의 경우 약 600억원이다. 그 가운데 국고 보조금이 차지하는 비중은 새누리당이 61%, 더불어민주당의 전신인 새정치민주연합이 56%이다. 국고보조금 비율이 높은 이유는 첫째, 한국에서는 개인이나 단체의 정당 후원이 법적으로 금지되어 있기 때문이다. 따라서 개인이나, 기업, 노동조합과 같은 이익집단, 그리고 시민단체가 정당에 정치자금을 제공할 수 없다. 둘째, 유럽과 같은 대중정당을 경험하지 못한 한국의 경우 당비를 내는 당원의 수가 적다. 당비가 차지하는 비중은 각각 18%와 10%에 불과하다.

한편 한국은 다른 나라에서는 찾아보기 어려운 '기탁금' 제도를 운용하고 있다. 기탁금은 일반 유권자가 중앙선관위에 기부하면 중앙

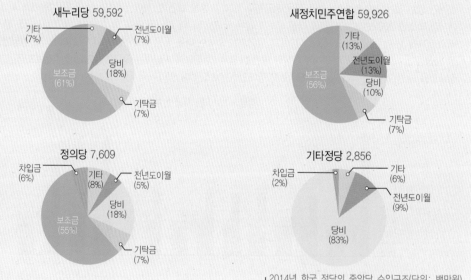

• 한국 정당의 수입구조

2014년 새누리당과 새정치연합의 수입구조를 보면 국고보조금 비중이 압도적으로 크다. 반면 당비 비중은 극히 작다. 각각 당원의 9.4%와 13%만이 당비를 납부하였다.

새누리당 59,592
- 기타 (7%)
- 전년도이월 (7%)
- 당비 (18%)
- 보조금 (61%)
- 기탁금 (7%)

새정치민주연합 59,926
- 기타 (13%)
- 전년도이월 (13%)
- 당비 (10%)
- 보조금 (56%)
- 기탁금 (7%)

정의당 7,609
- 차입금 (6%)
- 기타 (8%)
- 전년도이월 (5%)
- 당비 (18%)
- 보조금 (55%)
- 기탁금 (7%)

기타정당 2,856
- 차입금 (2%)
- 기타 (6%)
- 전년도이월 (9%)
- 당비 (83%)

┃ 2014년 한국 정당의 중앙당 수입구조(단위: 백만원)
자료: 중앙선거관리위원회, 2015. 『2014년도 정당의 활동개황 및 회계보고』, p. 502.

선관위에서 각 정당에 지급하는 형태로, 개인이나 단체가 정당을 후원할 수 없기 때문에 만들어진 제도이다. 기탁금이 정당 재정에서 차지하는 비중은 정당 재원의 10% 이하이다.

(3) 당내 민주주의

정당 내 민주주의 정도는 앞서 설명한 바와 같이 주로 정당 내에서 공직 선거에 출마할 후보를 결정하는 방식을 통해 알 수 있다. 한국 정당들은 과거에는 당수 1인이나 소수의 당 지도부가 후보자를 지명하였으며 당내 민주주의 수준은 극히 낮은 수준이었다.

그러나 2000년대 이후 점차 일반 당원이나 유권자들이 후보자를 선출하는 방식으로 변화되었다. 자유한국당전 새누리당이나 더불어민주당의 경우 당원과 유권자들이 일정 비율로 참여하는 '국민경선' 방식으로 후보자를 선출하며, 국민경선이 어려울 경우 여론조사방식으로 경선을 실시하기도 한다. 하지만 여전히 중앙당에서 선거 전략 상 중요한 지역으로 지정하여 한 명의 후보를 지명하는 경우도 많다. 이는 후보 공천이나 중요한 정책 결정 과정에서 중앙당의 권한이나 역할이 여전히 크다는 점을 보여준다.

• 2002년 대통령선거와 국민경선제

국민경선이란 국민이 정당의 후보자를 선출하는 제도이다. 2002년 대통령선거를 앞두고 당시 여당이었던 새천년민주당은 한국 역사 상 처음으로 일반 국민과 당원이 대통령후보자를 선출하는 "국민경선"을 실시하였다. 당시 국민경선에는 노무현 전 대통령을 비롯하여 정동영, 이인제, 한화갑, 김근태 등 7명의 후보가 나왔다. 제주도에서 시작하여 광주, 서울 등 전국 16개 지역에서 순회경선 방식으로 실시된 경선 결과 노무현이 대통령후보로 선출되었다.

ㅣ 새천년민주당 경선에서 승리한 노무현 후보

자료: 노무현사료관(http://archives.knowhow.or.kr/record/all/view/6922)

■ 누가 공직선거 후보를 정하는 것이 좋을까?

　언급한 바와 같이 공직후보자 선출은 국가마다 다양하며 그에 따라 당내 민주주의 수준도 다르다. 효율적인 정당운영과 국민을 대표한다는 정당의 근본 기능을 고려할 때 어떤 방식이 가장 좋을까?

선출참여	장점	단점
정당 당수 1인		
소수의 중앙당 핵심 인사들		
당원이 선출한 대의원대회		
일반 당원		
일반 당원 + 일반 유권자		
일반 유권자		
외부 전문가위원회		

1. 각 방식의 장·단점을 토론해 보자

2. 일반 유권자를 참여시킨다면 그 비중과 방식은 어떤 것이 좋을지 토론해 보자.

3. 각 방식은 어떤 정당 또는 어떤 정치가에게 유리할까?

4. 내가 정당정치가라면 나는 어떤 방식을 선호할까?

6

정당체제란 무엇인가

1) 정당체제의 유형

지금까지 개별 정당의 조직에 대해 알아보았다. 그러나 한 국가의 정치 체제에서 정당의 기능과 특성을 이해하기 위해서는 다른 정당과의 관계 속에서 더 입체적으로 파악해야 한다. 대부분의 정치 체제에서는 복수의 정당들이 존재하면서 경쟁하기 때문이다. 이처럼 복수의 정당들이 상호의존하면서 경쟁하는 관계의 특성을 '정당체제'party system라고 한다. 정당체제는 국가마다 다른 모습을 보이는데, 일반적으로 정당의 수와 상대적 규모에 따라 일당체제, 양당체제, 다당체제로 나뉜다. 다음에서는 각 정당체제의 특징과 사례에 대해 알아보도록 하자.

(1) 일당체제와 지배적 일당체제

일당체제는 하나의 정당만 존재하는 체제이며 두 개의 유형으로 다시 분류할 수 있다. 하나는 1개 정당만 활동이 허용된 경우로 권위주의 정치체제에서 나타난다. 다른 하나는 민주주의적인 경쟁이 허용됨에도 불구하고 1개 정당이 단독으로 혹은 다른 정당과 연합하여 지속적으로 집권하는 경우로 '지배적 일당체제'라고도 불린다.

먼저 권위주의 체제에서 나타나는 일당체제에서는 법적으로 1개의 정당만 허용되며, 정당이 모든 권력과 관직을 독점하고 정부 기구를 통제한다. 주로 공산주의 국가의 정당이나 나치하의 독일 파시스트 정당, 프랑코 독재 통치하의 스페인 정권 등이 이에 속한다. 반면 '지배적 일당체제'는 1개 정당이 권력을 상당 기간 장악하고 있지만 다른 정당도 공식적으로 존재하고 지배적 일당과 경쟁한다는 점에서 일당체제와는 다르다. 또한 지배적 정당이 간혹 다른 정당과 연합해 행정부를 구성하는 경우도 있다. 주로 신생 민주주의 국가에서 볼 수 있지만 간혹 선진 민주주의 정치 체제에서도 나타난다. 후자의 대표적 사례는 스웨덴의 사회민주노동당SAP과 일본의 자유민주당LDP이다. 두 정당은 수십 년 간 지배적인 정당으로서의 지위를 유지했다.

• 스웨덴 사회민주노동당의 장기집권
스웨덴 사회민주노동당은 1889년 창당 이후 성장과 복지를 조화시키려는 노력을 통해 1932년부터 1976년까지 집권당 지위를 유지했다. 사회민주당의 장기집권은 정직과 검소, 국민통합 노력을 통한 리더십을 보여주면서 1946년부터 1969년까지 23년동안 총리직을 수행한 에를란데르 총리의 영향이 컸다.

'스웨덴 국민의 아버지'
타게 에를란데르(1901~1985)

| 사회민주노동당 출신 총리 에를란데르
* 자료: EBS 지식채널e '국민의 집' 캡처자료

(2) 양당체제

양당체제는 두 개의 주요 정당이 서로 경쟁하는 정당체제이다. 일반적으로 두 정당이 번갈아 집권하는 경향이 있다. 두 정당 외에 다른 소규모 정당들이 존재하지만 소규모 정당들은 국민들로부터의 지지율이 낮아 집권할 가능성은 거의 없다.

양당체제의 특징은 다섯 가지로 요약할 수 있다. 첫째, 일당체제에 비해 복수의 정당이 경쟁하는 체제이기에 유권자들의 선택의 폭이

넓다. 둘째, 두 정당중 하나의 정당이 집권당이 된다는 점에서 정치적 안정성이 높다. 셋째, 집권당과 야당의 대립구도가 명확하기 때문에 국정 성공이나 실패에 대한 책임소재가 분명하여 책임 정치가 이루어질 가능성이 높다. 넷째, 특정 이념이나 가치를 지향하는 대중정당보다는 선거 승리를 위한 포괄정당이 나타날 가능성이 높다. 다섯째, 선거 승리와 집권에 비중을 두기 때문에 극단적인 정책이나 이념에 치중하기보다는 일반 국민 다수를 대상으로 하는 중도적인 정책을 펼 가능성이 높다.

양당체제의 대표적 사례는 미국과 영국이다. 미국의 경우 보수적인 성향의 공화당과 진보적인 성향의 민주당이 대통령 선거와 의회 선거에서 번갈아 승리하고 있다. 영국의 경우 보수적 이념을 표방하는 보수당과 진보적 가치를 내세우는 노동당의 양당체제라고 할 수 있다.

• 영국 2010년 총선과 연립정부의 수립
영국은 의원내각제 국가로서 하원의원을 선출하는 총선에서 과반수 이상의 의석을 차지한 정당이 집권당이 되어 정부를 구성한다. 일반적으로 보수당이나 노동당 가운데 한 정당이 집권당이 되지만 2010년 총선의 경우 보수당이 총 650석 중 306석을 얻어 과반의석에 미달하여 제3당인 자유민주당과 연립정부를 구성하였다.

(3) 다당체제

다당체제는 3개 이상의 정당이 경쟁하는 정당 체제이다. 하나의 정당이 의회 선거에서 과반수 의석을 획득하기 어렵기 때문에 가장 많은 의석을 얻은 정당의 주도하에 다른 정당과 연합한 '연립 정부'를 구성하게 된다. 다당체제의 특징은 다음과 같이 정리할 수 있다. 첫째, 여러 이념이나 가치, 이익단체를 대표하는 다수의 정당이 경쟁하기 때문에 사회의 다양한 요구가 반영될 수 있고, 유권자 또한 폭넓은 선택지를 가질 수 있다. 둘째, 다수 정당이 참여한 연립 정부가 구성되어 국정을 운영하기 때문에 정책 실패의 책임소재가 불분명해질 수 있다. 셋째, 연정에 참여한 정당들 간 협조가 어려울 경우 정치적 불안이 초래될 수 있다. 자주 있는 일은 아니지만 연립 정부가 붕괴되어 선거를 새로 치르는 상황도 발생할 수 있다.

다당체제는 독일을 비롯하여 많은 민주주의 국가에서 발견된다. 2013년 독일 연방 하원의원 선거의 경우 20여개 정당이 참여하여 기독민주당CDU이 전체 의석의 40.5%, 사회민주당SPD이 30.5%, 좌파당 The Left 10.2%, 녹색당Alliance '90/The Greens 10.0%, 기독사회당CSU이 8.9%를 얻었다. 어느 정당도 과반의석을 차지하지 못하고 기민당과 사민당의 연립 정부가 수립되었다.

• 연립 정부(coalition government)의 다양한 형태
의원내각제하에서 여러 정당이 연합하여 행정부를 구성하는 경우를 의미한다. 통상적으로 의회 선거에서 과반수를 차지한 정당이 없는 경우 구성된다. 주로 비례대표제를 선거제도로 운영하고 있는 국가에서 나타난다. 연립 정부가 구성되면 이에 참여한 정당들이 행정부 각 부처의 장관을 나누어 맡는다.
연립 정부는 두 가지 형태를 띤다. 첫째, 다수 연립 정부(majority coalition government)이다. 복수의 정당이 연합하여 의회 의석의 과반수를 차지하는 경우이다. 독일, 벨기에, 핀란드 등이 대표적 예이다. 둘째, 소수 연립 정부(minority coalition government)이다. 복수의 정당이 연합하지만 여전히 의회 의석 과반수를 차지하지 못하고 정부를 구성하는 유형이다. 덴마크 등이 대표적 예이다.

(4) 선거제도와 정당체제

그렇다면 국가마다 왜 다른 정당체제가 형성되는 것일까? 정치적, 사회적, 역사적, 지리적 환경에 따라 정당체제는 달라질 것이다. 그러나 가장 중요한 요인은 선거제도에 있다. 선거제도는 크게 세 가지로 분류한다. 첫째, 한 선거구에서 가장 많은 득표를 한 1명이 당선되는 소선거구 단순다수제이다. 둘째, 정당이 획득한 득표율과 비례해 의석을 차지하는 정당명부식 비례대표제이다. 셋째, 앞서 두 가지 유형을 결합한 혼합형 선거제도이다. 정치학자인 뒤베르제는 소선거구 단순다수제와 양당제, 비례대표제와 다당제는 서로 친화성을 가진다고 주장한다. 왜 그럴까?

첫째, 소선거구 단순다수제는 제도 자체의 특징과 유권자의 사표 방지 심리 때문에 양당제를 만들어내는 경향이 있다. 둘째, 비례대표 제에서는 다당체제가 형성되는 경향이 있다. 득표율이 낮은 군소정당 이라도 의석을 배분받게 되고, 유권자들 또한 사표가 될 것이라는 걱정 없이 자신이 지지하는 정당을 선택할 수 있다. 마지막으로 혼합형 선거제도는 소선거구 단순다수제와 정당명부식 비례대표제를 결합한 방식으로 우리나라의 선거제도가 이에 속한다.

> **• 사표와 사표방지 심리**
> 사표(死票)란 '죽은 표', 즉 투표를 했으나 당선 결과에 아무 도움이 되지 않고 따라서 의미 없이 버려지는 표를 의미한다. 예를 들어 다수를 득표한 한 명이 선출되는 다수대표제에서 후보 A와 후보 B, 후보 C가 각각 45%, 28%, 15%를 득표했다고 하자. 이 경우 45%를 득표한 A후보가 당선되고 B후보와 C후보가 얻은 43%는 '사표'가 된다.
> 유권자들은 자신의 투표가 당선에 영향을 미치기를 바라기 때문에 때로는 차선책을 택하기도 한다. 즉, 가장 지지율이 약한 C 후보의 지지자 중에는 A후보의 당선을 막기 위하여 B후보에게 투표하는 경우도 있다.

2) 한국의 정당체제

한국은 해방 이후 다양한 형태의 정당체제를 경험했다. 일당체제 가 존재했던 시기는 없었지만 패권적 일당체제, 양당체제, 그리고 다 당체제가 시기별로 독자적으로 형성되거나 혼재되어 나타났다. 여기 서는 제3공화국의 권위주의 정치체제하에서 나타났던 정당체제와 민 주화 이후의 정당체제를 살펴보도록 하자.

(1) 패권적 일당체제 시기

제3공화국은 1961년 박정희 장군의 군사 쿠데타로 만들어진 정 권이다. 1963년 대통령선거 이후 권위주의적 정치체제가 지속되었으 며, 1972년 이후 유신체제 시기에는 패권적 일당체제가 나타났다. 유 신헌법은 대통령의 중임제한을 철폐함으로써 종신집권을 가능케 하였 으며, 대통령이 국회의원의 3분의 1을 임명할 수 있도록 함으로써 패권적인 일당체제를 형성하였다. 실제 1973년 실시된 국회의원 선거에서 집권당인 공화당은 지역구 정수 146명 중 73석을 차지하였으며, 대통령이 임명하는 73명을 합하여 총 219석이 사실상 여당의석이 되었다. 반면 야당인 신민당은 53석, 무소속은 19석을 얻는데 그쳤다.

이와 같이 볼 때 제3공화국과 유신체제 이후 제4공화국에서의 정당 체제는 일견 공화당과 신민당 양당체제로 할 수 있으나 실질적으로는 공화당이라는 패권 정당이 박정희 대통령의 권위주의 정치 체제를 유지하는 수단으로 기능하였던 시기라고 볼 수 있다.

• 패권(Hegemony)과 패권정당체제
'패권(Hegemony)'이란 이탈리아 공산주의 이론가 안토니오 그람시가 20세기 초반에 만들어낸 개념으로서 이데올로기적으로 사회를 통제하고 지배한다는 뜻이다. 패권이라는 개념은 이후 정치학과 사회학에 널리 적용되고 있는데 대표적으로 이념적, 문화적, 정치적으로 세계를 지배하고 있는 미국을 패권국가로 지칭하기도 한다.
'패권정당체제'란 패권이라는 개념을 활용하여 정치학자 사르토리가 만든 개념이다. 패권정당체제란 표면적으로는 다수당체제이지만 실질적으로 1당이 권력을 독점하고 지배하는 체제이다.

• 유신헌법(1972): 1972년 박정희대통령이 계엄령 하에 통과시킨 헌법
 – 대통령은 통일주체국민회의에서 간접 선거로 선출함
 – 정당은 국민회의 대의원선거 참여 금지
 – 대통령 임기 4년에서 6년으로 연장, 연임제한 폐지
 – 대통령이 국회의원 3분의 1(유정회 의원)을 추천하고 국민회의에서 승인
 – 대통령이 모든 법관 임명
 – 국회의원 소선거구제에서 중선거구제로 변경
 – 입법부와 사법부의 권한 축소
 – 대통령이 긴급조치권과 국회해산권 보유

자료: http://www.poweroftruth.net/news/mainPrint.php?table=byple_
news&uid=1281

(2) 양당체제와 다당체제

우리나라는 양당체제일까 다당체제일까? 정치학자들은 한 국가에서 실질적으로 의회에 진출하는 정당의 수가 얼마나 되는지를 측정함으로써 특정 국가가 어떤 유형의 정당체제에 속하는지를 구분한다. 한국의 경우 실질적으로 의회에 진출하는 정당의 수를 나타내는 유효

정당 지수는 3 정도로 양당제보다는 다당제에 가깝다고 할 수 있다. 이처럼 한국이 다당제적 특성을 보이는 이유는 비례대표선거를 통해 군소정당이 의회에 진출할 수 있다는 점과 특정 지역을 기반으로 하는 지역정당의 존재 때문이다.

한국은 2004년 총선부터 소선거구 다수대표제로 선출되는 지역구의원과 정당명부식 비례대표제로 선출되는 비례대표의원을 동시에 선출하는 혼합제 선거방식을 채택해왔다. 이후 민주노동당, 통합진보당, 정의당 등 군소정당이 국회에 진출하게 되었다. 한편 한국의 주요 정당들은 특정 지역을 기반으로 하는 지역정당의 성격을 가지고 있으며 군소정당도 지역정당 성격을 띤 경우가 많았다. 예를 들어 1995년 창당되어 2006년까지 활동하였던 '자유민주연합'자민련은 주로 충청도 지역을 기반으로 국회에 진출한 정당이었다.

- **지역주의 군소정당, 자민련의 탄생과 소멸**
  자민련(자유민주연합)은 1995년 3월 20일에 창당되어 2006년 4월 7일까지 활동했던 보수정당이다. 1990년 3당 합당의 결과로 등장한 민주자유당 내에는 민주계(통일민주당 출신), 민정계(민주정의당 출신), 공화계(신 민주공화계 출신) 등 세 개의 이념적으로 다른 계파가 공존하였다. 결국 김종필을 필두로 한, 충청지역에 기반을 둔 구 공화당 세력은 민주자유당에서 탈당하여 자민련을 만들었다.
  자민련은 15대 총선(1996)에서 50석을 확보하는 등 한 때 충청지역에서 상당히 높은 지지율을 달성할 수 있었다. 그러나 2004년 선거에서 지역구 4석(지지율 2.8%)의 결과로 참패하면서 급속히 세력이 약화되었다. 자민련은 2005년 국민중심당을 창당해 생존을 모색하였으나 2006년 결국 한나라당에 흡수통합되었다.
  자민련의 실패는 군소정당이 살아남기 힘든 한국 정당체제의 성격을 보여주는 동시에 지역주의의 약화를 시사하는 사건으로 평가되었다.

- **군소 진보정당의 역사**
  한국에서 '진보정당'은 일반적으로 사회주의 또는 사회민주주의를 표방하는 정당을 통칭한다. 유신체제 시기를 제외하고 진보정당은 1945년 조선공산당과 조선인민당에서 시작하여 2017년 현재 정의당에 이르기까지 그 명맥을 유지해왔다. 민주노동당은 2004년 총선에서 13%를 획득하여 진보정당으로서는 처음으로 국회에 진출하였다. 2017년 5월 대통령선거에서는 정의당 심상정 후보가 6.17%를 획득하기도 하였다.
  1945년부터 2017년까지 명멸해 왔던 진보정당들의 간략한 연대기는 다음과 같다.
  1. 진보정당 태동기 (1945-1947): 조선공산당, 조선인민당, 북조선노동당, 남조선노동당, 근로인민당, 사회민주당
  2. 진보정당 암흑기 (1948-1985): 사회당, 진보당, 한국사회당, 통일사회당
  3. 진보정당 재건기 (1986-1994): 제3세대당, 민중의당, 한겨레민주당, 민중당, 한국노동당, 통합민주당, 진보정치연합

4. 진보정치 세분화기(1997–2004): 건설국민승리21, 청년진보당, 민주노동당, 녹색평화당, 민주사민당, 녹색사민당
5. 진보정당의 현재(2008–): 진보신당, 통합진보당, 진보정의당/정의당, 진보신당 연대회의/노동당.

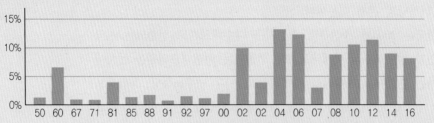

대한민국의 진보정당 역대 선거 득표(1950~2016년)

자료: https://ko.wikipedia.org/wiki/%EB%8C%80%ED%95%9C%EB%AF%BC%EA%
B5%AD%EC%9D%98_%EC%A7%84%EB%B3%B4%EC%A0%95%EB%8B%B9

■ **한국은 일당체제? 양당체제? 다당체제?**

1. 일당체제, 양당체제, 다당체제의 장·단점과 대표적 사례를 정리해 보자.

정당체제	장점	단점	대표적 사례
일당체제			
양당체제			
다당체제			

2. 현재 한국의 정당체제는 양당제로 볼 수 있을까? 다당제로 볼 수 있을까?

3. 향후 한국의 정당체제는 양당제로 가야 하는가? 다당제로 가야 하는가?

4. 다당제가 필요하다면 어떤 정당이 더 필요한가?

참고문헌 | REFERENCE

- 김수진. 2008. 『한국 민주주의와 정당정치』. 서울: 백산서당.
- 김용호. 2001. 『한국정당정치의 이해』. 서울: 나남.
- 김윤철. 2009. 『정당』. 서울: 책세상
- 박상훈. 2015. 『정당의 발견』. 서울: 후마니타스.
- 심지연. 2013. 『한국정당정치사』. 서울: 백산서당.
- 심지연 외. 2003. 『현대 정당정치의 이해』. 서울: 백산서당.
- 정진민. 2008. 『한국의 정당정치와 대통령제 민주주의』. 서울: 인간사랑.
- 정진민 외. 2015. 『정당정치의 변화, 왜 어디로』. 서울: 형설출판사.
- Dalton, Russell and David Farrell. 2013. Political Parties and Democratic Linkage: How Parties Organize Democracy. Oxford: Oxford University Press.
- Duverger, Maurice. 1959. Political Parties. 2nd ed. London: Methuen.
- Mair, Peter 저. 김일영 외 역. 2011. 『정당과 정당체계의 변화: 접근과 해석』. 서울: 오름.
- Michels, Robert 저. 김학이 역. 2015. 『정당론』. 서울: 한길사.
- Sartori, Giovanni 저. 어수영 역. 1995. 『현대정당론』. 서울: 동녘.
- Parties and Party Systems: A Framework for Analysis. New York: Cambridge University Press.
- Ware, Alan. 1996. Political Parties and Party System. Oxford: Oxford University Press.

Ⅳ
·
선
거

1

선거란 무엇인가?

1) 선거와 선거제도 개념과 의의

(1) 선거 개념과 의의

선거는 국민을 대표하여 국가를 운영할 공직자를 투표를 통해 뽑는 일을 뜻한다. 인구가 많고, 영토가 넓으며, 복잡하고 다양한 문제들이 정책 사안으로 다뤄지는 현대 국가에서 민주 정치는 대의민주제 또는 간접민주제의 형태를 띠고 있기 때문에 선거를 통한 공직자의 선출은 중요한 문제이다.

직접민주제에서는 국가 통치과정에 국민이 직접 참여한다. 그러나 대의민주제에서는 국민이 선출한 대표자들이 국민을 대신하여 정부를 구성하고, 일정 기간 동안 대표자들에게 주권자인 국민의 권력이 위임된다. 이런 의미에서 대의민주제에서는 국민 주권의 원리가 선거를 통해 구현된다. 선거는 현대 민주 국가에서 국민이 주권을 행사하는 가장 중요한 수단이며, 민주 정치의 성공과 실패를 결정하는 가장 핵심적인 요인이다.

그러나 선거가 실시되고 있다고 해서 민주 정치가 자동적으로 그리고 충분히 구현되는 것은 아니다. 단순히 선거가 존재한다는 사실 이외에도 선거가 실제로 어떻게 시행되고 있는지, 선거가 민주적 요건들을 잘 충족하고 있는지, 그리고 얼마나 많은 국민들이 선거에 참여하는지 등의 문제가 매우 중요하다.

• 대의제와 선거가 필요한 이유

왜 현대 민주 국가들은 직접민주제가 아니라 대의민주제를 채택하고 선거를 치르는 것일까? 민주주의 이론의 대가로 손꼽히는 미국의 정치학자 로버트 달(Robert Dahl)은 그의 유명한 저서 『민주주의에 관하여』(1998)에서 그 이유를 단순하고도 명쾌하게 설명하고 있다.

그는 아래의 표와 함께 '시간과 수의 법칙'을 제시하면서, "약간의 계산만 해봐도 시간과 수가 갖고 있는 냉혹한 결과"를 짐작할 수 있는데, 1만 명의 시민으로 구성된 작은 국가에서 각 시민에게 발언시간을 10분씩만 준다고 하더라도, 8시간 동안의 회합을 200일 이상에 걸쳐 지속해야 하는 우스꽝스러운 상황이 펼쳐질 것이라고 지적하였다.

사정이 바로 이렇기 때문에, 직접민주제를 운영하는 국가에서조차 사실상 대의제도가 존재할 것이며, 시민들은 결국 자유롭고 공정한 선거를 통해 대표자를 선출하는 방안을 합리적으로 선호하게 될 것이라고 주장하였다.

〈시간과 수의 법칙〉

"민주적 단위에 시민들이 많이 있으면 있을수록 정부결정에 직접적으로 참여할 수 있는 시민은 점점 줄어들고 점점 더 그들은 다른 사람들에게 권위를 위임해야 할 것이다."

〈직접 민주제의 값비싼 대가〉

시민 수	각 시민이 다음의 발언 시간을 갖는 경우 필요한 총 시간					
	10분			30분		
	분	시간	하루 8시간 회합 시 필요한 날짜 수	분	시간	하루 8시간 회합 시 필요한 날짜 수
10	100	2		300	5	
20	200	3		600	10	1
50	500	8	1	1,500	25	3
500	5,000	83	10	15,000	250	31
1,000	10,000	167	21	30,000	500	63
5,000	50,000	833	104	150,000	2,500	313
10,000	100,000	1,667	208	300,000	5,000	625

자료: Dahl 저·김왕식 외 역(1999), 145-148.
https://en.wikipedia.org/wiki/Robert_A._Dahl(검색일: 2016. 10. 22).

(2) 선거제도 개념과 의의

선거는 어떻게 실행되는가? 선거는 '선거제도'에 따라 운영된다. 선거제도란 넓은 의미에서 선거권, 피선거권, 선거구제, 대표제, 선거운동 등 선거를 실제로 운영하기 위한 규칙들을 말한다. 그리고 보다 좁은 의미에서 선거제도는 '유권자가 행사한 표를 의석수로 전환하는 방식'으로, 여러 가지 요소들 가운데 특히 세 가지─선거구제도, 대표제도, 투표제도─에 초점을 맞춰 정의된다.

　　그런데 이러한 선거제도를 어떻게 설계하느냐에 따라서 선거 결과는 크게 다르게 나타날 수 있다. 예를 들어 어떤 선거구제도, 어떤 대표제도, 어떤 투표제도를 채택하느냐에 따라서 각 정당이 획득하는 의석수가 달라질 수 있는 것이다. 많은 국가들에서 선거제도를 둘러싼 논쟁이 끊임없이 되풀이되는 이유는 선거제도가 지니는 영향력 때문이다.

• 선거구제도, 대표제도, 투표제도란 무엇인가?

　선거구제도, 대표제도, 투표제도는 선거제도를 구성하는 가장 핵심적인 요소들이다. 이 세 가지 요소들의 조합을 통해 '유권자가 행사한 표들'이 '후보자 또는 정당이 획득하는 의석수'로 전환된다.

　첫째, 선거구제도란 한 선거구에서 선출되는 대표자의 수, 즉 '선거구의 크기'에 관한 규정으로, 대표자의 수에 따라 소선거구제, 중선거구제, 대선거구제로 분류된다.

　둘째, 대표제도란 당선자를 확정하는 방식에 관한 규정으로 크게 세 가지로 분류될 수 있는데, 가장 많은 표를 획득한 후보자가 대표자로 선출되는 다수대표제, 정당 또는 후보자의 득표율에 따라 의석을 비례적으로 배분하는 비례대표제, 그리고 다수대표제와 비례대표제의 혼합형 제도가 있다.

　셋째, 투표제도란 유권자의 기표방식에 관한 규정으로, 유권자가 투표용지에 기재된 후보자들 가운데 한 명을 선택하는 범주형 기표방식과 유권자가 투표용지에 기재된 모든 후보자들에게 선호하는 순위를 표시하는 순위형 기표방식 등이 있다.

• 선거제도에 따라 선거 결과가 달라질 수 있다.

　선거 결과는 선거제도, 즉 선거구제도·대표제도·투표제도가 각각 어떻게 설계되어 있는지에 따라 매우 다르게 나타날 수 있다. 예를 들어 소선거구제·다수대표제·범주형 기표방식을 채택한 경우에 도출되는 선거의 결과와 대선거구제·비례대표제·순위형 기표방식을 채택한 경우에 도출되

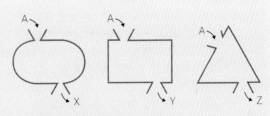

는 선거 결과는 매우 다를 수 있다. 다음의 그림에서와 같이 유권자의 선호도(A)가 동일할지라도 어떠한 선거제도를 통하느냐에 따라 의석의 배분 양상(X 또는 Y 또는 Z)은 상이해진다. 따라서 가능한 한 많은 의석을 획득하기를 원하는 후보자들 또는 정당들 사이에서 선거제도는 항상 주요한 쟁점이 되어 왔다.

2) 민주적 선거 원칙

(1) 보통선거(universal suffrage) 원칙

선거는 비민주 국가들에서도 종종 치러진다. 그렇다면 이 국가들의 선거와 민주주의 국가들의 선거는 무엇이 다른가? 현대 민주 국가에서 선거는 '보통·평등·직접·비밀선거'라는 네 가지 기본원칙에 따라 실행된다. 우리나라의 선거도 이러한 원칙을 따르도록 헌법에 규정되어 있다. 이 가운데 '보통선거'란 능력이나 신분에 따라 투표 자격을 제한하지 않고, 모든 국민에게 선거권을 부여해야 한다는 원칙이다.

이러한 원칙이 확립되기 이전까지는 재산, 소득, 성, 인종, 학력 등에 따라 오직 일부의 국민에게만 선거권을 주는 '제한선거'가 오랫동안 치러졌다. 단, 오늘날에도 각국 선거법이 정하는 요건에 따라 예외적인 제한은 두고 있다. 우리나라의 경우에는 19세 이상의 대한민국 국민으로서 공직선거법이 규정하는 국적·연령·주소 요건을 충족하고, 범죄 등으로 인한 결격 사유가 없는 자에게만 선거권이 부여된다.

• 대한민국헌법에 규정된 선거의 기본원칙
제24조 모든 국민은 법률이 정하는 바에 의하여 선거권을 가진다.
제41조 ① 국회는 국민의 보통·평등·직접·비밀선거에 의하여 선출된 국회의원으로 구성한다.
제67조 ① 대통령은 국민의 보통·평등·직접·비밀선거에 의하여 선출한다.

• 공직선거법에 규정된 선거권 부여의 요건
제15조(선거권) ① 19세 이상의 국민은 대통령 및 국회의원의 선거권이 있다. 다만, 지역구국회의원의 선거권은 19세 이상의 국민으로서 선거인명부작성기준일 현재 다음 각 호의 어느 하나에 해당하는 사람에 한하여 인정된다.
　1. 해당 국회의원지역선거구 안에 주민등록이 되어 있는 사람
　2. 주민등록표에 3개월 이상 계속하여 올라 있고 해당 국회의원지역선거구 안에 주민등록이 되어 있는 사람
제18조(선거권이 없는 자) ① 선거일 현재 다음 각 호의 어느 하나에 해당하는 사람은 선거권이 없다.
　1. 금치산선고를 받은 자
　2. 1년 이상의 징역 또는 금고의 형의 선고를 받고 그 집행이 종료되지 아니하거나 그 집행을 받지 아니하기로 확정되지 아니한 사람. 다만, 그 형의 집행유예를 선고받고 유예기간 중에 있는 사람은 제외한다.
　3. 선거범
　4. 법원의 판결 또는 다른 법률에 의하여 선거권이 정지 또는 상실된 자

(2) 평등선거(equal suffrage) 원칙

'평등선거'는 모든 유권자에게 동등한 가치를 지닌 표를 부여해서 '표의 등가성'을 실현해야 한다는 원칙이다. 표의 등가성은, ① '1인 1표'one man, one vote, 즉 유권자가 행사하는 표가 수적으로 동등하고, ② '1표 1가치'one vote, one value, 즉 한 표의 가치가 선거 결과에 기여하는 정도에서도 동등할 때, 비로소 실현된다. 과거에는 사회적 신분, 재산, 학력 등에 따라 차등을 두어 특정 집단에게 더 많은 표를 주거나 더 많은 대표자를 선출할 수 있게 하는 노골적인 '차등선거'가 존재하였으나, 이제는 대부분 사라졌다. 그러나 오늘날에도 평등선거의 원칙이 완벽하게 구현된다고 말할 수 없는 경우가 있는데, 선거구별로 유권자의 수가 동일하지 않을 때 발생하는 표의 등가성 훼손 문제가 대표적이다.

• **중세부터 1948년까지 영국에 존속했던 차등선거**
영국에서는 1918년과 1928년 두 차례의 선거법 개정을 통해 21세 이상의 모든 남성과 여성에게 선거권이 부여되는 보통선거의 시대가 열렸다. 그러나 평등선거는 그보다 20년 후인 1948년이 되어서야 실현되었다. 중세부터 시작된 학력과 재산에 따른 복수선거권제도, 즉 대학선거권과 사업처선거권이 20세기 중반까지 유지되었기 때문이다. 당시 대학 졸업생과 대학 교수는 주소지에 근거한 지역선거구에서의 1표에 더해 별도의 대학선거구에서 1표를 더 행사할 수 있었으며, 10파운드 이상의 가치를 지닌 사업처의 소유자는 지역선거구에서의 1표와는 별도로 해당 사업처가 있는 선거구에서 1표를 더 행사할 수 있었다.

(3) 직접선거(direct voting) 원칙

'직접선거'는 유권자가 직접 투표소에 가서 후보자에게 투표를 해야 한다는 원칙으로, 대표자가 어떤 매개자도 통하지 않고 유권자의 의사에 의해 직접 결정되어야 함을 의미한다. 만일 선거일에 투표소에 갈 수 없는 유권자가 투표를 하려면, '사전투표제도'를 활용해야지 대리인을 내세워 대신 투표하게 해서는 안된다. 또한 직접선거의 원칙에 따라 중간선거인을 통한 '간접선거'도 허용되지 않는다.

과거 우리나라에서는 대통령을 국회나 통일주체국민회의에서 선출하는 간접선거가 시행되었는데, 부정선거의 가능성뿐만 아니라 국민의 진정한 의사가 왜곡될 수는 있다는 비판에 부딪혀 1987년 직선제로의 개헌이 이루어졌다. 한편, 과거 국회의원 선거에서는 정당에 대한 별도의 투표 없이 각 정당의 지역구 득표율로 정당별 비례대표 의석을 배분하였다. 그러나 비례대표의원의 선출이 유권자의 투표에 의해 직접 결정되지 않는다는 점에서 이러한 선거제도 역시 직접선거의 원칙에 위배되는 경우에 해당한다.

• 사전투표제도와 재외선거제도

만일 선거에 참여하기를 원하지만 이러저러한 이유로 선거일에 투표소에 갈 수 없는 유권자라면, 결국 투표를 포기해야 하는 것일까? 현재 우리나라는 유권자의 기본권과 선거권을 보장하고 투표 참여를 돕기 위해 사전투표제도와 재외선거제도를 운용하고 있다. 기존 부재자 투표제도의 단점을 보완하여 만들어진 사전투표제도는 2014년 지방선거에서부터 전국적으로 실시되고 있다. 사전투표를 원하는 유권자는 아무런 사전 신고 없이 신분증만을 소지하고 전국 읍·면·동마다 설치되는 사전투표소 중 어느 곳이든 방문해서 투표를 할 수 있게 되었다.

또한 2012년 국회의원 선거에서부터 실시된 재외선거제도에 따라 재외선거인과 국외부재자신고인이 선거권을 행사할 수 있게 되었다. 재외선거인이란 국외에 거주하거나 체류하는 대한민국 국민으로서 국내에 주민등록이 되어 있지 않은 사람을 의미한다. 국외부재자신고인이란 국외여행자, 유학생, 상사원, 주재원 등 국내에 주민등록이 되어 있는 국외 일시 체류자 중 외국에서 투표하고자 하는 사람을 말한다.

출국 전 사전투표를 하려는 사람들   미국 LA 총영사관 재외투표 마감

┃ 제20대 국회의원 선거에서 실시된 사전투표와 재외선거

자료: http://www.yonhapnews.co.kr/bulletin/2016/04/08/0200000000AKR20160408068500062.HTML?input=1195m(검색일: 2016. 10. 17); http://www.newsis.com/pict_detail/view.html?pict_id=NISI20160405_0011549508(검색일: 2016. 10. 17).

• 국민이 직접 뽑지 않은 대통령

통일주체국민회의 개회식

통일주체국민회의 대의원 대통령 선거
 통일주체국민회의와 제8대 대통령 선거

1987년 직선제로의 개헌이 이루어지기 전까지 과거 우리나라에서는 대통령을 국민이 직접 뽑지 않고 대리인이 선출하였다. 유신헌법이 공포된 1972년부터 1980년까지 통일주체국민회의의 대의원들이 대통령을 선출하였던 사례가 대표적이다. 형식적으로 통일주체국민회의는 국민의 직접선거에 의해 선출된 대의원들로 구성되나, 실질적으로는 박정희의 영구집권을 정당화하기 위한 정치적 도구로 이용되었다.

자료: http://www.ehistory.go.kr/page/photo/gover_index.jsp?kindCheck=17(검색일: 2016. 10. 16).

• 직접·평등선거 위배한 국회의원 선거제도

현재 우리나라에서 시행되고 있는 국회의원 선거제도는 2004년 공직선거법이 개정됨으로써 확립되었다. 과거에 우리나라에서는 비례대표의석을 지역구 득표율에 따라 배분하였다. 그러나 이에 대해 헌법재판소가 2001년 위헌판결을 내림으로써 지역선거구 후보자에 대한 투표와 비례대표 후보자에 대한 투표가 분리되었다. 다음은 헌법재판소의 위헌 판결 내용이다.

가. 공직선거 및 선거부정방지법(이하 공선법)은 이른바 1인 1표제를 채택하여 유권자에게 별도의 정당투표를 인정하지 않고 있으며, 지역구선거에서 표출된 유권자의 의사를 그대로 정당에 대한 지지의사로 의제하여 비례대표의석을 배분토록 하고 있는 바, … 유권자가 지역구후보자나 그가 속한 정당 중 어느 일방만을 지지할 경우 … 자신의 진정한 의사는 반영시킬 수 없으며, 후보자든 정당이든 절반의 선택권을 박탈당할 수밖에 없(다.) … 이는 선거에 있어 국민의 의사를 제대로 반영하고, 국민의 자유로운 선택권을 보장할 것 등을 요구하는 민주주의원리에 부합하지 않는다.

나. … 직접선거의 원칙은 의원의 선출뿐만 아니라 정당의 비례적인 의석 확보도 선거권자의 투표에 의하여 직접 결정될 것을 요구하는 바, 비례대표의원의 선거는 지역구의원의 선거와는 별도의 선거이므로 이에 관한 유권자의 별도의 의사표시, 즉 정당명부에 대한 별도의 투표가 있어야 함 … 현행제도는 … 선거권자들의 투표행위로써 비례대표의원의 선출을 직접·결정적으로 좌우할 수 없으므로 직접선거의 원칙에 위배된다.

다. 현행 1인 1표제 하에서의 비례대표의석 배분방식에서, 지역구후보자에 대한 투표는 지역구의원의 선출에 기여함과 아울러 그가 속한 정당의 비례대표의원의 선출에도 기여하는 2중의 가치를 지니게 되는데 반하여, 무소속후보자에 대한 투표는 그 무소속후보자의 선출에만 기여할 뿐 비례대표의원의 선출에는 전혀 기여하지 못하므로 투표가치의 불평등이 발생하는 바, … 무소속 후보자에게 투표하는 유권자를 차별하는 것이라 할 것이므로 평등선거의 원칙에 위배된다.
라. 공선법 … 은 위와 같은 이유로 헌법에 위반되며, …"1인 1표로 한다" 부분은 국회의원선거에 있어 지역구국회의원선거와 병행하여 정당명부식 비례대표제를 실시하면서도 별도의 정당투표를 허용하지 않는 범위에서 헌법에 위반된다 할 것인 바, 그로 인하여 유권자인 국민들의 비례대표국회의원에 대한 선거권, 무소속후보자에 대하여 투표하는 유권자들의 평등권 등의 기본권이 침해된다.

출처: 2000헌마91, http://search.ccourt.go.kr/ths/pr/ths_pr0101_P1.do(검색일: 2016. 10. 16).

(4) 비밀선거(secret voting) 원칙

'비밀선거'는 어느 유권자가 어느 후보자에게 투표했는지 다른 사람이 알 수 없도록 비밀을 보장해야 한다는 원칙이다. 투표 내용이 공개될 경우 받을 수 있는 불이익과 강압으로 인해 유권자가 자신의 의사에 따라 자유롭게 투표할 수 없게 되는 상황을 방지하기 위해서이다. 따라서 기명·거수·기립·구술투표와 같은 모든 '공개선거'는 이 원칙에 위배되며, 선거는 반드시 무기명투표로 치러져야 한다.

• 비밀선거 원칙을 위배한 선거법 위반 사례
현행 선거법상 왼쪽 아래의 사진에서와 같이 유권자가 초등학생 이상의 자녀와 함께 기표소 안으로 출입하는 행위는 위법이다. 그럼에도 불구하고 최근 20대 국회의원 선거에서는 기표소에 자녀와 동반 입장하려다가 제지를 당한 유권자가 오히려 분풀이를 한 사건들이 신문에 보도되기도 하였다. 또한 한 연예인이 기표소 안에서 투표용지를 손에 들고 자신의 모습을 촬영하여 논란거리가 된 일이 있었는데, 이러한 행위도 선거법 위반에 해당한다. 현행 선거법상 기표소 안에서 투표지를 촬영하는 것은 허용되지 않는다.

자료: http://www.newdaily.co.kr/news/article.html?no=89877(검색일: 2016. 10. 15);
http://www.polinews.co.kr/news/article.html?no=56021(검색일: 2016. 10. 16).

비밀선거를 보장하기 위해 규격화된 투표용지가 1858년 오스트레일리아에서 처음으로 사용되었기 때문에, 비밀선거는 오스트레일리아식 투표Australian Ballot System라고도 불린다. 현재 우리나라에서는 공직선거법이 규정하는 바에 따라 다른 사람이 엿볼 수 없도록 기표소가 설비되고, 규격화된 투표용지가 사용되며, 투표함이 봉해지고 보관·인계됨으로써 비밀선거 원칙을 준수하고 있다.

3) 민주적 선거의 기능

(1) 국민의 대표자 선출과 정부 구성

현대 민주 국가에서 선거가 담당하는 기능은 무엇일까? 가장 중요한 기능은 국민을 대신하여 국정을 운영할 대표자를 선출하는 것이다. 선거를 통해 유권자는 경쟁하는 후보자들 가운데서 자신의 의사를 대표하게 할 사람을 선택한다. 이러한 유권자 개개인의 선택이 모아져서 '국민의 의사'가 되고, 경쟁에서 이긴 승자는 '국민의 대표자'가 된다. 그리고 선거를 통해 선출된 국민의 대표자들은 '공직자'가 되어 정부를 구성하고 국가의 주요 정책들을 결정하게 된다. 따라서 국민의 대표자이자 공직자를 뽑는 선거는 정치인을 충원하고 정부를 구성하는 주요 수단임과 동시에 국민의 의사가 정치 과정에 투입되어 정책 결정에 영향을 미치게 하는 통로가 된다.

(2) 정치권력의 정당성 부여

선거의 두 번째 주요 기능은 정치권력에 '정당성' 또는 '정통성'을 부여한다는 데 있다. 현대 민주 국가에서 정치권력의 정당성은 바로 선거를 통해서만 인정될 수 있다. 선거를 통해 만들어진 정치권력이란 합법적인 절차에 따라 국민의 지지와 동의를 얻어 형성된 것을 의미하기 때문이다. 따라서 선거를 통해 집권한 정부의 행위는 국민의 의사에 따라 수행되는 것으로 간주되며, 국민을 대상으로 하는 공권력의 행사 또한 정당성을 갖게 된다. 선거가 지니는 이러한 기능으로 인해, 쿠데타와 같은 비민주적인 방식으로 집권한 정권도 선거라는 절차를 완전히 없애기보다 부정 선거를 적극적으로 활용하려고 든다. 선거를 통해 자신의 부조정당성을 '세탁'하려는 것이다. 그럼에도 불구하고 이러한 정권이 국민들의 반정부 시위와 저항에 지속적으로 시달리게 되는 이유는 오직 '민주적' 선거를 통해서만 얻을 수 있는 정당성을 결여하고 있기 때문이다.

(3) 정치권력에 대한 통제와 책임정치 구현

민주적 선거는 국민이 대표자를 한 번 더 당선시키거나 교체해버림으로써 정치권력을 통제할 수 있게 하는 기능을 한다. 국민은 지난 선거에서 선출되어 국정을 담당하고 있는 대표자를 다시 선거를 통해 평가할 수 있다. 만일 대표자가 국민의 의사를 충실히 반영하여 직무를 훌륭히 잘 수행해 왔다면, 유권자들은 다음 선거에서도 그에게 투표할 것이다. 그러나 만일 반대의 경우라면, 유권자들은 다른 후보자에게 투표함으로써 그에게 정치적 책임을 물을 것이다. 국민이 통치에 직접 나서지는 않지만, 선거를 통해 평화적으로 그리고 규칙적으로 정부를 심판하고 해고할 수 있는 것이다. 그러므로 선거는 정치권력이 국민의 의사와 다른 방향으로 행사되는 것을 막고, 대표자들이 국민의 목소리에 귀를 기울이고 책임정치를 실현하도록 만드는 효과를 지닌다.

(4) 민주 정치체제 유지

민주적 선거는 사회적 갈등을 합법적인 방식으로 처리함으로써 민주 정치체제 자체가 무너지지 않고 유지될 수 있게 한다. 선거는 유권자들의 서로 다른 이익과 요구가 후보자들을 통해 표출되는 과정이다. 그리고 선거라는 '게임'에 참여하는 후보자들은 '게임의 규칙'을 준수하면서 유권자의 표를 얻기 위해 서로 경쟁한다. 이때 가장 중요한 규칙은, 유권자이든 후보자이든 게임의 모든 참가자들이 결과에 승복해야 한다는 것이다. 이에 따라 선거의 패배자들도 원하지 않았던 결과에 불복하고 체제를 뒤엎으려는 혁명 세력이 되기보다는, 체제 내에 남아 규칙을 계속 준수하면서 다시 집권을 시도한다. 따라서 선거는 합법적인 절차를 통해 사회적 갈등과 정치적 반대를 처리하는 효과적인 장치로서, 민주 정치체제를 존속시키는 기능을 한다.

• 선거와 민주주의의 공고화

과연 선거는 민주주의가 튼튼해지고 단단해지는 것, 즉 '민주주의의 공고화'와 어떤 관련이 있을까? 폴란드 출신의 미국 정치학자 아담 쉐보르스키(Adam Przeworski)가 『민주주의와 시장』(1991)에서 사용한 표현을 빌려, 민주적 선거가 "동네에서 할 수 있는 유일한 게임(the only game in town)"이 되었을 때, 그 국가의 민주주의는 공고화되었다고 평가된다.

"… 특정한 제도 체계가 우리 동네에서 유일한 게임이 되었을 때, 어떤 사람도 민주적 제도 밖에서 행동한다는 것을 상상조차 할 수 없게 되었을 때, 패배자들이 원하는 모든 것은 그들이 패배한 바로 그 제도 내에서 다시 경쟁하는 것일 때, 민주주의는 공고화된다. … 관련된 정치세력들이 패배하였다 하더라도 현재의 결과에 순응하고 제도적 틀 내에서 모든 행동을 하는 것이 민주주의를 전복하려고 하는 것보다 더 낫다는 것을 발견하였을 때, 민주주의는 공고화된다(Przeworski 저·임혁백 외 역 1997, 49)."

자료: https://sites.google.com/a/nyu.edu/adam-przeworski/(검색일: 2016. 10. 22).

토론 주제

■ **선거를 바라보는 다양한 관점들**

- **자료 1: 루소(Jean-Jacques Rousseau)의 『사회계약론』(1762)**

"영국 인민은 자신들이 자유롭다고 생각한다. 하지만 그들은 크게 잘못 생각하고 있다. 그들은 의회의 의원 선출 기간에만 자유로울 뿐이다. 의원을 선출하자마자 그들은 곧 노예가 되며, 별 것 아닌 존재가 되어버린다. 그 짧은 자유의 기간 동안, 그들이 자유를 행사하는 것을 보면 자유를 빼앗겨도 마땅할 정도다(Rousseau 저·김중현 역 2010, 135)."

- **자료 2: 매디슨(James Madison)의 『연방주의자 논설』**

"공중의 견해는 '선출된 시민 집단이라는 중개자를 경과'하면서 '정제되고 확장'될 수 있기 때문에 대의 체제는 중요한 의미를 지닌다. … 선거 자체가 공적 이슈의 명료화를 가져오며, 정치과정을 감당할 능력이 있는 선출된 소수는 모든 시민의 이익, 즉 '자기 나라의 진정한 이익을 분별'할 능력이 있을 것이기 때문이다(Held 저·박찬표 역 2010, 151-152)."

- **자료 3: 토크빌(Alexis de Tocqueville)의 『미국의 민주주의』(1835)**

"선거가 다가오면 집권 세력의 우두머리(대통령)는 앞으로 준비해야 할 투쟁에 대해서만 생각한다. … 그는 더 이상 국가의 이익을 위해 통치하는 것이 아니라 자신의 재선을 위해 전력투구한다. … 선거가 다가옴에 따라 각종 음모가 판을 치고, 사회적 동요가 심해지면서 광범위하게 확산된다. 시민들은 여러 당파로 분열되어 각자 자기가 지지하는 후보자의 이름으로 행동한다. 나라 전체가 열에 들뜬 상태가 되어버린다(Van Reybrouck 저·양영란 역 2016, 129-130 재인용)."

- **자료 4: 헌팅턴(Samuel Huntington)의 『제3의 물결: 20세기 후반의 민주화』(1991)**

"선거는 민주주의를 경영하는 방법이며, … 권위주의 정권을 약화시키고 붕괴시키는 방법이기도 하다. 선거는 민주화의 목표일 뿐만 아니라 민주화의 매체이다. 제3의 물결이 주는 교훈은 선거가 민주주의의 생명일 뿐만 아니라 독재정치의 종말이라는 사실이다(Huntington 저·강문구 외 역 2011, 244)."

〈토론 소주제〉

1. 자료들을 통해 짐작해볼 수 있는 선거의 긍정적인 측면과 부정적인 측면은 무엇인가?

2. 선거의 부정적인 측면을 해소하기 위한 방법으로는 무엇이 있을까?

■ 선거권을 부여할 수 있는 적정한 연령은?: 19세 이상 vs. 18세 이상

• 자료 1: 19세 이상의 선거권 연령은 유지되어야 한다.

"19세 미만은 투표할 수 없고 선거운동도 정당가입도 할 수 없도록 한 공직선거법이 헌법재판소에서 합헌 결정을 받았다. … 현행 공직선거법은 19세 이상부터 투표할 수 있도록 규정하고 있다. … 헌재는 19세를 기준으로 나누는 이유에 대해 "선거권 행사는 일정한 수준의 정치적 판단 능력이 전제돼야 한다"며 "입법자(국회)는 우리의 현실상 19세 미만의 미성년자의 경우 아직 정치적·사회적 시각을 형성하는 과정에 있거나 독자적인 정치적 판단을 할 수 있을 정도로 정신적·신체적 자율성을 충분히 갖췄다고 보기 어렵다고 봤다"고 밝혔다." ("헌재 "18세는 정치적 판단능력 미약해" 선거권 제한 합헌." 『경향신문』 2014. 04. 29.)

• 자료 2: 선거권 연령을 18세 이상으로 낮춰야 한다.

"경제협력개발기구(OECD) 34개국 중 유일하다. 한국만 18세에게 선거권을 주지 않는다. … "세계 각국도 20~21세로 규정돼 있던 선거연령을 18세로 낮추는 추세이며, 미국·영국·프랑스·독일·일본 등 세계 147개국도 이미 선거연령을 18세로 하는 점을 고려하여 선거권 연령을 18세 이상으로 낮추려는 것임." 중앙선거관리위원회가 공청회를 거쳐 8월 25일 정리해 발표한 선거법 개정의견의 내용이다. 여기엔 "정치·사회의 민주화, 교육수준의 향상, 인터넷 등 다양한 매체를 통한 정보 교류로 인하여 18세에 도달한 청소년도 독자적인 신념과 정치적 판단에 기초하여 선거권을 행사할 수 있는 능력과 소양을 갖추었다"고 제안 이유가 못 박혀 있다." ("18세 선거권이 전부는 아니지만." 『한겨레 21』 2016. 09. 06.)

〈토론 소주제〉

1. 자료에 나타난 선거권 연령에 관한 논쟁은 어떤 민주적 선거의 원칙과 관련되는가?

2. 어떤 입장이 더 타당하다고 생각하는가? 그 이유는 무엇인가?

토론 주제

■ 우리나라에서 민주적 선거의 원칙은 어떻게 구현되어 왔는가?

• 자료 1: 헌법재판소, 1인 1표제 비례대표의석 배분방식 위헌결정

"헌법재판소는 지역구 선거 결과에 따라 비례대표 의석을 각 정당별로 배분하는 방식과 비례대표제를 실시하면서도 별도의 정당투표를 허용하지 않는 1인 1표제는 위헌이라는 결정을 내렸다. 이에 따라 선거법의 전면 개정이 불가피해진 만큼 앞으로 여야가 어떻게 선거법 개정 협상을 전개할 지에 대해 국민들의 관심이 쏠리고 있다. 이번 헌재의 위헌 결정은 비례대표 의원 선택권을 유권자들에게 돌려주었다는 점에서 국민들로부터 폭 넓은 지지를 받을 것으로 보인다. 현행 선거제도하에서는 정당 간 전국구 의석배분이 유권자의 정당 선택 의사와는 관계없이 지역구 의원 선출에 의해 비례적으로 결정됨으로써 유권자들에게 전국구 의석에 대한 정당 선택권이 주어지지 않았다." ("정당정치 개혁의 시발점으로." 『매일경제』 2001. 07. 20.)

• 자료 2: 재외 국민의 선거권

"한국 국적을 갖고 있으나 국내 주민등록이 돼 있지 않은 재외국민과 국외거주자에게 선거권을 제한한 공직선거법과 주민투표법 등의 관련 조항에 대해 헌법재판소가 28일 '헌법불합치' 결정을 내렸다. … 헌재는 1999년 '재외국민의 선거권 제한'에 대해 합헌 결정한 지 8년 만에 판례를 변경했다. 헌재 전원재판부는 "선거권을 제한하는 입법은 국가안전보장, 질서유지, 공공복리를 위해 필요하고 불가피한 예외적인 때에만 그 제한이 정당화될 수 있으며 이 경우에도 선거권의 본질적인 내용은 침해할 수 없다"고 밝혔다. 재판부는 재외국민과 단기 해외 체류자 등에게 대통령과 국회의원 선거권을 제한한 선거법 제37조 1항에 대해 "단지 주민등록 여부에 따라 선거권 행사 여부가 결정되도록 한 것은 헌법에 보장된 재외국민의 선거권과 평등권을 침해하고 … 원칙에 위배된다"고 지적했다." (""재외국민도 선거권 줘야" … '선거권 제한' 헌법불합치 결정." 『동아일보』 2007. 06. 29.)

〈토론 소주제〉

1. 자료들에서 언급된 상황은 각각 어떤 민주적 선거의 원칙들과 관련되는가?

2. 자료들에서 언급된 헌법재판소의 결정을 계기로 어떤 제도들이 도입될 수 있는가? 실제로는 어떤 제도들이 만들어졌으며, 그 효력은 어떠한가?

2

선거의 역사

1) 고대: 그리스 아테네의 민주 정치와 제비뽑기

(1) 민주 정치의 원형: 시민이 곧 정부

선거는 어떤 역사적 과정을 통해 오늘의 형태에 이르게 된 것일까? 선거는 민주 정치와 역사를 같이하므로, 선거의 역사는 민주 정치의 발전 과정 속에서 파악될 수 있다. 고대 그리스 아테네는 다수 민중에 의한 지배를 뜻하는 민주주의가 처음 시작된 곳으로 알려져 있다. 아테네의 민주 정치를 떠받치던 네 개의 중추 기관 - 민회, 500인의 평의회, 민중법원, 행정직 - 모두가 소수의 엘리트가 아닌 시민들로 구성되었으며, 시의 모든 중요한 결정이 이곳에서 다수의 시민에 의해 의결되었기 때문이다. 평의회를 구성하는 500명의 시민들이 민회의 회합을 위해 법안을 작성하면, 모든 시민이 참석할 권한을 지녔던 민회에서 수천 명의 시민들이 논의를 통해 최종적인 의사 결정을 내렸고, 수백 명의 시민 배심원들이 민회 결정의 합법성을 검토하면, 600명의 시민 공무원들이 결정 사항들을 실행하였다. 이처럼 시민이 곧 정부이고, 정부가 곧 시민이었다는 점에서 고대 아테네의 정치는 민주 정치의 원형으로 간주된다.

(2) 대표자 선출 방식: 제비뽑기 방식의 추첨제와 윤번제

고대 아테네는 직접민주제로 운영되었다고 종종 언급되나 엄밀한 의미에서는 그렇지 않았으며, 평의회, 민중법원, 행정직은 모두 시민의 대표자들로 구성되어 있었다. 단, 대표자를 선출하는 방식이 통치자統治者와 피치자被治者의 일치를 가능하게 함으로써 민주 정치의 원리가 가장 충실하게 구현될 수 있었던 것이다. 선거를 통해 선출되는 군사와 재정 분야의 고위 공무원 100명을 제외하고, 모든 기관의 대표자들은 클레로테리온kleroterion이라는 장치를 통해 시민들 가운데서 제비뽑기 방식의 추첨으로 선출되었다. 그리고 임기 1년의 신속한 교체로 인해 시민들이 돌아가며 차례로 공직을 맡는 윤번제가 적용되었다. 이에 따라 대부분의 시민들은 일생에 한 번쯤 공직에 참여할 수 있었으며, 번갈아가면서 통치자가 되고 피치자가 되었다. 선거가 아닌 추첨으로 대표자를 선출하는 이러한 방식의 채택에는 통치자와 피치자, 정치가와 시민을 구분 짓지 않는 아테네 시민들의 고유한 정치 관념이 전제되어 있다.

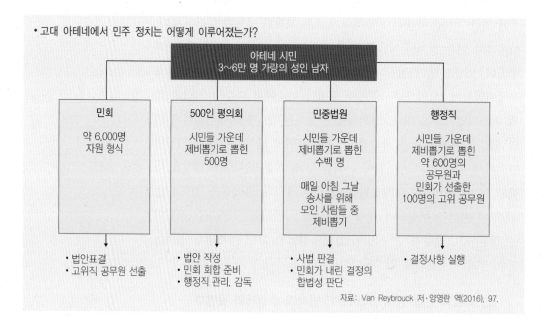

• 고대 아테네에서 민주 정치는 어떻게 이루어졌는가?

자료: Van Reybrouck 저·양영란 역(2016), 97.

- 아리스토텔레스가 들려주는 고대 민주 정치의 특징

아리스토텔레스(Aristoteles)의 『정치학』(B.C. 335~323)
은 고대 민주 정치에 대한 가장 뛰어난 서술을 담고 있다
고 평가된다. 그러나 그는 오히려 민주 정치를 '좋은 통치
형태에서 벗어난 것'이라고 생각하는 철학자였다.

그가 고대 민주 정치의 특징에 대해 언급한 부분만을 간
략히 들여다보자.

"… 민주정체의 특성은 다음과 같다. 공직자들은 모두에
의해 모든 시민 중에서 선출되며, 모두가 각자를 지배하
고 각자는 번갈아가며 모두를 지배한다. 모든 공직자 또
는 경험과 전문 지식이 필요하지 않은 모든 공직자는 추

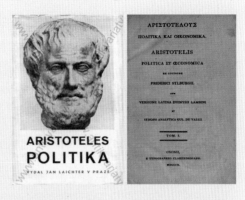

첨으로 선출된다. 공직 취임에 재산 자격 요건은 필요 없거나 아니면 최저 수준으로 낮춘다. 같은 사람이 같은 공직
을 연임할 수 없고, 연임하더라도 몇 번에 한하거나, 전쟁과 관련된 공직을 제외한 소수의 공직에 한한다. 모든 공직
또는 되도록 많은 공직의 임기는 짧다. 모두가 또는 모든 시민 중에서 선출된 배심원이 모든 또는 대부분의 사건을,
말하자면 임기 종료 시의 공직자 회계감사, 정체에 대한 범죄, 개인 간의 계약 등 중차대한 문제들을 재판한다. 민회
가 모든 문제 또는 가장 중요한 문제에 대해 최종 결정권을 가지고, 공직자들은 어떤 문제에 대해서도 최고 권력을
갖지 못하거나 소수의 문제에 한해서만 최종 결정권을 가진다(Aristoteles 저·천병희 역 2009, 335)."

(3) 아테네 민주 정치의 성립조건: 소규모 도시국가와 배타적
시민권

아테네 시민들은 그 누구도 다른 사람보다 정치적으로나 도덕적
으로 우월하지 않으며, 신이 모두에게 부여한 정의감과 양심을 지니
고만 있다면 어떤 사람이든지 정치에 참여할 수 있다고 믿었다. 그러
나 실제로 고대 아테네에서 참정권을 부여받은 시민은 20세 이상의
자유민 남성에 국한되었으며, 여성, 노예, 외국인 등에게는 시민으로
서의 자격이 없었다. 정치 영역에서 배제된 여성과 노예가 가사노동
과 생산노동을 전담하였는데, 이 덕분에 자유민 성인 남성은 공적 업
무에만 전념할 수 있었다. 이는 인구가 적고 영토가 좁은 소규모 도
시국가라는 물리적 조건과 더불어 아테네에서 민주 정치가 꽃필 수
있었던 중요한 이유이다. 아테네의 민주 정치는 모든 주민이 아니라

시민들 사이에서만, 즉 전체 인구의 10~24%에 불과한 특권계급 사이에서만 작동하였으며, 이들이 회합을 가지는 것은 전혀 불가능한 일은 아니었다.

• 고대 아테네의 여성과 노예에게는 시민 자격이 없었다.
영국의 정치학자 데이비드 헬드(David Held)는 지극히 제한된 시민권에 기초하고 있었던 고대 아테네 민주 정치의 '배타성'에 대해 다음과 같이 말한다.

"아테네 민주주의의 혁신적 내용들은 상당 부분 그 배타성에 근거하고 있었다. … 먼저, 아테네 정치 문화는 성인 남성의 문화였다. 20세 이상의 아테네 남성만이 시민으로 활동할 자격이 있었다. … 여성은 정치적 권리가 전혀 없었으며, 시민적 권리도 엄격히 제한되었다. 고전적 민주주의가 이룬 성취는, 정치적으로 전혀 인정받지 못한 여성(과 어린이) 노동과 가사 노동에 직접적으로 연계되어 있었다(아테네 출신의 자유 여성은 '시민'으로 인정되었지만, 그것은 오직 혈통적 목적에서였다. 그들은 정치에 참여할 수 없었다. 그들의 시민권은 시민 아들을 생산하기 위한 수단인 것이었다). … 정치적으로 배제된 가장 큰 집단은 아마 노예 인구였을 것이다. 페리클레스 시대의 아테네에서 노예 대 자유 시민의 비율은 최소 3 대 2로서, 노예 인구는 8만에서 10만으로 추정된다. 노예는 집안에서뿐만 아니라 농업, 산업, 광산 등 거의 모든 형태로 이용되었다. 아테네 민주주의는 노예제와 불가분의 것으로 보인다. … 고전적인 정치적 평등의 개념은 모든 성인의 '동등한 권력'에 대한 개념과는 거리가 멀었다. 정치적 평등이란 같은 신분(아테네에서 태어난 성인)을 가진 사람에게만 해당하는 평등의 한 형태였다. … 전설적인 민주주의는 '시민들의 전제정치'라 할 수 있는 것과 밀접히 연계되어 있었다(Held 저·박찬표 역 2010, 46-47)."

자료: https://www.dur.ac.uk/sgia/profiles/?id=10282(검색일: 2016. 10. 22).

2) 근대: 선거의 탄생과 선거권의 점진적 확대

(1) 시민혁명: 공화제와 선거의 탄생

중세와 근대 초반 내내 자취를 감추었던 민주주의는 어떻게 역사의 전면에 다시 등장하게 된 것일까? 그리고 왜 대표자를 선출하는 방식으로, 고대 아테네의 추첨제가 아닌 '선거'라는 새로운 방식이 출현하게 된 것일까? 민주주의가 재등장한 계기는 영국 명예혁명, 미국 독립혁명, 프랑스 혁명으로 대표되는 시민혁명이었다. 이를 통해 천부 인권 사상과 국민 주권의 원리가 확립되는 기틀이 마련되었다. 그러나 당시 혁명가들의 목표는 민주주의가 아니라 공화제의 건설에 있

었다. 미국 '건국의 아버지들' 중 한 사람인 제임스 매디슨James Madison
이 『연방주의자 논설 제10호』1787년에서 분명히 밝히고 있는 것처럼,
본래 그들은 선거를 통해 선출된 소수의 대표자에게 정부를 위임하는
대의민주제, 즉 공화제를 구상하였다. 이들 사이에서 민주주의는 '중
우정치'와 동일시되고 있었는데, 이는 새로운 정치체제가 고대 아테
네의 민주주의와 흡사해지는 것에 대한 거부감이 컸기 때문이다. 이
에 따라 혁명가들은 추첨제와는 전혀 다른 원리로 운용되는 대표자
선출 방식, 즉 '선거'를 고안하였다.

• 『연방주의자 논설 제10호』에 나타난 공화제의 구상
미국 건국의 아버지들은 1776년 독립 선언 후 강력한 중앙정부를 수립하기 위해 헌법을 제정하였다. 이 과정에서
'연방주의자'라고 불리는 새로운 헌법의 강력한 옹호자들은 대중적 지지를 이끌어 내기 위해 헌법의 필요성을 주장
하는 총 85편의 논설을 신문에 게재하였는데, 이를 『연방주의자 논설』이라고 부른다. 그 중 제임스 매디슨(James
Madison)이 작성한 제10호에는 건국의 아버지들이 공유하고 있었던 '공화제' 건설의 구상이 다음과 같이 잘 드러나
있다.

"공화국, 즉 대표제도가 행해지는 정부는 다른 가능성을 열어주고 우리가 추구하는 해결책을 약속한다. 공화국과 순
수한 민주주의의 차이점을 조사해 보면 우리는 해결책의 본질과 연맹의 효율성을 이해하게 될 것이다. 민주주의와
공화제 간의 가장 큰 두 가지 차이점은 첫째, 공화제의 경우 시민이 선출한 소수의 대표에게 정부를 위임한다는 사
실이다. 둘째, 공화제는 더 많은 수의 시민들과 더 넓은 범위의 국가로 확장될 수 있다는 점이다(Madison 저·김동영
역 1995, 65)."

자료: https://upload.wikimedia.org/wikipedia/commons/1/1d/James_Madison.jpg(검색일: 2016. 10. 18)
http://teachingamericanhistory.org/ratification/timeline-federalist/(검색일: 2016. 10. 18).

- **중우정치란 무엇인가?**

중우정치란 이성보다 충동에 지배되는 '어리석은 무리들의 정치'를 의미하는 개념으로, 종종 민주 정치를 폄하하려는 의도로 사용된다. 민주 정치가 중우정치의 특성을 지니고 있다고 주장하는 사람들은, 다수의 민중이 국가 통치에 필요한 전문 지식, 경험, 올바른 이성적·정치적 판단 능력을 지니고 있지 않으며, 일시적인 감정, 편견, 충동에 사로잡혀 일을 처리한다고 비판한다.

- **공화제 선거: 가장 뛰어난 인재를 선출하기 위한 방법**

공화제의 대표자 선출 방식으로 고안된 선거가 제비뽑기 방식의 추첨제와 구별되는 가장 큰 차이점은 통치자와 피치자가 '질적으로' 다르다는 점을 전제한다는 데 있다. 시민혁명 이후 혁명가들이 채택한 선거는 어리석은 군중이 아니라 '가장 뛰어난 인재들'에게 정당한 절차를 통해 정치권력을 부여하려는 데 목적이 있었다.

남들보다 뛰어난 자질을 갖추고 있어서 일반 시민들에게 호감을 주는 인재들이 결국 민의의 선택을 받게 될 것이라고 기대되었기 때문이다. 혁명가들이 품었던 이러한 기대는 미국 건국의 아버지들이 쓴 다음과 같은 구절에서 잘 드러난다.

미국 제1대 부통령과 제2대 대통령을 지낸 존 애덤스(John Adams)는 『정부론』에서 "미국은 직접 통치하기에는 영토가 너무 광대하며 인구가 너무 많다. … 가장 큰 다수가 가진 권력을 가장 뛰어나고 가장 현명한 몇몇 사람들에게 위임하는 것이 이제부터 거쳐야 할 중요하고 본질적인 단계이다. 민중이 전체의 이름으로 의사를 표현할 수 없다면, 최고 인물들로 이루어진 소수 집단이 전체 민중을 대신해서 그 일을 해야 한다."고 주장했다(Van Reybrouck 저·양영란 역 2016, 118 재인용).

또한 제4대 대통령 제임스 매디슨은 『연방주의자 논설 제57호』에서 "모든 정치체제의 목표는 우선 그 사회의 공익이 무엇인가를 판단할 최고의 지혜와 그러한 공익을 추구하는 최고의 덕성을 지닌 사람들을 지도자로 확보하는 것이거나 확보해야 하는 것이다. … 선거를 통해 지도자를 선출하는 방법은 공화정부의 특징적인 정책이다."라고 서술했다(Madison 저·김동영 역 1995, 345).

(2) 노동자들의 차티스트 운동: 재산에 의한 선거권 제한 철폐

시민혁명 이후 탄생한 공화제에서는 재산과 소득의 정도에 의해 참정권이 크게 제한되었다. 시민혁명을 주도한 사람들의 대부분은 노예를 소유한 대지주, 기업가, 법률가 등이었는데, 이들은 절대 왕정 시대 동안 왕과 귀족이 누렸던 특권을 박탈하고 싶어 하는 동시에, 일반 시민들은 정치에 참여할 수 있는 능력이 없다고 주장하였다. 그 결과 선거권은 상당한 재산을 가진 소수의 백인 남성에게만 부여되었다. 이 같은 상황에서 '차티스트 운동'으로 대표되는 노동자들의 의회 개혁 운동은 선거법 개혁의 시발점이 되었다.

산업혁명 이후 노동자들은 지나치게 긴 노동시간과 저임금에 줄곧 시달려왔는데, 현실을 조금이라도 개선하려면 정치권력이 필요하다는 사실을 깨닫기 시작한 것이다. 그리고 이러한 깨달음은 선거권과 피선거권에 대한 요구로 나타났다. 아주 오랜 시간이 걸렸지만, 지

- 세금을 많이 내는 극소수의 사람만이 정치에 참여할 수 있었다.
  시민혁명 이후 보통선거권이 확립되기 이전까지 유럽과 미국에서는 일성 금액 이상의 세금을 납부할 수 있는 사람들에게만 선거권과 피선거권이 제한적으로 부여되었다. 예를 들어 1815~1830년 동안 프랑스의 하원의원 선거에서 선거권은 300프랑 이상의 직접세를 내는 납세자들에게만, 그리고 피선거권은 1,000프랑 이상을 내는 납세자들에게만 주어졌다. 이로 인해 1848년 남성 보통선거권이 확립되기 이전까지 프랑스의 유권자 수는 전체 인구의 1%도 되지 않았다(최장집 2005, 72).

- 차티스트 운동과 인민 헌장: 노동자들의 보통선거권 요구
  차티스트 운동(Chartist Movement)이란 1830년대 후반부터 1840년대 후반까지 영국에서 광범하게 전개되었던 노동자들의 의회 개혁 운동으로, 그들의 요구 사항을 인민 헌장(People's Charter)에 담아 투쟁하였다고 하여 붙은 이름이다.

1832년 선거법 개혁에도 불구하고, 당시 선거권을 행사할 수 있었던 유권자는 약 65만 명에 불과했으며, 산업혁명 이후 열악한 노동조건 속에 줄곧 내몰려온 노동자들의 불만은 쌓여만 갔다. 이에 노동자들은 자신들의 요구 사항을 여섯 가지로 집약하여 인민 헌장을 작성하였고, 이를 실현하기 위한 청원 운동을 점차 조직적으로 그리고 전국적으로 확대해 나갔다. 인민 헌장에 담긴 여섯 가지 요구사항은 성인 남성의 보통선거권, 무기명투표, 재산에 의한 의원의 자격 제한 철폐, 의원에 대한 급여 지급, 평등한 선거구제, 의회의 매년 소집이었는데, 이러한 헌장은 여러 차례 하원에 제출되었으나 번번이 거부되었다. 그러나 차티스트 운동은 비록 즉각적인 성과를 거두지는 못했을 지라도, 노동자들의 전국적인 조직화와 선거권 개혁의 시발점이 되었다는 점에서 역사적 의의가 크다고 평가된다.

자료: http://www.computergroovy.co.uk/victorian/hist3.htm(검색일: 2016.10.18.);
http://anglais.u-paris10.fr/spip.php?article91(검색일: 2016. 10. 18);
http://cuffay.blogspot.kr/2011/03/meeting.html(검색일: 2016. 10. 19).

속적인 투쟁으로 노동자들은 마침내 투표할 수 있는 권리를 얻게 되었고, 재산에 의한 선거권 제한은 사라졌다.

(3) 여성 참정권 운동과 흑인 민권 운동: 보통선거권 확립

오늘날 모든 시민의 당연한 권리로 인식되는 보통선거권이 세계 각국에 확립되기 시작한 것은 불과 한 세기도 채 되지 않는다. 모든 백인 남성에게 선거권이 부여된 이후에도 여성과 유색 인종은 한동안 투표를 할 수 없었으며, 많은 시민들이 큰 희생을 치르고 난 후에야 선거권을 행사할 수 있었다.

19세기 중반부터 중산층 여성을 중심으로 전개된 여성 참정권 운동은 미국에서는 1920년에, 영국에서는 1928년에 비로소 성과를 거두었고, 스위스에서는 무려 1971년이 되어서야 여성의 보통선거권이 확립되었다. 한편, 미국에서는 이미 1870년부터 흑인에게도 투표할 수 있는 헌법상의 권리가 주어졌지만, 선거권의 실질적 행사는 치열한 민권 운동의 시기를 거쳐 1965년이 되어서야 가능해졌다.

• 세계 각국의 보통선거권은 언제 확립되었는가?

언제부터 보통선거가 실시되었을까? 1688년 명예혁명 당시 영국에서 선거권을 가진 인구는 전체의 10%에 불과했고, 실제로 참정권을 행사한 사람은 1% 안팎이었다.

보통선거권이 확립된 시기와 과정은 국가마다 매우 다르지만, 선진 민주 국가들에서는 대체로 19~20세기 동안 노동자들과 민권 운동가들의 투쟁에 의해 점진적으로 성취되었다. 이 국가들에서 선거권은 일정 금액 이상의 재산세를 납부하는 소수의 재산가로부터 점차 중산층, 상층 노동자, 성인 남자, 성인 여성에게까지 확대되었는데, 일반적으로 남성 보통선거권은 1차 대전이 끝나면서, 여성 보통선거권은 2차 대전이 끝나면서 전면적으로 시행되었다. 한편, 우리나라에서 보통선거권은 1948년 제헌국회의원 선거가 실시되면서 성인 남성과 성인 여성 모두에게 즉각적으로 부여되었으나, 선진 민주 국가들에서 나타난 것과 같은 민주주의의 발전은 까마득하게 먼 일이었다.

〈남성·여성 보통선거권 확립 시기〉

(단위: 연도)

국가	프랑스	스위스	미국	독일	뉴질랜드	벨기에	이탈리아	영국	한국
남성	1848	1848	1860	1871	1879	1894	1913	1918	1948
여성	1946	1971	1920	1919	1893	1948	1945	1928	1948

자료: 최장집(2005), 75(단, 프랑스·이탈리아의 여성 보통선거권 확립 시기 수정함)

• 선거권 획득을 위해 과격한 투쟁에 나섰던 영국의 여성들

모든 성인 여성들에게 남성과 동등한 선거권이 부여되기까지에는 선진 민주 국가들에서조차 오랜 시간과 무수한 희생이 필요했다. 영국에서도 19세기 말부터 본격화된 여성 참정권 운동은 1928년이 되어서야 결실을 맺었는데, 이는 메리 울스턴크래프트(Mary Wollstonecraft)나 존 스튜어트 밀(John Stuart Mill)과 같은 사상가들이 여성 선거권의 당위성에 대해 주장한 지 아주 오랜 시간이 지난 후에서야 일어난 일이다. 당시 이 사상가들의 주장은 너무나 이상한 것이어서 거의 주목받지 못하고 잊혀졌다.

그러다가 1903년 "노예로 사느니 차라리 반역자가 되겠다"고 외쳤던 에멀린 팽크허스트(Emmeline Pankhurst)를 중심으로 '여성사회정치동맹'이 결성되면서 여성 참정권 운동은 전환점을 맞았다. '서프러제트(Suffragette)'라고 불리는 이 조직화된 여성들은 단식투쟁과 가두시위뿐만 아니라 투석, 기물 파손, 방화에 이르는 급진적이고 전투적인 운동을 전개했는데, 이러한 투쟁은 1918년 30세 이상의 여성에게 선거권과 피선거권을 부여한 국민대표법이 제정되는 데 가장 중요한 역할을 한 것으로 평가된다.

| 사진은 왼쪽부터 여성사회정치동맹, 그리고 에멀린 팽크허스트가 시위 중 연행되는 모습과 대중연설을 하는 모습이다.
자료: https://en.wikipedia.org/wiki/Emmeline_Pankhurst(검색일: 2016. 10. 19).

• 미국의 흑인 참정권 운동: 셀마-몽고메리 행진과 투표권법 제정

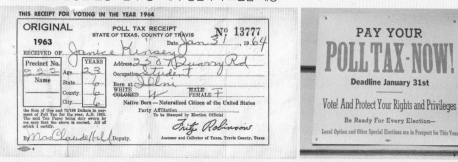

1965년 투표권법이 제정되기 이전까지 미국에서 흑인들은 일찌감치 헌법으로 보장되었던 선거권을 실제로 행사하지 못했다. 흑인들의 투표권 행사를 제한하는 제도적 장치들이 존재했기 때문이다.

대표적인 예로 인종차별이 극심했던 남부 지역의 대다수 주들에서는 투표에 참여하는 조건으로 현재 약 20달러에 해당하는 '투표세'를 납부해야 했을 뿐만 아니라 흑인들에게 차별적으로 적용되는 '문맹검사'를 통과해야 했다.

이러한 상황에서 1960년대 흑인 민권운동이 다양한 형태와 방식으로 전개되었는데, 특히 마틴 루터 킹(Martin Luther King, Jr.)을 중심으로 한 셀마(Selma)에서 몽고메리(Montgomery)까지의 대행진은 린든 존슨(Lyndon B. Johnson) 대통령으로 하여금 투표권법안을 발의하게 하는 결정적인 계기가 되었다. 이는 주정부가 관장하던 선거관련 업무에 연방정부가 강제적으로 개입해서 흑인의 투표권을 보장할 수 있다는 내용을 골자로 한 법안이다. 이 투표권법이 시행된 1965년을 기점으로 흑인의 투표율이 급상승하고, 민선 공직자에서 흑인이 차지하는 비율이 높아지게 되었다. 2015년 개봉한 영화 『셀마(Selma)』는 당시 미국사회의 인종 차별 실태와 셀마-몽고메리 행진이 이루어지기까지의 과정을 생생하게 다루고 있다.

자료: http://www.civicagency.org/2013/04/poll-taxes-and-paying-for-public-data(검색일: 2016. 10. 20);
http://www.nytimes.com/2015/07/29/magazine/voting-rights-act-dream-undone.html(검색일: 2016. 10. 20);
http://movie.naver.com/movie/bi/mi/basic.nhn?code=125428(검색일: 2016. 10. 20).

3) 현대: 민주화의 물결과 선거제도 발전

(1) 선진 민주 국가: 첫 번째 물결과 민주적 선거의 점진적 실현

오늘날에는 앞서 살펴본 선진 민주 국가들에서뿐만 아니라 제3세계의 많은 국가들에서도 보통·평등·직접·비밀선거의 원칙을 따르는 민주적 선거가 시행되고 있다. 이처럼 세계 각국에 민주적 선거가 들어선 것은 어떤 역사적 과정을 통해서였을까?

민주적 선거의 실현 과정과 각국에 도입된 선거제도는 국가마다 매우 달라서 파악하기가 어렵지만, 새뮤얼 헌팅턴Samuel Huntington의 연구는 좋은 길잡이가 되어 준다. 그에 따르면, 세계 민주 국가들은 모두 '세 번의 민주화 물결'을 타고 민주적 선거를 도입해왔는데, 그 '첫 번째 물결'은 미국과 유럽대륙에서 수십 년 동안 단절 없이 민주

- 세계 민주 국가들은 세 번의 물결을 타고 민주적 선거를 도입했다.

세계적으로 유명한 미국의 정치학자 새뮤얼 헌팅턴(Samuel Huntington)은 『제3의 물결: 20세기 후반의 민주화』(1991년)에서 '민주적 선거'에 초점을 맞춰, "정치체제의 가장 강력한 예비 정책결정자 집단이 자유롭게 득표경쟁을 벌이며, 실제로 모든 성인이 투표권을 가지는 정당하며 공정하고 주기적인 선거를 통해 선출된다는 점"을 충족하는 정치체제를 '민주적'이라고 규정하였다(Huntington 저·강문구 외 역 2011, 28).

그에 따르면, 이러한 조건을 만족시키는 오늘날의 세계 민주주의 국가들은 대체로 세 차례의 거대한 민주화 물결을 타고 출현하였다. 첫 번째 물결은 시민혁명의 영향을 받은 국가들에서 1828~1926년에 걸쳐 점진적으로 전개되었고, 두 번째 물결은 제2차 세계대전 중에 시작되어 1943~1962년 동안 서방 연합국의 영향을 받은 국가들에서 발생하였으며, 세 번째 물결은 1974년 포르투갈 독재체제의 종식을 기점으로 헌팅턴의 저작이 출간된 1990년대 초반에 이르기까지 전 세계 약 30여 개 국가들에서 광범하게 일어났다. 그러나 헌팅턴은 이와 같은 전 지구적 민주화의 역사적 과정을 "2보 전진을 위한 1보 후퇴"라고 규정하는데, 민주화된 국가들 가운데 일부에서는 민주 정치체제가 다시 전복되는 양상이 나타났기 때문이다. 그는 이러한 현상을 "역(逆)물결"이라고 부른다.

〈세계 각국의 민주화 물결과 역(逆)물결〉

물결과 역물결	발생 시기	해당 국가군
제1의 장기적 민주화 물결	1828~1926년	A, B, C, D, E, F
제1의 역물결	1922~1942년	C, D, E, F
제2의 단기적 민주화 물결	1943~1962년	C, D, G, H(한국), I, J
제2의 역물결	1958~1975년	B, D, H(한국), I, J
제3의 민주화 물결	1974~1990년대 초	B, D, E, H(한국), I, K, L
제3의 역물결	1990년대 초	I, L

A - 오스트레일리아, 캐나다, 핀란드, 아이슬란드, 아일랜드, 뉴질랜드, 스웨덴, 스위스, 영국, 미국
B - 칠레
C - 오스트리아, 벨기에, 콜롬비아, 덴마크, 프랑스, 서독, 이탈리아, 일본, 네덜란드, 노르웨이
D - 아르헨티나, 체코슬로바키아, 그리스, 헝가리, 우루과이
E - 동독, 폴란드, 포르투갈, 스페인
F - 에스토니아, 라트비아, 리투아니아
G - 보츠와나, 코스타리카, 감비아, 이스라엘, 자메이카, 말레이시아, 몰타, 스리랑카, 트리니다드와 토바고, 베네수엘라
H - 볼리비아, 브라질, 에콰도르, 인도, 한국, 파키스탄, 페루, 필리핀, 터키
I - 나이지리아
J - 버마, 피지, 가나, 가이아나, 인도네시아, 네바론
K - 불가리아, 도미니카 공화국, 엘살바도르, 과테말라, 온두라스, 몽골, 나미비아, 니카라과, 파나마, 파푸아뉴기니, 루마니아, 세네갈
L - 아이티, 수단, 수리남

자료: Huntington 저·강문구 외 역(2011), 37-38(재구성).
http://www.thefamouspeople.com/profiles/samuel-phillips-huntington-2804.php(검색일: 2016. 10. 22).

주의를 정착시켜온 선진 민주 국가들에서 나타났다. 이 국가들에서 민주적 선거는 앞서 살펴본 것처럼 시민혁명 이후 약 100여 년에 걸쳐 매우 점진적으로 실현되었으며, 뚜렷이 대별되는 두 가지 형태의 선거제도가 운용되어 오고 있다. 대체로 영미계 국가들은 상대다수제를 채택한 이후 선거제도를 크게 개편하지 않는 반면, 유럽대륙의 국가들은 상대다수제에서 정당명부식 비례대표제로 선거제도를 전환하는 경향을 보였다.

(2) 전후(戰後) 신생 민주 국가와 한국: 두 번째 물결과 민주적 선거의 이식

민주주의의 역사가 오래지 않은 신생 민주 국가들은 두 번째 물결과 세 번째 물결을 통해 출현하였는데, '두 번째 물결'은 2차 세계대전이 끝난 후 10여 년이라는 짧은 기간 동안 독일, 이탈리아, 일본 등의 패전국들과 식민지 독립 국가들에서 발생하였다. 선진 민주 국가들이 한 세기에 걸쳐 조금씩 민주화되었던 데 비해 이 국가들의 민주화 속도는 빠른 편이었다. 그리고 이 국가들의 선거제도는 '식민지 유산'과 '외부로부터의 이식'이라는 공통적인 특징을 보이며 도입되었다. 예를 들어 영국으로부터 독립한 국가들의 과반수는 영국과 유사한 상대다수제를 도입한 반면, 과거 스페인과 포르투갈의 식민지였던 국가들은 이 식민지 본국들과 유사한 정당명부식 비례대표제를 주로 채택하였다. 그리고 광복 후 미군정 시대를 거친 우리나라에는 미국과 유사한 상대다수제가 도입되어 1984년 최초의 국회의원 선거가 치러졌다.

• 우리나라에서 발생한 민주화의 물결과 역(逆)물결
그렇다면 우리나라는 몇 번째 물결을 타고 민주적 선거를 도입하고 민주화되었을까? 우리나라는 두 번째 물결을 타고 민주주의로 이행하였다가 역물결에 의해 권위주의로 퇴행하고, 세 번째 물결이 일어나 다시 민주화된 사례에 해당한다. 헌팅턴은 『제3의 물결』에서 우리나라의 민주화와 민주적 선거에 대해 다음과 같이 적고 있다.

"제2차 세계대전 중 제2의 짧은 민주화물결이 시작되었다. 연합국의 점령은 서독, 이탈리아, 오스트리아, 일본, 한국에서 민주적 제도의 출범을 진행시켰다. …… (그러나) 1950년대 후반 무렵 정치발전과 정권이행은 상당부분 권위주의적 색채를 보여주고 있었다. …… 1950년대 말 한국에서 이승만 대통령은 민주적 절차를 지키지 않았으며, 1960년 이승만 뒤를 이은 민주당 정부는 1961년 군부 쿠데타로 전복되었다. 이러한 새로운 "반(半)권위주의" 정권은 1963년에 치러진 선거로 정통성을 회복했지만, 1972년 유신헌법의 국회통과로 1973년에 철저한 권위주의 체제로 변했다. …… 그러나 다시 한 번 역사의 변증법은 사회과학 이론을 뒤집어 버렸다. …… 1987년 한국의 군부정권은 매우 치열하며 상대적으로 공정한 선거에 자신의 후보를 출마시켰으며, 이 선거에서 승리를 거두었다. 그 다음해에 야당은 국회의 다수의석을 확보하였다(Huntington 저·강문구 외 역 2011, 41-47)."

(3) 20세기 후반 신생 민주 국가와 한국: 세 번째 물결과 민주적 선거의 설계

민주화의 '세 번째 물결'은 1970년대 중반부터 지중해 연안 유럽, 라틴아메리카, 아프리카, 중부·동부 유럽, 동아시아의 국가들에서 광범위하게 일어났다. 1987년 6월 항쟁과 대통령 직선제 개헌을 통해 민주화된 우리나라는 두 번째 역물결에 이어 세 번째 물결이 일어난 국가군에 속한다. 20세기 후반에 탄생한 이 신생 민주 국가들에서 선거는 비민주 체제의 종식과 민주화의 성공 여부를 좌우하는 매우 중요한 문제로 부각되었는데, 이에 따라 어떤 선거제도를 채택하고, 선거법을 어떻게 제정할 것인가를 놓고 중요한 결정들이 내려졌다. 그러나 선진 민주 국가들을 본보기로 하여 채택한 선거제도에도 불구하고, 이 국가들에서 민주 정치가 안정화되기까지는 긴 시간이 필요했으며, 그 과정에서 선거제도는 수차례 개혁되어야 했다.

(4) 21세기 세계 민주 국가들의 다양한 선거제도

험난한 역사적 과정을 거쳐 21세기 오늘날에 이르기까지 민주 정치를 유지하고 발전시켜온 전 세계 민주 국가들에서 선거는 현재 매우 다양하게 치러지고 있다. 국가마다 선거의 양상이 이처럼 다르게 나타나는 것은 상이한 역사적 배경과 상이한 사회경제적 조건으로 인한 당연한 현상이다. 그러나 또 하나의 중요한 이유는 국가들이 서로

181

다른 선거제도를 운용하고 있기 때문이다. 선거제도의 차이는 전혀 다른 정치적 결과를 가져온다. 따라서 선거제도는 특정한 결과와 기능을 기대하며 설계되는데, 어떤 기능을 가장 우선시할 것인가에 대한 규범적 판단에 따라 채택되는 선거제도가 달라진다. 예를 들어 효율적이고 안정적인 정부의 구성을 우선시하는지 아니면 사회구성원 전체를 고르게 잘 반영하는 의회의 구성에 중점을 두는지에 따라 선거제도는 다르게 고안될 수 있다. 전 세계 민주 국가들이 서로 다른 선거제도를 발전시켜온 근본적 이유는 이와 같은 규범적 판단에 큰 차이가 있기 때문이다.

• 선거제도를 둘러싼 규범적 판단: 국민을 대표한다는 의미는 무엇인가?

'국민의 대표자' 선출 제도인 선거제도는 '대표(representation)'라는 개념을 이해하는 서로 다른 관점으로 인해 여러 가지 형태로 설계될 수 있다. 기본적으로는 두 가지 관점이 대립하는데, 하나는 '전체 사회의 정확한 축소판처럼 구성된 의회가 국민을 잘 대표한다'고 보는 관점이며, 다른 하나는 '모든 국민의 이익을 위해 판단하고 행동할 수 있는 능력을 가진 의회가 국민을 잘 대표한다'고 보는 관점이다.

그런데 이 두 관점은 양립하기가 어려운 동시에 타당한 면을 모두 지니고 있다는 점에서 사실상 규범적 판단을 요구한다. 과연 국민을 대표한다는 의미는 무엇인가? 그리고 어떤 의회가 국민을 더 잘 대표하는가? 또는 어떤 의회가 국민의 대표기관으로서 더욱 바람직한가? 이러한 의문들에 어떻게 대답하느냐에 따라 선호하는 선거제도가 달라진다. 두 가지 관점과 선거제도 유형의 관계에 대해 아일랜드의 정치학자 데이비드 파렐(David Farrell)은 다음과 같이 이야기한다.

"한편에서는 의회 구성의 배경과 특징이 전체 인구를 반영해야 한다고 생각한다. 다른 한편은 의원의 능력과 그들이 내리는 판단의 성격이 더 중요하다고 생각한다. 비례대표제 옹호자들은 전자의 관점, 즉 의회는 사회의 '축소판'이여야 한다는 관점을 지지한다. 반면 비례대표제의 반대자들은 후자의 관점, 즉 의회의 구성보다 결정이 더 중요하다는 관점을 옹호한다. … 두 관점의 장단점을 평가한다는 것은 결국 규범적 판단의 문제다. 만약 의회가 사회의 축소판이 되어야 한다고 믿는다면 비(非)비례제보다는 비례제를 더 선호할 것이다. … 하지만 어느 관점이 옳은지는 경험적으로 증명하기가 어렵다(Farrell 저·전용주 역 2012, 254)."

토론 주제

■ **역사적으로 대표자의 선출에 사용된 두 가지 방식은 어떻게 다른가?**

• **자료 1: 판 레이브라우크(David Van Reybrouck)의 『선거에 대하여』(2013)**

"제비뽑기는 나름대로 장점이 있다고, 나의 심란한 마음 따위는 전혀 아랑곳하지 않는 페르딘 교수가 침착하게 설명을 계속했다. "제비뽑기의 목적은 사사로운 영향력을 무력화시키는 데 있다. 로마시대에는 제비뽑기가 존재하지 않았는데, 그 결과 무수히 많은 부패 스캔들이 발생했다. 더구나 아테네에서는 제비뽑기로 선출된 자들에게 할애된 사리의 임기가 1년에 불과했고, 한 번 그 자리에 앉은 사람은 일반적으로 재임되는 경우가 거의 없었다. 그 때문에 시민들은 모든 수준에서 자리를 내어주고 물려받아야 했다. 말하자면 최대한 많은 수의 시민들을 나라 살림살이에 참여시키고, 이를 통해 평등을 구현하려 했던 것이다. 제비뽑기와 교대 책임제(rotation)야말로 아테네 민주주의 체제의 핵심이었다."

나는 열광과 불신 사이에서 주저했다. 나라면 선출된 것이 아니라 제비뽑기를 통해 당첨된 사람들로 꾸려진 정부에 신뢰를 보낼 수 있을 것인가? 도대체 이런 체제가 제대로 기능할 수 있었던 말인가? 어떻게 해야 미숙한 아마추어리즘을 방지할 수 있단 말인가(Van Reybrouck 저 · 양영란 역 2016, 92-93)?"

• **자료 2: 매디슨(James Madison)의 『연방주의자 논설 제57호』**

"선거를 통해 지도자를 선출하는 방법은 공화정부의 특징적인 정책이다. … (중략) … 누가 연방의 대표들을 뽑아야 하는가? 부자들만도 그리고 가난한 자들만도 아니며, 학식 있는 사람들만도 그리고 무식한 사람들만도, 명문가의 상속자들만도 그리고 불운하고 이름 없는 사람들의 비천한 자손들만도 아니다. 대표를 뽑는 사람들은 합중국 시민 전체이다. 그들은 모든 주에서 의회의 의원을 선출할 권리를 행사하는 바로 그 사람들이다.

누가 대중의 선택 대상이 되는가? 자신의 고장의 존경과 신뢰를 얻고 당당하게 자신을 추천할 만큼 장점을 지닌 모든 시민들이다. … 우선 그들은 동료 시민들에 의해 선발될 것이므로 일반적으로 그들이 동료 시민들이 선호하는 특성을 다소 남다르게 지닌 사람들이며, 그들의 업무에 대해 진지하고 면밀한 관심을 가질 사람들이라는 것을 추측할 수 있다(Madison 저 · 김동영 역 1995, 345-346)."

〈토론 소주제〉

1. 자료들에서 언급된 대표자 선출 방식은 각각 어느 시대에서 사용된 어떤 제도인가?

2. 각 방식을 통해 선출되는 대표자들의 특성은 서로 어떻게 다른가?

3. 어떤 방식을 통해 선출되는 대표자가 국민의 대표자로서 더 바람직하다고 생각하는가?

■ 그들에게 선거권의 획득은 왜 그토록 중요했는가?

• 자료 1: 한 영국 여성의 목숨을 건 투쟁

"1913년 6월 4일 엡섬 더비에서 사고가 났다. 한 여성이 트랙에 난입하여 질주하던 말과 부딪혀 쓰러진 것이다. 충돌한 말은 국왕 조지 5세 소유의 앤머였다. 병원으로 호송된 지 나흘 만에 사망한 40대 초반의 여성은 에밀리 데이비슨이라는 여성 참정권을 위해 싸우던 투사였다.

데이비슨은 "말이 아닌 행동"을 구호로 삼으며 여성 참정권 쟁취를 위해 과격한 행동으로 사람들의 관심을 끌었던 에밀린 팽크허스트가 결성한 '여성 사회 정치 연합'의 기준을 훨씬 초과 달성했던 회원이었다. 투석과 방화 등의 혐의로 아홉 차례나 수감되었고, 감옥에서도 단식 투쟁을 벌였다. 당시 단식 투쟁을 벌이는 여성 참정권주의자들에게는 강제로 음식물을 섭취토록 하는 것이 관행이었는데, 데이비슨은 49차례나 그 처사를 당했다."

(조한욱, "경마장의 죽음," 『한겨레』 2016. 07. 21.)

자료: http://terms.naver.com/entry.nhn?docld=1582774&cid=47323&categoryld=47323(검색일: 2016. 10. 20).

• 자료 2: 미국 흑인 여성의 비폭력 운동

"로빈슨은 1965년 3월 7일 흑인들의 투표를 가로막는 남부 주정부들에 맞서 셀마에서 몽고메리까지 행진에 나선 흑인 시위대 600여 명 중 한 명이었다. 이들이 에드먼드 페터스 다리를 건너려고 하자 경찰은 곤봉과 최루탄으로 무자비하게 진압에 나섰고, 역사는 이날을 '피의 일요일'로 기록했다.

로빈슨은 이날 경찰의 곤봉에 맞아 의식을 잃고 쓰러졌다. 중년의 가정주부가 죽은 듯 거리에 널브러져 있는 사진이 신문에 실리자 미국 국민들은 충격에 빠졌다. 이 사진은 미국인들의 시선을 셀마로 집중시켰다."

("흑인 참정권 불댕긴 '셀마 행진' 로빈슨 별세," 『한겨레』 2015. 08. 27.)

자료: http://www.hani.co.kr/arti/international/america/706347.html(검색일: 2016년 10월 20일)

〈토론 소주제〉

1. 당시 선거권을 행사할 수 없었기 때문에 그들이 겪어야만 했었던 어려움은 무엇이었을까?

2. 이들의 목숨을 위협하면서까지 여성과 흑인에게 동등한 선거권을 부여하지 않았던 이유는 무엇이었을까?

3

선거권과 피선거권

1) 선거권

선거권이라 함은 "일정한 자격을 가진 국민이 국가 또는 지방자치단체의 공직을 담당하는 공무원을 선출하는 권리", 즉 선거일에 투표할 수 있는 권리를 말한다. 「대한민국헌법」 제24조에는 "모든 국민은 법률이 정하는 바에 의하여 선거권을 가진다"고 규정하고 있으며, 「공직선거법」 제15조에서 선거권이 있는 자에 대해서 구체적으로 규정하고 있고, 제18조에서는 선거권의 결격사유를 규정하여 선거권을 제한하고 있다. 선거권이 있는 자로서 선거인명부 또는 재외선거인명부에 등재되어야 선거권을 행사할 수 있다.

(1) 선거인의 정의

「공직선거법」 제3조에 따르면 선거인이란 "선거권이 있는 자로서 선거인명부 또는 재외선거인명부에 올라 있는 자"를 말한다. 이는 선거인이 되기 위해서는 선거권이 있더라도 선거인명부재외선거인명부 포함에 올라 있어야 한다는 것을 의미한다. 따라서 선거권이 있더라도 선거인명부에 올라 있지 않은 경우나, 반대로 선거인명부에 올라 있더라도 선거권이 없으면 「공직선거법」에 규정된 선거인이라고 할 수 없으므로 선거과정에서 투표가 불가능하다. 다만, 선거인명부에 올라 있지 않은 자 중 선거인명부 누락에 대한 이의·불복·등재신청 결과,

이유가 있다는 결정통지를 받은 사람은 투표할 수 있다.

(2) 선거권이 있는 자

「대한민국헌법」 제24조에 근거하여 「공직선거법」 제15조에서 선거권이 있는 자에 대해서 구체적으로 규정하고 있다. 선거권을 갖기 위해서는 기본적으로 '국적요건'과 '연령요건'을 구비해야 한다. 그러나 이 두 요건 외에 지방자치단체의 의회의원 및 장의 선거에 있어서는 지방자치단체에 주민등록이 되어 있어야 하는 '주소요건'이 추가되며, 일정한 요건을 갖춘 외국인에 대해서는 국적요건을 갖추지 못했더라도 지방선거의 선거권을 부여하고 있다.

• 대한민국의 선거권

- 국적요건: 대한민국의 국민이어야 대통령 및 국회의원, 지방의회의원, 지방자치단체장의 선거권이 있다. 그러나 지방선거에서는 「출입국관리법」 제10조 및 제34조의 규정에 따라 영주의 체류자격 취득일 후 3년이 경과한 19세 이상의 외국인으로서 선거인명부작성기준일 현재 당해 지방자치단체의 외국인등록대장에 등재된 자는 대한민국의 국민이 아니더라도 지방선거의 선거권을 부여하고 있다.
- 연령요건: 대한민국의 국민이라도 19세 이상이어야 선거권이 있으며, 지방선거의 선거권을 갖는 외국인도 19세 이상이어야 하며, 선거권과 피선거권의 연령은 선거일 현재로 산정하며 출생일을 산입한다.
  ※ 선거일을 기준으로 19년을 역산하여 그 해의 선거일에 해당하는 날의 다음날 이전 출생자까지 선거권이 있는 것으로 이해하면 된다.
- 주소(거소)요건: 지역구국회의원선거에서 선거인명부작성기준일 현재 해당 국회의원지역선거구 안에 주민등록이 되어 있거나, 「주민등록법」 제6조제1항제3호에 해당하는 사람으로서 주민등록표에 3개월 이상 계속하여 올라 있고 해당 국회의원지역선거구 안에 주민등록이 되어 있는 사람은 선거권을 가진다. 지방선거에 있어서는 선거인명부작성기준일 현재 해당 지방자치단체 관할 구역에 주민등록이 되어 있거나, 「주민등록법」 제6조제1항제3호에 해당하는 사람으로서 주민등록표에 3개월 이상 계속하여 올라 있고 해당 지방자치단체 관할 구역에 주민등록이 되어 있는 사람은 선거권이 있다. 지방선거의 선거권이 있는 외국인도 「출입국관리법」 제34조에 따라 해당 지방자치단체의 외국인등록대장에 올라 있어야 선거권이 있다.

(3) 선거권이 없는 자

선거권을 갖기 위한 국적·연령·주소요건을 충족했다고 하더라도 다음과 같은 결격사유가 있는 자는 선거권이 없다. 특히 선거범과 「정치자금법」에 규정된 일정한 죄를 범한 자 및 대통령·국회의원·지

[만 18세 이상 선거 가능 OECD 국가]
오스트리아, 벨기에, 덴마크, 프랑스, 독일, 그리스, 아이슬랜드, 아일랜드, 이탈리아, 룩셈부르크, 네덜란드, 노르웨이, 포르투갈, 스페인, 스웨덴, 스위스, 터키, 영국, 미국, 캐나다, 일본, 핀란드, 호주, 뉴질랜드, 멕시코, 체코, 헝가리, 폴란드, 슬로바키아, 칠레, 슬로베니아, 이스라엘, 에스토니아(33개국)

자료: http://img.sbs.co.kr/newimg/news/20160120/200905948_700.jpg

방의회의원·지방자치단체장으로서 재임중 직무와 관련 「형법」·「특정범죄 가중처벌 등에 관한 법률」에 규정된 일정한 죄를 범한 자에게는 선거권을 제한하고 있다.

(4) 선거권 행사의 보장

「공직선거법」에서 국가는 선거권자가 선거권을 행사할 수 있도록 필요한 조치를 취하여야 하고, 다른 사람에게 고용된 자들의 선거권 행사가 보장되어야 함을 규정하고 있다. 또한 「근로기준법」에서도 근로자의 선거권 행사를 보장하는 사용자의 의무를 규정하고 있다.

국가의 선거권행사 보장 의무: 「공직선거법」에서는 국가가 선거권자의 선거권 행사를 위한 필요한 조치를 취하도록 국가의 선언적 의무를 규정하고 있으며, 교통이 불편한 지역에 거주하는 선거인 또는 노약자·장애인 등 거동이 불편한 선거인에게 교통편의를 제공할 수 있도록 구체적인 방안을 마련하고 있다. 그리고 투표를 마친 선거인에게는 국·공립 유료시설의 이용요금을 면제·할인하는 등의 필요한 대책을 수립·시행할 수 있도록 조치하고 있다.

사용자 등의 선거권행사 보장 의무: 「공직선거법」에서는 공무원·학생 또는 다른 사람에게 고용된 자의 선거인명부 열람이나 투표권행사의 보장을 규정하고 있으며, 이를 위해 직장·학교 등을 벗어난 때를 휴무 또는 휴업으로 보지 아니하도록 규정하고 있다. 그리고 「근로기준법」은 근로자가 근로시간 중에 선거권, 그 밖의 공민권 행사 또는 공의 직무를 집행하기 위하여 필요한 시간을 청구하면 사용자는 거부하지 못한다고 하고, 이에 위반한 경우 2년 이하의 징역 또는 1천만원 이하의 벌금에 처하도록 규정하고 있다.

• 선거참여는 의무일까? 권리일까?

선거참여는 권리일뿐만 아니라 시민의 의무이기도 하다. 「공직선거법」 제6조제4항에서는 "선거권자는 성실하게 선거에 참여하여 선거권을 행사하여야 한다"고 규정하고 있다. 다만 이 조항은 선거권자의 투표참여 의무를 '선언적'으로 규정하고 있는 것으로, 선거에 참여하지 않은 경우 불이익에 대한 규정은 없다. 헌법재판소도 선거권자들로 하여금 투표를 하도록 강제하고 과태료나 벌금 등의 수단을 채택하게 된다면 자발적으로 투표에 참가하지 않은 선거권자들의 의사형성의 자유 내지 결심의 자유를 부당하게 축소하고 그 결과로 투표의 자유를 침해하여 결국 자유선거의 원칙을 위반할 우려도 있게 된다고 판시한 바 있다(헌법재판소 2003. 11. 27. 선고 2003헌마259·250병합 결정).

(5) 주요국 의회 의원 선거권

미국 상하원 선거에 있어서 '18세 이상 미국 시민으로 해당 선거구에 거주하는 자'는 선거권을 가진다. 영국 의회의 경우 하원의 경우 '18세 이상의 영국, 아일랜드, 영연방 시민'이 선거권을 가지며, 독일 의회의 경우 연방 상하원 모두 '18세 이상 독일 국민'은 선거권을 가진다. 프랑스 의회는 '18세 이상 프랑스 국민'이 선거권을 가지며, 일본의 경우 '18세 이상 일본 국민'이 선거권을 가진다.

2) 피선거권

피선거권이란 "선거에 있어서 당선인이 될 수 있는 자격"을 의미하고 선거권에 비하여 그 요건이 더욱 엄격하다. 「대한민국헌법」 제25조에서 "모든 국민은 법률이 정하는 바에 의하여 공무담임권을 가진다"고 하여 공무담임권을 기본권으로 보장하고 있으며, 「공직선거법」 제16조에서 피선거권이 있는 자에 대해서 구체적으로 규정하고 있고 제19조에서는 피선거권의 결격사유를 규정하여 피선거권을 제한하고 있다.

▶ **공무담임권이란?**
공무담임권(公務擔任權)은 대한민국 헌법상 권리로 국민이 국가나 지방 자치 단체 기관의 구성원으로서 공적인 업무를 담당할 수 있는 권리이다. 공무담임권은 피선거권과 공직취임권을 포괄하는 개념인 바, 공무담임권의 보호영역에는 공직취임의 기회의 자의적인 배제뿐 아니라, 공무원 신분의 부당한 박탈까지 포함된다.

(1) 피선거권 요건

「공직선거법」 제16조에서는 피선거권의 적극적 요건으로 국적과 연령, 그리고 주소요건을 규정하고 있다. 따라서 대한민국의 국민이어야 공직선거의 피선거권이 있고, 외국인은 영주권 취득여부를 불문하고 피선거권이 없다. 그리고 선거별로 연령요건을 규정하고 있으며, 지방의회의원과 지방자치단체의 장 선거에서는 주소요건을 두고 있다. 또한 국적, 연령, 주소 요건 외에 소극적 요건으로 「공직선거법」 제19조에서 정한 피선거권에 대한 결격사유가 없는 자이어야 한다.

(2) 선거별 피선거권

대통령의 피선거권: 「대한민국헌법」 제67조에 "대통령으로 선거될 수 있는 자는 국회의원의 피선거권이 있고 선거일 현재 40세에 달해야 한다."고 명시하고 있다. 「공직선거법」에서는 헌법에 명시된 요

건 외에 "선거일 현재 5년 이상 국내에 거주하고 있어야 한다."고 거주요건을 규정하고 있다.

국회의원의 피선거권: 국회의원의 피선거권은 선거일 현재 25세 이상으로서 '대한민국 국민'이어야 한다. 지역구국회의원의 경우 비록 각 지역 선거구에서 선출되기는 하지만 국가의 입법기관의 구성원으로서 국민 대표적 성격을 가지고 있기 때문에 거주요건을 요구하지 않는다.

지방자치단체장, 지방의회의원의 피선거권: 지방의회의원 및 지방자치단체장선거의 피선거권은 선거일 현재 25세 이상의 국민이어야 하고, 또한 선거일 현재 계속하여 60일 이상 당해 지방자치단체의 관할구역 안에 주민등록이 되어 있는 주민이어야 한다.

(3) 피선거권이 없는 자

피선거권을 갖기 위한 국적·연령·주소요건을 충족하더라도 피선거권 결격사유가 있는 자는 공직선거에 입후보할 수 없다.

- **피선거권이 없는 자**
  - 금치산선고를 받고 선거일 현재 금치산선고가 취소되지 아니한 자
  - 선거범, 「정치자금법」 제45조(정치자금부정수수죄) 및 제49조(선거비용관련 위반행위에 관한 벌칙)에 규정된 죄를 범한 자 또는 대통령·국회의원·지방의회의원·지방자치단체장으로서 그 재임중의 직무와 관련하여 「형법」(「특정범죄 가중처벌 등에 관한법률」 제2조에 의하여 가중처벌되는 경우 포함) 제129조(수뢰, 사전수뢰) 내지 제132조(알선수뢰)·「특정범죄 가중처벌 등에 관한법률」 제3조(알선수재)에 규정된 죄를 범한 자로서 다음에 해당하는 자
    - 100만원 이상의 벌금형의 선고를 받고 그 형이 확정된 후 5년을 경과하지 아니한 자
    - 형의 집행유예의 선고를 받고 그 형이 확정된 후 10년을 경과하지 아니한 자
    - 징역형의 선고를 받고 그 집행을 받지 아니하기로 확정된 후 또는 그 형의 집행이 종료되거나 면제된 후 10년을 경과하지 아니한 자(형이 실효된 자도 포함)
      - ☞ "선거범"이라 함은 「공직선거법」 제16장 벌칙에 규정된 죄와 「국민투표법」 위반의 죄를 범한 자를 말함
      - ☞ 2004. 3. 12. 전에 「정치자금법」 제45조 또는 국회의원, 지방자치단체장 등이 그 재임중 직무와 관련한 알선수뢰 등에 해당하는 죄를 범한 경우에는 종전의 예에 따라 "금고이상의 형의 선고를 받고 선거일 현재 그 형이 실효되지 아니한 자"를 적용함.(「공직선거법」 부칙(2004. 3. 12.) 제6조)
  - 법원의 판결 또는 다른 법률에 의하여 선거권 또는 피선거권이 정지 또는 상실된 자
  - 금고 이상의 형의 선고를 받고 그 형이 실효되지 아니한 자

(4) 주요국 의회의 피선거권

미국 의회의 경우, 상원은 '30세 이상으로 9년 이상 미국 시민권 소지자이며, 해당 선거구 거주자', 하원은 '25세 이상으로 7년 이상 미국 시민권 소지자이며, 해당 선거구 거주자'로 피선거권을 제한하였다. 영국 하원은 '18세 이상의 영국, 아일랜드, 영연방 시민'으로 피선거권을 제한하고 있는데, 영국의 경우 선거권과 피선거권이 동일한 기준에 따르고 있다.

독일 연방하원의 경우 '18세 이상 독일 국민'으로 제한하여 선거권과 피선거권의 기준을 동일하게 유지하고 있다. 프랑스 의회는 상원의 경우 '24세 이상 병역 의무를 마친 프랑스 국민'으로, 하원의 경우 '18세 이상 병역 의무를 마친 프랑스 국민'으로 피선거권을 제한하고 있다. 일본 의회의 경우 상원격인 참의원에서는 '30세 이상 일본 국민'으로, 하원격인 중의원에서는 '25세 이상 일본 국민'으로 피선거권을 제한하고 있다.

■ 개별 국가들이 선거권과 피선거권에 연령 요건을 마련한 이유는 무엇인가?

• 자료1: 주요국의 연령 제한

〈각국이 정한 연령제한〉

	선거권	피선거권 (하원)	법률상의 성인	형사 절차 적용 연령
일본	내년 여름부터 18세	(중의원) 25세	20세	20세
미국	18	25	18	18
영국	18	18	18	18
독일	18	18	18	원칙 18
프랑스	18	18	18	18
한국	19	(단원제) 25	19	20

• 자료 2: 대한민국의 선거권 행사 연령

제헌헌법부터 제2차 개헌까지는 대통령, 부통령 선거법과 국회의원 선거법에서 선거권 부여를 21세 이상으로 규정하였으나, 제3차 개헌부터 제4공화국 유신헌법과 제5공화국 헌법까지는 20세 이상으로 변경함. 현행 제9차 개정헌법은 선거권 연령을 법률에 위임하였고, 「공직선거법 및 선거부정방지법」이 제정되기 전까지 개별 선거법에서 20세 이상으로 규정함. 2005년 6월 공직선거법 개정으로 19세 이상으로 하향 조정됨. 최근에 정치권과 학계를 중심으로 선거권 연령을 18세로 하향하려는 논의가 진행되고 있음.

• 자료 3: 최근의 선거연령 개정 논의

중앙선관위는 유권자의 참정권 확대를 위해 선거연령의 18세 하향 조정을 제안했다. 현행법상 혼인·8급 이하 공무원시험 응시·자원입대·운전면허취득 등은 18세 이상이면 가능하고 민법상 성년의 기준은 19세, 7급 이상 공무원시험 응시기준은 20세 이상이다. 경제협력개발기구(OECD) 34개국 회원국가의 선거연령을 살펴보면 한국이 19세, 오스트리아 16세, 나머지 32개국이 18세이다. 이 개정의견은 선거연령 하향 조정이라는 세계적 추세에 부응함으로써 국민의 참정권을 보다 확대하려는 것으로 평가될 수 있다. 반면 선거연령이 하향 조정되면 18세 고교생을 대상으로 한 정치활동과 선거운동이 가능해져 교육의 정치적 중립을 침해할 소지가 있다는 논란이 따를 것으로 보인다.

(국회입법조사처, [이슈와 논점] 1200호, "공직선거법에 대한 중앙선관위의 개정의견과 개선과제.")

〈토론 소주제〉

1. 자료들에서 언급된 바와 같이 개별 국가들이 선거권 및 피선거권에 차이를 둔 이유는 무엇일까?

2. 한국의 선거과정에서 선거권의 연령요건을 18세로 하향 조정하는 것은 어떠한 정치적 효과를 가질 것인가?

4

선거구제와 대표제

1) 선거구의 의의

선거구란 "전체의 선거인을 일정 단위의 선거인단으로 구분하는 표준이 되는 단위지역", "선출직 공직자를 선출하기 위하여 선거가 실시되는 단위지역"을 의미한다. 따라서 선거의 종류에 따라 그 단위지역의 규모가 다르며, 단위지역에 따라 공직자를 선출하는 선거인단이 다르다.

우리나라의 경우 대통령은 나라 전체를 대표하고 전국에서 1명만 선출하기 때문에 전국을 단위로 하고, 지방자치단체의 장은 해당 지방자치단체 관할구역을 단위로 1인만 선출하기 때문에 선거구와 행정구역이 일치하여 선거구를 별도로 정할 필요가 없다. 그러나 국회의원과 지방의회의원의 경우는 선출하는 의원의 정수定數가 다수이므로 선거구를 어떤 기준으로, 어떻게 구분하여, 그 단위지역에서 몇 명의 의원을 선출할 것인지를 정해야 한다. 따라서 선거에서 선출하는 정수와 선거구획정에 관한 사항은 국회의원선거와 지방의회의원선거에만 해당된다.

▶ **선거구 확정**

'선거구'란 대표를 선출하는 기본단위를 말하며, '선거구 획정'이란 선거구를 분할하여 대표자를 선출하는 기본단위를 정하는 것을 말한다. 그런데 선거구를 어떻게 정하느냐에 따라 선거 결과에 커다란 영향을 미치므로, 선거구 획정에 따라 정당의 이해관계에 커다란 영향을 미치게 된다.

선거구 획정은 정치적·사회적·문화적 동일성이 어느 정도 보장되어야 한다. 그러므로 행정구역, 생활구역, 교통, 정치적, 경제적, 지리적, 사회적 요소 등을 종합적으로 고려하여 결정하여야 된다. 또 선거구 획정을 하는데 있어서 각 선거구의 인구를 중요하게 고려하여야 한다.

2) 선거구제의 종류

(1) 소선거구제

소선거구제는 1선거구에서 1인의 대표자를 선출하는 것을 의미하여 '1선거구 1인선출제'라 불리며, 선거인은 필연적으로 후보자 1인에게만 투표할 권리를 가지고 다수의 득표를 한 자를 그 선거구의 당선인으로 결정하는 것으로 단기(單記)투표의 방식을 취한다. 현재 우리나라 지역구국회의원 및 시·도의원 선거 시 소선거구제를 채택하고 있다. 일반적으로 다수대표제와 결합한다.

• 단기투표제와 연기투표제
 1) 단기투표제: 선거구의 의원정수의 다소에 관계없이 투표용지에 1명의 후보자만을 기표하는 제도
 2) 연기투표제: 투표용지에 있는 2명 이상의 후보자를 지명하는 제도. 연기투표제는 의원정수까지의 후보자를 모두 지명하는 완전연기제, 일정 수의 후보자만을 지명하는 제한연기제, 동일후보자를 이중으로 지명하는 것을 인정하는 누적연기제 등으로 구별된다.
  대체로 대선거구제하에서는 단기투표제와 연기투표제가 모두 행해지고 있으나, 소선거구제하에서는 단기투표제를 원칙으로 한다.

• 소선거구제의 장단점
 – 소선거구제는 다수당의 출현이 용이하여 정국의 안정을 가져올 수 있고, 선거인이 후보자의 인물식견을 잘 알면서 투표할 수 있으며, 선거의 공정을 기하기 쉽고, 선거비용이 소액으로 보궐선거와 재선거를 행하기 쉽다는 장점이 있다. 반면, 정치적 소수는 대표를 내세울 수 없고, 사표(死票)가 나올 가능성이 많으며, 정실에 의한 투표 등으로 지역적 인물의 당선 가능성이 높다. 또한 선거간섭 등이 용이하여 부정투표의 가능성이 많으며, 선거구의 정략적 획정(Gerrymandering)의 위험성이 있다는 단점이 있다.
 – 외국의 경우 소선거구제를 채택하는 국가로는 미국·일본·영국·호주 등의 하원의원선거와 캐나다, 프랑스 등이 있으며, 독일은 비례대표제에 소선거구제를 가미하는 독특한 방식을 채택하고 있다.

(2) 중·대선거구제

중·대선거구제中·大選擧區制는 한 선거구에서 2명 이상의 대표를 선출한다. 일반적으로 소수대표제와 결합한다. 투표방법은 단기 또는 연기連記방식이 모두 채택될 수 있으며, 대부분 소수대표제와 비례대표제이지만, 연기투표 방식의 경우 다수대표제로 작용하는 경우도 있다. 우리나라의 경우 제5공화국 이전 국회의원선거에서 한 선거구에서 2명을 선출한 사례가 있으며, 현재 지역구자치구·시·군의원 선거의 경우 선거구별로 2~4인을 선출하고 있다.

• 중·대선거구제의 장단점
 - 중·대선거구제의 장점으로는 사표가 적게 나온다는 점, 소수대표를 가능하게 하여 비례대표제의 이상을 실천할 수 있다는 점, 소선거구제에 있어서와 같은 선거간섭·정실·매수 등에 의한 부정투표를 제거할 수 있다는 점, 인물선택의 범위가 확대되어 자질 있는 대표를 선정할 가능성이 많아진다는 점을 들 수 있다.
 - 단점으로는 소정당의 출현을 촉진하여 정국의 불안정을 초래할 수 있으며, 선거비용이 많이 들고, 보궐선거와 재선거가 행하여지기 어려운 점을 들 수 있다.

3) 대표제

대표제란 대의제 민주주의 정치체제에서 국민의 대표자를 선출하는 방법을 의미한다. 즉 대표제는 '선거에서 당선인 결정방법'을 의미하므로, 선거구제와 밀접하게 관련되어 대표제를 전제하지 아니하는 선거구제는 아무런 의미가 없다. 아울러 대표제는 투표방법, 정당제도와와 관련이 깊다. 즉, 투표방법이 단기제이냐 연기제이냐, 정당제도가 양당제냐 다당제냐에 따라 대표제도는 다양하게 나타난다. 대표제에는 다수대표제, 비례대표제, 양자를 절충한 혼합제 등이 있다. 외국에서 대표제 운용사례는 영국과 미국의 경우 소선거구제를 기본으로 한 다수대표제를, 서유럽 국가에서는 대부분 비례대표제를 채용하여 발전시켜 왔다.

(1) 다수대표제

다수대표제는 다수의사를 최고로 존중하는 제도로서, 의사결정의 가장 기본적인 형태인 다수결원리에 따라 선거에서 유효투표의 다수를 얻은 자를 당선인으로 결정하는 방법이다. 다수대표제는 안정적 다수의 형성이 가능하고 양당제를 도모하는 경향이 있으므로 의원내각제를 채택한 국가에서 1인선거구제와 결합하여 주로 사용되고 있다. 현재 영미국가와 프랑스 등에서 시행되고 있다.

- **다수대표제의 유형**

  다수대표제는 상대다수대표제와 절대다수대표제로 구분할 수 있다.

  상대다수대표제는 누구든지 다수표를 얻은 사람을 당선자로 결정하기 때문에 반드시 과반수를 얻지 않더라도 1회의 선거로 당선자가 결정된다. 이 방법은 민주적 정당성의 측면에서는 부족한 점이 있으나 절차가 간소하다는 장점이 있고 영국, 미국 등에서 채택하고 있다.

  한편, 절대다수대표제는 적어도 유효투표의 과반수 득표자를 당선자로 하는 제도로서 1차 투표에서 당선자가 나오지 않는 경우 일정한 기준 이상의 득표를 한 후보자(보통은 1위와 2위 후보자)를 대상으로 다시 2차 투표를 실시하여 과반수를 획득한 사람을 당선자로 결정한다. 이 방법은 투표절차는 번거로우나 민주적 정당성을 확보하는 데 있어 보다 적합하고 프랑스에서 채택하고 있는 제도이다.

- **게리맨더링이란?**

  게리맨더링(Gerrymandering)이란 특정 후보자나 특정 정당에 유리하도록 선거구를 획정하는 것을 말한다.

  1812년 미국 매사추세츠 주 주지사였던 엘브리지 게리는 자기 정당에 유리하도록 선거구를 분할하였는데, 그 모양이 마치 전설상의 괴물 샐러맨더(Salamander)와 비슷하여 이를 게리(Gerry)의 이름과 합하여 게리맨더(Gerrymander)라고 불렀고, 이후 이와 같이 선거구를 획정하는 것을 게리맨더링이라고 부르게 되었다.

- **뒤베르제의 법칙**

  프랑스의 정치학자 모리스 뒤베르제(Moris Duverger)는 그의 저서 『정당론(1951)』에서 각국의 선거제도와 정당수 간의 관계에 관한 가설과 법칙을 제안하였다. 이 법칙은 첫째, 단순 다수제는 양당제와 친화성이 있고 둘째, 결선투표제와 비례대표제는 다당제와 친화성이 있다는 것이었다.

  소선거구제에서는 지역구에서 1인만을 선출하기 때문에 유권자는 1인에게만 투표하게 된다. 그렇기 때문에 소선거구제는 제3당의 발전을 억제하고 양대 정당에 유리하게 작용한다. 이러한 추정에는 소선거구제에서 실제로 당선될 가능성이 있는 후보는 소수에 불과하다는 생각이 깔려 있다. 합리적으로 생각하는 유권자는 자신이 선호하는 정당의 후보보다 당선가능성이 높은 후보에 투표하게 된다. 이렇게 표는 당선가능성이 높은 소수, 즉 어느 정도 우파와 어느 정도 좌파 양당에 집중된다.

비례대표제, 특히 전국을 하나의 선거구로 하는 이스라엘 같은 경우, 선거제도가 다당제를 촉진시킨다. 득표수가 정당의 의석을 결정하기 때문에, 새로운 정당은 틈새 공략을 통해 발전할 여지가 있다. 그래서 비례대표제는 다당제와 친화적이다.

(2) 비례대표제

비례대표제는 다수대표제나 소수대표제의 단점을 보완하기 위하여 고안된 제도로서 '투표의 등가성'을 최대한 보장하기 위한 제도이다. 즉 다수대표제의 사표문제, 투표의 등가성 문제와 소수파를 존중하기 위하여 인위적·작위적 방법에 의존하는 소수대표제의 결함을 보정하기 위하여 고안된 제도이다. 비례대표제란 각 선거구에서 다수의 정당이 분립하고 있는 경우 각 정당의 득표율에 비례하는 수의 대표자를 공평하게 선출할 수 있도록 하여 '비례성'을 확보하는 대표제이다.

• 투표의 등가성(等價性)

평등선거의 원칙을 기본으로 하여 모든 투표는 1표로서의 동등한 가치를 가져야 한다는 원칙. 평등선거의 원칙은 헌법상 평등의 원칙이 선거구제에 적용된 것으로써 모든 선거인에게 1인 1표(one man, one vote)를 인정함을 의미할 뿐만 아니라 1표의 가치가 대표자 선정이라는 선거의 결과에 대하여 기여한 정도(투표의 성과가치)에 있어서도 평등하여야 함(one vote, one value)을 의미함.

비례성: 투표의 결과가 의석으로 반영되는지의 여부

비례대표제는 소수대표제에 비하여 유권자의 의사를 보다 정확하게 반영할 수 있다는 점에서 대의정치의 이상에 보다 부합한다고 할 수 있다. 비례대표제는 다양한 사회적 균열을 정치적 세력으로 투영하기 위한 노력으로 고안되었으며 정당제도의 발달과 더불어 20세기에 들어와 시작되었다.

- **비례대표제의 방식**

비례대표제는 선거구의 규모, 입후보방식, 선거인의 투표방법, 유효투표의 의석배분 등에 따라 다양한 방식이 있다. 선거구의 규모에 따라서는 전국구제와 권역별비례대표제로 나눌 수 있다.

1) 입후보방식

　가) 단기이양식(單記移讓式)

　　후보자 개인이 입후보하는 방식으로서 유권자는 명부상의 개인에 대하여 투표하고 당선된 개인은 초과득표를 같은 정당의 다른 후보에게 이양해주는 방식을 말한다. 전문가의 의회진출을 용이하게 하고 유권자의 후보자에 대한 선택권을 넓혀 줄 수 있는 장점이 있다.

　나) 정당명부식(政黨名簿式)

　　정당명부식 비례대표제는 유권자가 정당명부 또는 정당명부의 후보자에게 투표하도록 하고 각 정당의 득표율에 따라 의석을 배분하는 제도이다. 명부상의 순위의 변동여부에 따라 고정명부식, 가변명부식, 자유명부식으로 나눌 수 있다.

　　- 고정명부식: 명부상의 후보자와 순위가 당해 정당에 의하여 사전적으로 결정되어 변경할 수 없고 단순히 한 정당명부에 대한 투표여부만을 결정할 수 있음

　　- 가변명부식: 유권자가 투표시 명부상의 후보자에 대하여 선호하는 순위를 변경할 수 있는 방식

　　- 자유명부식: 유권자가 여러 명부상의 후보자 중에서 자유롭게 후보자를 선택하여 자신의 명부를 작성할 수 있는 방식

　　　※ 가변명부식과 자유명부식은 정당의 후보자 추천과정에서 유권자의 의사가 반영될 수 있다는 점에서 민주주의의 원리에 보다 부합하지만 투개표의 절차가 번거롭다는 문제가 있음

2) 유효투표의 의석배분

비례대표제에서는 유권자의 투표가 정당의 의석확보에 비례성을 최대한 반영하기 위하여 다양한 의석배분방식을 개발하고 있다. 대표적인 것으로 득표할당의 평균을 최대로 하는 최고평균법, 정당별로 득표율에 따라 배분된 기수를 제외하고 잔여표를 최대로 하는 최대잉여법, 고정법(자동식) 등으로 나눌 수 있다.

3) 저지규정

비례대표제는 군소정당의 난립을 막기 위하여 의석을 획득할 수 있는 최소한의 문턱(threshold)을 어떻게 설정할 것인지가 중요한 과제이다. 이는 저지규정(沮止規定)을 어떻게 마련할 것인지와 관련된 것으로 선거에서 일정 수 이상의 득표율을 올렸거나 당선자를 낸 정당에게만 의석배분에 참여하게 함으로써 다수세력의 형성을 촉진하기 위한 제도이다. 저지규정을 어떻게 설정하느냐에 따라 정당의 정치활동에 중요한 영향을 미치기 때문에 다각적인 고려를 해야 한다. 독일의 경우 유효득표율이 5% 이상이거나 지역구에서 3석 이상을 획득한 정당만이 의석배분을 받고 있다. 한편 우리나라의 경우는 지역구에서 5명 이상의 당선자를 내거나 유효투표총수의 3%이상을 득표한 정당에 한하여 의석배분을 하고 있다.

- **소선거구 단순다수제와 비례대표제의 선거결과**

소선거구 단순다수제를 채택하고 있는 영국의 경우 보수당이나 노동당과 같은 대정당은 득표율보다 많은 의석을 확보한 반면 자민당이나 기타정당들은 득표율보다 훨씬 적은 수의 의석만을 얻을 수 있었다. 2015년 선거 결과 보수당이 과반의석을 차지하여 집권당이 되었다.

정 당	득표율(%)	의석수	의석률(%)
보수당(Conservative Party)	36.9	330	50.8
노동당(Labour Party)	30.4	232	35.7
스코틀랜드국민당(Scottish National Party)	4.7	56	8.6
자유민주당(Liberal Democratic Party)	7.9	8	1.2
기타정당	20.1	24	3.7

- 2014년 벨기에 하원 선거 결과 - 정당명부식 비례대표제
  정당명부식 비례대표제를 채택하고 있는 벨기에의 경우 득표율과 의석률이 거의 일치하는 것을 볼 수 있다. 이는 소선거구 단순다수제에 비해 비례대표제가 유권자들의 의사를 보다 정확히 반영한다는 점을 보여준다.

정 당	득표율	의석수	의석률
Nieuw-Vlaamse Alliantie	20.3	33	22.0
Parti Socialiste	11.7	23	15.3
Mouvement Réformateur	11.6	18	12.0
Christen-Democratisch en Vlaams	9.8	14	9.3
Open Vlaamse Liberalen en Democraten	9.6	20	13.3
Socialistische Partij Anders	8.8	13	8.7
Centre Démocrate Humaniste	5.3	6	4.0
Ecolo	5.0	9	6.0
Groen!	3.7	2	1.3
Vlaams Belang	3.7	3	2.0
Fédéralistes Démocrates Francophones	3.3	6	4.0
Workers' Party	1.8	2	1.3
Parti Populaire	1.5	1	0.7
합계		150	100

(3) 혼합대표제

혼합대표제란 다수대표제와 비례대표제를 적절하게 혼합하여 각 제도의 장점을 살리려는 제도이다. 대체로 지역구에서는 소선거구 상 대다수대표제를 대선거구 비례대표제와 혼합하고 있다. 혼합제를 채 택하고 있는 국가는 독일, 일본 등이 있지만 구체적 실현형태는 다소 차이가 있다.

• 독일과 일본의 혼합대표제

1) 독일식 혼합대표제(연동식)

독일 연방하원에서 채택하고 있는 투표방식으로 유권자는 지역선거구의 후보자와 주명부에 대하여 각각 1표를 행사한다. 지역구선거의 투표지에는 후보자의 성명과 추천정당이 기재되지만 주명부에 대한 투표의 경우에는 정당의 명칭과 정당이 승인한 주명부 중 상위 5인의 성명이 기재된다(「독일연방선거법」 제30조). 의석배분절차를 살펴보면 우선 정당이 차지할 의석은 정당이 획득한 주별 비례대표의 득표율에 따라 주별 의석수가 일차적으로 결정된다. 이때 유효득표율이 5% 이상이거나 지역구 선거에서 3석 이상을 획득한 정당만이 의석배분을 받을 수 있다(저지조항). 다음으로 정당의 지역구 당선자를 결정하여 정당이 전체적으로 획득한 의석을 정하게 되는데 정당명부의 득표율에 의하여 정하여진 의석보다 지역구의 당선자가 더 많은 경우 지역구의 의석을 모두 인정하게 되므로 초과의석(Überhangsmandat)이 발생할 수 있다. 독일은 정당의 의석이 기본적으로 정당명부에 대한 투표에 의하여 결정된다는 점에서 비례대표제적 속성이 더 강하다고 할 수 있으나, 지역구에서 상내적 다수대표제를 혼합하고 있는 점에서 혼합대표제라 할 수 있다.

2) 일본식 혼합대표제(병렬식)

일본은 중의원과 참의원선거에서 지역구와 비례대표의 의원정수가 미리 정하여져 있다는 점에서 독일식 비례대표제와 구별된다. 유권자는 1인 2표를 행사하며 지역구의원은 상대다수대표제로, 비례대표의원은 정당명부식 비례대표제로 선출되며 비례대표제에는 권역별 비례대표제로 운영된다. 1996년 이후 중의원선거에서 중복입후보를 허용하고 있는데 이러한 후보자는 비례대표 명부에서 동일순위로 하고 지역구에서 낙선한 후보자의 득표수를 그 지역구의 최하위 당선자의 득표수로 나누어 그 비율이 가장 높은 후보자를 비례대표에서 구제하여 당선시키는데 이를 석패율(惜敗率)제도라 한다.

4) 선거구 획정

선거구 획정이란 선거가 치러지는 지역단위예를 들어 종로갑, 종로을 등를 결정하는 것을 의미한다. 선거구는 1인 1표라는 민주주의적 평등선거의 원칙과 가치를 최대한 살릴 수 있도록 결정되어야 한다. 선거구가 어떻게 획정되는가에 따라서 후보자의 당락이 결정되기도 하며 지역구분이 달라지기도 한다. 따라서 적정한 선거구의 획정은 평등하고 공정한 선거권 행사를 위하여 필수불가결한 요소이다.

(1) 개요

「공직선거법」에서는 선거구를 획정하기 위하여 선거구획정위원회를 설치하도록 하고 있다. 이 때 중요한 점은 선거구획정위원회가 최대한 공정하고 객관적으로 선거구를 결정할 수 있도록 하는 점이다. 이해당사자가 선거구 결정에 참여하게 되면 공정성이 훼손될 수 있으므로 국회의원이나 정당의 당원은 선거구획정위원회 위원이 될 수 없다. 마찬가지로 지방의회 의원이나 당원은 지방의회선거 선거구획정위원회 위원이 될 수 없다.

(2) 국회의원 지역선거구 획정

국회의원 선거구획정위원회는 국회의원 선거일 전 13개월까지 선거구획정안을 국회의장에게 제출해야 한다. 그리고 국회는 국회의원지역선거구를 선거일 전 1년까지 결정한다.

(3) 시·도의회의원과 자치구·시·군의회의원 지역선거구 획정

시·도의원 지역선거구의 획정은 인구비례 원칙, 지역대표성, 도시와 농어촌 간의 인구편차 등 세 가지 요소를 고려하여 이루어진다. 헌법재판소는 "현시점에서는 상하 60%의 인구편차이 경우 상한 인구수와 하한 인구수의 비율은 4 : 1를 헌법상 허용되는 인구편차기준으로 삼는 것이 가장 적절하다."고 하여 국회의원 지역선거구보다 인구편차의 허용한계를 다소 완화할 수 있다고 보았다.

자치구·시·군의원 선거구 획정에서도 시·도의회의원선거와 같이 60% 인구편차를 허용하고 있다.

■ 어떠한 선거제도가 어떠한 결과를 낳는가?

• 자료 1: 다수대표제의 장·단점

장점은 첫째, 소선거구제와 결합하여 거대정당에 유리하게 됨으로써 안정적 다수를 형성하는데 용이하다. 그러나, 비례대표제를 통해서도 정당정치가 성숙되고 정당간의 연립, 연정이 활발하게 이루어지는 정치문화에서는 안정적 다수의 형성이 가능하기 때문에 제도의 우열을 단정하기는 어렵다. 둘째, 대표자와 선거구민간의 개인직 유대관계를 강화하여 책임성을 확보할 수 있다.

단점은 첫째, 사표가 많이 발생하고 정치적 소수세력의 이해관계를 충분히 반영할 수 없다. 둘째, 게리멘더링을 비롯한 선거구의 인위적 조작을 통하여 선거결과를 유리하게 만들 수 있다. 셋째, 상대다수대표제에서는 정당의 득표율과 의회 의석수 간에 불일치가 발생하여 전체적인 민의가 왜곡되는 불합리한 현상이 발생할 수 있다.

• 자료 2: 비례대표제의 장·단점

비례대표제의 장·단점은 소선거구 다수대표제의 장·단점과는 대조적이다.

장점은 첫째, 소수당의 의석확보에 보다 용이하여 민주주의의 원리인 소수자보호에 보다 적합한 제도이다. 둘째, 투표가치의 비례성을 확보할 수 있어서 선거권의 평등원칙에 보다 충실할 수 있고 유권자의 사표를 방지할 수 있다. 셋째, 계급·인종·지역 등의 사회적 균열을 해소하여 정치세력화하고 정당명부에 투표하게 함으로써 정당정치의 발전에 기여할 수 있다.

단점은 첫째, 소수정당의 난립으로 정국의 안정을 해칠 수 있다. 둘째, 비례대표제는 절차가 복잡하여 당선인의 결정까지 어려움이 있다. 셋째, 정당의 명부작성과정에서 유권자의 의사가 제대로 반영되지 못할 경우 직접선거의 원칙에 위반될 소지가 있다. 넷째, 정당간부의 영향력이 증가하고 금권·파벌 정치의 온상이 될 수 있다.

〈토론 소주제〉

1. 현재 한국의 국회의원 선거제도는 다수대표제를 기본으로 하여 지역구에서 253명을 선출하고, 비례대표제로 47명을 선출한다. 선거제도의 차이는 어떠한 결과적 차이를 만들어내는가? 다수대표제와 비례대표제는 어떠한 제도가 더 우수한가?

2. 현재 한국의 국회의원 정수는 300명인데, 이들을 전원 다수대표제 방식으로 선출한다면 어떠한 장·단점이 있을까? 또한 300명 전원을 비례대표제로 선출한다면 어떠한 장·단점이 있을까?

5
선거운동

1) 선거운동에 대해 이해하기

(1) 선거운동이란 무엇인가?

보통 선거운동electoral campaign은 선거에서 유권자들이 어떤 후보를 지지하도록 홍보하고 설득하는 과정에서 행하는 여러 종류의 정치활동을 가리키는 말이다. 우리나라에서 선거를 보다 투명하고 공정하게 관리하기 위해 만든 공직선거법에서는 '선거운동'을 "당선되거나 되게 하거나 되지 못하게 하기 위한 행위"라고 설명하고 있다. 이런 의미에서 볼 때 선거운동은 반드시 어떤 사람을 당선시키거나 낙선시킬 목적으로 의지를 갖고 능동적으로 계획을 세워 행동하는 모습이 드러나야 한다.

그러므로 선거 때 선거와 관련된 어떤 활동을 한다고 해서 무조건 선거운동이라고 말할 수는 없다. 단순히 선거에 관해 자신의 의견을 말하거나 후보로 나서거나 선거운동을 하기 위해 사전에 준비를 하는 등의 행위는 선거운동으로 볼 수 없다. 마찬가지로 선거 때라 할지라도 일상적으로 해오던 정당 활동을 하거나 정당의 후보자를 추천하는 문제에 대해 지지하거나 반대하는 의견을 드러내는 정도의 행위도 선거운동이라고 할 수는 없다.

(2) 선거운동의 다양한 유형과 방법

선거운동은 여러 가지 방법으로 이루어질 수 있고 선거의 종류와 선거가 실시되는 국가 혹은 지역의 문화적 환경에 따라 다양한 모습을 나타낸다. 고대 그리스나 로마에서는 왕이나 집정관, 원로원 의원 등을 선거로 뽑았는데 이때의 선거운동은 주로 투표권자들을 한 곳에 모아 놓고 지지를 호소하는 대중연설의 형태로 이루어졌다. 하지만 고대 로마사의 기록에는 그 당시의 선거에서도 집집마다 방문을 하거나 유권자들에게서 표를 사거나 하는 등 여러 가지 다양한 종류의 선거운동이 이루어졌음을 알 수 있다.

그에 반해 오늘날 이루어지는 선거운동은 선거운동의 주체가 누구인가에 따라 그 방법이 달라질 수 있다. 먼저 선거운동에 나서는 사람이 후보 당사자이거나 공직선거법에 따라 후보가 지명한 공식선거운동원인 경우 공직선거법에서 정한 방법대로 선거운동을 할 수 있다.

물론 일반유권자도 선거운동을 할 수 있는데 중앙선거관리위원회의 규정에 따르면 인터넷 홈페이지, 전자우편, 문자메시지, 전화 등을 이용해 후보를 알리거나 지지를 호소할 수 있다. 아울러 참고자료의 그림에서 볼 수 있는 것처럼 예식장, 장례식장, 도로, 시장 등과 같은 공개된 장소에서 지지를 호소하는 방법으로 선거운동을 할 수 있다. 하지만 우리나라 공직선거법은 각각의 경우 선거운동이 가능한 기간과 시간 그리고 방법과 장소 등을 명확히 규제하고 있어 이를 잘 따를 필요가 있다.

2) 선거법 변화와 선거운동 변화

(1) 통합선거법 이전의 선거운동

사실 우리나라에서 선거운동에 관한 법률이 처음부터 지금처럼 할 수 있는 것과 없는 것을 자세하게 규정해 놓았던 것은 아니다.

1948년에 제정된 제헌헌법은 미국 선거법의 영향을 받아 비교적 자유롭게 선거운동을 할 수 있도록 허용했다. 그러나 1958년에 민의원과 참의원 선거법이 만들어지면서 선거운동을 할 수 있는 사람을 제한하는 등 선거운동에 대한 규제가 강화되기 시작했다.

이후 여러 차례 선거 관련 법률들을 개정하는 과정에서도 선거운동을 규제하는 데 무게를 둔 우리나라 선거법의 방향은 그대로 유지되어 왔다. 특히 박정희, 전두환 대통령이 집권했던 권위주의 정권 시기에는 선거에 드는 비용을 국가가 모두 부담하는 선거공영제를 채택하게 되면서 선거운동을 규제하는 성향이 더욱 강화되었다.

아직 인터넷 사용이 일반화되지 않았던 시기여서 이 시기의 선거운동은 주로 합동연설회와 같은 대규모 군중집회에서 유권자를 대상으로 연설을 하거나 현수막이나 벽보, 기호표 등을 통해 후보 자신을 홍보하는 것이 전부였다. 1987년 제13대 대통령선거에 가서야 유권자 중심의 선거운동이 본격화되면서 텔레비전을 통한 경력 방송, 대담, 토론 등이 가능해졌다.

• 선거공영제
우리 헌법 제116조에서는 "선거운동은 각급 선거관리위원회의 관리 하에 법률이 정하는 범위 안에서 하되 균등한 기회가 보장되어야 한다."며 "선거에 관한 경비는 법률이 정하는 경우를 제외하고는 정당 또는 후보자에게 부담시킬 수 없다."고 규정했다. 비용 부담을 최대한 낮춰 국가가 국민의 정치 참여를 보장하겠다는 '선거공영제'를 명시한 것이다. 그래서 정부는 대통령·국회의원·자치단체장·지방의원·교육감 등의 공직후보자를 뽑는 선거 비용을 지원한다.

(2) 통합선거법 이후의 선거운동

1994년 3월 16일 통합선거법이 제정되면서 원칙적으로 누구든지 선거운동을 자유롭게 할 수 있도록 허용되었다. 이후 통합선거법은 지금까지 60여 차례나 개정되어 오면서 2005년 8월 4일에는 지금과 같은 공직선거법으로 명칭이 바뀌는 등 많은 변화를 겪어 왔다. 선거운동에 대한 관리가 통합적으로 이루어지기 시작한 이후 선거운동의 양상에도 크나큰 변화가 나타나기 시작했는데 이는 2000년대 접어들어 방송 및 인터넷 기술의 발달이 가져온 결과이기도 했다. 대중연설을 하거나 명함을 나눠주는 등 유권자를 직접 만나 자신을 홍보하던 선거운동에서 이제는 텔레비전 광고나 인터넷 홈페이지, 카페, 블로그, 전자우편, 문자메시지 등을 통해 직접 유권자를 만나지 않고도 자신을 알리는 온라인 선거운동이 중요한 수단으로 각광을 받게 되었다. 2000년대 후반에 접어들면서 인터넷과 SNS 등 소셜미디어에 의존하는 선거운동 방식이 더욱 보편화되면서 다양한 소셜미디어를 활용해 동시에 수많은 유권자와 개별적인 접촉을 시도하거나 텔레비전 광고를 통해 자신만의 이미지를 창출해내는 방식의 조용한 선거운동이 이루어지고 있다.

3) 현행 「공직선거법」의 선거운동 문제

(1) 선거운동 규제

우리나라 「공직선거법」에서는 선거운동은 기본적으로 선거기간 개시일 부터 선거일 전일까지만 할 수 있도록 규정하고 있다. 대통령 선거의 경우에는 22일간, 다른 선거의 경우에는 13일 간의 공식 선거운동 기간이 주어진다. 선거운동기간이 아닌 경우에도 인터넷 홈페이지, 게시판, 대화방, 전자우편 등을 이용해 항상 선거운동을 할 수 있다.

물론 「공직선거법」에 "선거운동을 할 수 없는 자"로 규정된 사람들은 선거운동을 할 수 없다. 개인뿐만 아니라 기관이나 단체도 선거운동을 할 수 있으나 선거에서의 중립 의무가 있거나 공정성을 담보할 수 없는 기관이나 단체그 대표자와 임·직원 또는 구성원을 포함는 그 기관이나 단체의 명의 혹은 대표의 명의로 선거운동을 할 수 없도록 규정하고 있다.

특히 현역 후보와 경쟁하는 후보에게 똑같이 기회를 주기 위해 2005년부터 '예비후보자제도'를 도입하고 있는데, 예비후보자로 등록한 사람이나 그 배우자와 직계존비속은 「공직선거법」에서 허용하는 범위 내에서 선거운동을 할 수 있다.

(2) 외국 선거운동 규제와의 차이

미국, 영국 등 대다수의 서구 민주주의 국가들에서는 선거와 관련된 법률 체계가 우리나라처럼 엄격한 규정이나 규제 조항들을 갖고 있지 않다. 대부분의 민주국가의 선거법은 선거운동의 자유라는 원칙을 지향하지만 선거의 자유 원칙은 선거의 공정성의 원칙을 위배하지 않는 범위에서 보장되어야 한다. 따라서 선거운동에 대한 일정한 규제는 피할 수 없는 현실이다. 우리나라나 일본, 프랑스처럼 선거운동의 기간, 주체, 방법 등을 세밀히 규제하는 반면 미국과 독일은 선거운동에 대한 규제가 거의 없다. 영국, 호주, 캐나다 등은 선거비용의 한도를 규제함으로서 선거의 공정성과 선거의 자유를 동시에 보장하고자 노력한다.

• 선거자유의 원칙과 선거공정의 원칙

우리나라 헌법 제116조는 선거운동에서 균등한 기회가 보장되어야 한다고 하고 있고 헌법 제114조는 선거관리위원회의 임무로서 선거와 국민투표의 공정한 관리 의무를 명시하고 있다. 이에 근거하여 「공직선거법」 또한 제1조에서 선거의 공정성과 선거운동의 자유를 동시에 보장하여야 한다고 규정하고 있다. 문제는 선거자유의 원칙과 선거공정의 원칙이 실제 선거사무를 관리하는 입장에서는 때때로 충돌하는 경우가 많다는 점이다. 우리나라 「공직선거법」은 선거의 공정을 기하기 위해 선거의 자유를 제한하는 경향이 강한 편인데 이로 인해 종종 두 가지 원칙이 충돌하게 된다. 이런 충돌은 결국 헌법재판소의 판결로 이어지는 경우가 많다.

---

(3) 현행 「공직선거법」의 문제

현재의 「공직선거법」은 1994년부터 2016년 10월 현재까지 무려 69차례의 개정을 거쳐 왔다. 「공직선거법」은 실제로는 선거의 자유보다는 선거의 공정에 중점을 둠으로써 선거의 자유를 규제하는 방향으로 운영되어 왔다는 평가가 많다. 즉 현행 「공직선거법」은 원칙적으로 대부분의 선거운동을 규제하고 예외적인 경우에 한하여 허용하는 이율배반적인 모습을 보여 왔다는 것이다. 따라서 보다 폭넓은 선거운동의 자유를 보장하는 쪽으로 「공직선거법」을 개정해야 한다는 요구가 점점 커져가고 있다.

4) 인터넷의 발달과 선거운동의 다양성

(1) 인터넷 발달의 영향

텔레비전이나 라디오가 널리 보급되지 않았던 1970년 이전에 선거운동은 주로 당원들이 유권자의 집을 가가호호 방문하거나 유권자들을 한 장소에 대규모로 모아 놓고 대중연설을 하는 등의 형태였다. 하지만 텔레비전과 라디오가 본격적으로 보급되고 전화기 사용이 일반화되면서 선거운동의 방법 역시 변화하였다. 후보자들은 텔레비전이나 라디오에 자신의 이미지를 담은 광고를 내보내거나 전화 여론조사를 통해 자신을 은연중에 홍보하는 등의 자본집약적인 방식을 도입하였다. 2000년대 이후 인터넷 보급이 확산되고 SNS 등 소셜미디어 사용이 활발해지면서 최근의 선거운동은 과거와는 전혀 다른 양상으로 변모해 가고 있다.

(2) 온라인 선거운동 규제의 변화과정

우리나라에서 온라인 선거운동에 대한 규제는 1997년 제15대 대통령선거의 선거운동 당시 시작되었다. 이후 인터넷 매체의 무분별한 선거 이용을 제한하려는 노력이 지속적으로 이어졌고, 온라인 선거운동도 현재 엄격하게 규제되고 있다. 예를 들어 인터넷 상에서 특정 후보를 지지하거나 비판하는 행위는 선거법 위반 사례였다. 심지어 투표를 독려하기 위해 투표 후 인증사진을 촬영해 인터넷 상에 게시하는 것도 선거법 위반 사례가 되기도 했다.

하지만 인터넷 선거운동에 대한 엄격한 규제에도 불구하고 온라인 선거운동은 지속적으로 확대되어 왔으며, 온라인 선거운동의 자유를 허용해달라는 사회적 요구도 점점 강해졌다. 결국 2011년 12월 29일 헌법재판소는 인터넷 선거운동에 대한 규제 행위가 한정 위헌에 해당된다는 역사적 판결을 하게 되었다. 이에 중앙선거관리위원회는 2012년 1월 13일 SNS 등 인터넷을 이용한 선거운동을 상시 허용한다는 내용의 「공직선거법」 운용기준을 결정하였다. 이로써 온라인 선거운동의 전면 자유화가 실현되었다.

(3) 뉴미디어 선거운동의 미래

SNS 등 뉴미디어는 젊은 세대가 자신의 정치적 신념을 자유롭게 표현함으로써 비슷한 신념을 공유하게 만든다는 점에서 정치사회에 큰 변화를 가져왔다. 정치인의 입장에서도 뉴미디어는 저렴한 비용으로 손쉽게 대중에게 다가갈 수 있는 기회를 제공한다. 또한 뉴미디어는 선거과정에 유권자의 관심을 끌 수 있게 하는 유용한 매체로 활용되어 시민의 정치참여를 증진시킨다.

2014년 제6대 전국동시지방선거 당시 투표참가 인증샷 보내기 운동은 뉴미디어 선거운동의 효과를 보여준다. 하지만 뉴미디어를 활용한 선거운동이 반드시 긍정적인 역할만 하는 것은 아니다. 때로는 뉴미디어가 오히려 네거티브 선거운동 등에 광범하게 활용되어 선거 분위기를 혼탁하게 만들기도 한다.

토론 주제

■ **어떤 경우가 「공직선거법」 위반사례일까?**

• **사례 1**

　제20대 국회의원선거 예비후보자 A는 B(A의 배우자), C(A의 후원회장), D(유사기관 팀장)와 공모하여 선거운동원 6~12명을 모집하고, '16. 2. 11.~2. 22.까지 A가 운영하는 장례식장 및 자택에서 전화를 이용하여 선거운동을 실시하였다. 그리고 선거운동 대가로 일당 10만원씩 제공하기로 약속하였으며, B는 일부 선거운동원 6명에게 총 470만원의 수당을 현금으로 제공하기도 하였다. 유사기관을 설치해 불법선거운동을 실시하고, 대가를 제공 또는 약속한 것이다. 여기서 유사기관이란 '선거운동'을 목적으로 설립되고 공직선거법으로 정한 선거사무소 또는 선거연락소처럼 이용되는 정도에 이른 기관·단체·조직 또는 시설을 말한다.

• **사례 2**

　부동산 사무실을 운영하는 A는 '16년 2월 중순경 평소 친분이 두터운 예비후보자 B로부터 선거사무소 개소식에 많은 사람을 참석시켜달라는 부탁을 받았다. 이에 A는 지인들과 함께 참석한 후 식사장소로 이동하여 동행한 사람들(26명)에게 갈비와 주류 등 60만원 상당의 음식물을 제공하였다. 예비후보자 B는 식사장소에 가서 참석자들에게 명함을 나눠주면서 인사를 하고 술을 따라 주었으며, 뒤늦게 참석한 사람들에게 인사를 하고자 선거사무소에 갔다가 다시 식사장소에 돌아와 인사를 하였다. 이를 인지한 선관위의 조사과정에서 A는 "식사모임 참석자들은 대부분 B와 친분이 있는 사람들이고, B는 식사모임을 사전에 알지 못했다"고 하였으며, B도 A로부터 "여기 고향사람들 여럿 있는데, 인사도 하고 밥 먹고 가라"는 말을 듣고 식사모임에 참석하였을 뿐, 식사모임과 관련하여 A와 사전에 논의한 사실이 없고 A가 심적으로 자신을 돕고자 식사를 대접한 것이라고 진술하였다.

• **사례 3**

　OO신문 발행·편집인 A는 과거 "☆☆☆" 제목으로 월간지를 등록하였으나, 한번도 발행하지 않다가 '16. 1. 초순경 OO신문으로 제호 및 제명을 변경 등록하여 '16. 2.말경 창간호 1만부를 발행하였다. A는 OO신문의 기사 작성과 편집 등 모든 업무를 직접 처리하는 과정에서 예비후보자 B를 선전·홍보하기 위하여 전체 8면 중 2면에 걸쳐 B의 기사를 게재하였다. 그리고 지면의 4분의 1 크기의 사진을 부각되게 삽입하고 공약사항을 상세하게 게재하였다. 발행한 신문은 본인이 직접 차를 몰고 다니며 예비후보자 B 후원회사무실, 농협 3개 지점, 마을회관에 배부하고, 이·통장 등 선거구민에게 우편 발송하였다. 조사과정에서 A는 B가 OO신문과 관련된 연구회 회원이기 때문에 특별대담 기사를 게재하였고, B에게 직접 대담을 요청하지 않고 예전에 물어보았던 내용과 2015년경 자주 만나며 했던 이야기를 구체화하여 인터뷰 형식으로 게재한 것이라고 진술하였다.

• 사례 4

예비후보자 A씨의 학교 동창생인 B씨는 공식적인 선거운동 기간이 아닌데도 불구하고 예비후보자 A씨의 성명·학력·경력·활동상황·정치적 소신, 강연내용과 예비후보자 A씨의 소속 정당인 C정당의 정강정책에 대한 정보를 자신이 직접 사비를 들여 제작한 홈페이지에 저장하여 두고 예비후보자 A씨가 출마하게 될 지역구의 선거구민으로 하여금 자신의 경비와 노력을 들여 그 정보를 열람하게 독려하였다.

자료: http://m.mt.co.kr/renew/view.html?no=2016040615417845017&ca=#imadnews (검색일: 2016.10.20.)

1. [사례 1]에서 A~D의 「공직선거법」 위반 혐의 피의자 중 공직선거법상 선거운동을 할 수 없는 사람이 있는가? 있다면 누구이며 왜 그렇게 생각하는가?

2. [사례 4]에서 예비후보자 A씨의 동창생인 B씨의 행위가 인터넷 선거운동 규제에 관한 헌법재판소의 한정위헌 판결이 이루어진 2011년 12월 29일 이전에 실시된 선거에서 이루어진 행위라면 B씨의 행위는 「공직선거법」을 위반한 행위인가? 그렇게 생각하는 근거는 무엇인가?

6
새로운 제도의 도입

1) 선거구 획정 문제

(1) 선거구 획정제도를 둘러싼 논란

2014년 헌법재판소가 선거구획정 법안을 위헌판결하면서 선거구 획정 문제는 심각한 논란이 되었다. 2014년 10월 30일 헌법재판소는 당시 3대 1이었던 선거구별 인구 편차 기준에 대해 헌법 불합치 판결을 내리고 선거구간 인구편차를 2대 1 이하로 조정할 것을 요구하였다. 그와 같은 헌법재판소의 결정으로 인해 2016년 제20대 국회의원 선거에서는 전국에서 수많은 선거구가 합구 혹은 분구되었다.

따라서 선거구 획정위원회의 중립성이 그 어느 때보다 중요한 문제로 강조되었다. 이에 당시 국회에 설치되어 있던 선거구획정 위원회를 중앙선거관리위원회 산하 기구로 변경하게 되었다. 하지만 이로써 논란이 해소되지는 않았다. 선거구 획정위원회에는 여당과 야당이 추천한 위원들이 참여하였는데 이들은 각 정당의 입장만을 대변함으로써 결국 합의를 이루지 못하였다. 선거구 획정위원회는 유명무실해졌고 결국 선거구 획정은 여야 정치권의 정치적 담판에 의해 결정되었다.

▶ **선거구 획정의 역사**
우리나라 역대 선거에서의 선거구 획정은 선거구 획정위원회를 구성하지 않고 정치세력 간의 적절한 타협을 통해 이루어져 왔다. 따라서 정치세력 간 정치적 영향력의 차이에 따라 자의적으로 선거구 획정이 이루어져 특정 후보나 정치세력에게 유리한 방향으로 선거구가 획정될 수 있었다. 하지만 1994년 통합선거법이 제정 이후 국회 내에 별도의 선거구 획정위원회가 만들어지면서 보다 공정한 선거구 획정이 이루어지게 되었다. 특히 제17대 국회에서 선거구 획정위원을 모두 순수 민간인으로 구성하도록 「공직선거법」을 개정함으로써 중립성 논란이 어느 정도 해소될 수 있었다.

▶ **툴리멘더링(Tullymandering)**
툴리멘더링은 아일랜드에서 집권 통일당과 노동당의 연립정부가 1974년 공화당의 게리맨더링에 대항하기 위해 선거구 재획정 담당장관인 James Tully의 주도로 새로운 게리맨더링을 시도한 데서 유래되었다. 하지만 선거 결과는 툴리의 계획과는 정반대로 공화당이 보너스 의석을 대거 차지하면서 게리맨더링의 대표적인 실패 사례가 되고 말았다.

(2) 우리나라 선거구 획정, 어떻게 하는 것이 좋을까?

선거구 획정은 유권자가 던지는 한 표의 가치가 평등하고 동일하게 행사될 수 있게 하는 데 극히 중요하다. 또한 선거구를 제대로 획정하기 위해서는 인구수 뿐만 아니라 주민의 생활경제권이나 행정구역, 기존 선거구 현황 등 다양한 요소들이 함께 고려될 필요가 있다. 그러나 제20대 국회의원선거 선거구 획정 과정에서는 이와 같은 다양한 요소들이 동시에 고려되지 않아 비판의 대상이 되었다. 상대적으로 인구가 적은 농어촌 선거구의 경우, 생활권이 다른 몇 개의 시군구를 합친 거대 선거구가 생겨나기도 했다. 선거구 획정에 적용되는 인구기준일 또한 논쟁거리가 되고 있다. 인구기준일을 어떻게 설정하는가에 따라 선거구가 분구 또는 합구 대상이 될 수 있기 때문이다. 아울러 동수의 여야 추천위원으로 구성된 선거구 획정위원회의 구조도 중요한 문제점의 하나로 볼 수 있다.

2) 공천 문제

정당의 공천제도는 정치에 입문하는 정치엘리트들의 질을 좌우하고 정당 민주화의 중요한 기준이 되기 때문에 민주적인 선거제도를 확립함에 있어 매우 중요한 요소이다.

• 제20대 국회의원선거 선거구 획정 결과

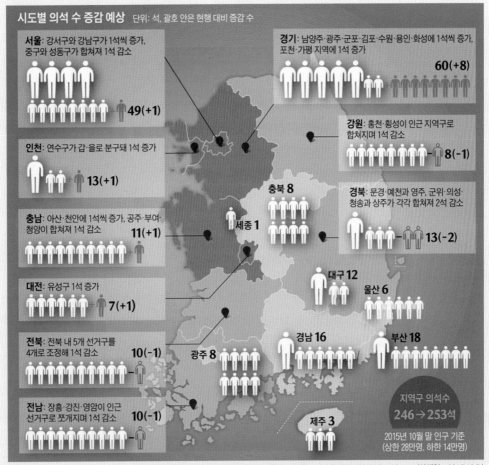

시도별 의석 수 증감 예상 단위: 석, 괄호 안은 현행 대비 증감 수

서울: 강서구와 강남구가 1석씩 증가, 중구와 성동구가 합쳐져 1석 감소
49(+1)

인천: 연수구가 갑·을로 분구돼 1석 증가
13(+1)

충남: 아산·천안에 1석씩 증가, 공주·부여·청양이 합쳐져 1석 감소
11(+1)

대전: 유성구 1석 증가
7(+1)

전북: 전북 내 5개 선거구를 4개로 조정해 1석 감소
10(-1)

전남: 장흥·강진·영암이 인근 선거구로 쪼개지며 1석 감소
10(-1)

경기: 남양주·광주·군포·김포·수원·용인·화성에 1석씩 증가, 포천·가평 지역에 1석 증가
60(+8)

강원: 홍천·횡성이 인근 지역구로 합쳐지며 1석 감소
8(-1)

충북 8

세종 1

경북: 문경·예천과 영주, 군위·의성·청송과 상주가 각각 합쳐져 2석 감소
13(-2)

대구 12

울산 6

경남 16

부산 18

광주 8

제주 3

지역구 의석수
246 → 253석

2015년 10월 말 인구 기준
(상한 28만명, 하한 14만명)

자료: http://thestory.chosun.com/site/data/html_dir/2016/02/24/2016022401068.html (검색일: 2016.10.3.)

1987년 민주화 이전 권위주의 시대에는 김대중, 김영삼, 김종필 등 3김에 의존하는 정당 운영으로 인해 정당의 최고지도자들이 공천권을 독점하고 있었다. 민주화 이후에도 정당의 보스가 밀어주는 후보자가 일방적으로 공천되는 이른바 낙하산 공천이 선거 때마다 되풀이 되어 당내 갈등의 온상이 되었다.

공천과정이 보다 투명하고 민주적으로 이루어지기 시작한 것은

2002년 제16대 대통령선거 때 국민경선제가 도입되면서부터였다. 이후 국회의원선거는 물론 지방선거에도 국민경선제가 일부 도입되면서 당원과 유권자의 의사가 더 많이 반영되는 상향식의 공천방식으로 조금씩 변화해 나가기 시작했다.

2015년 2월에는 중앙선관위가 '전국동시 국민경선제'와 함께 '안심번호제'를 도입할 것을 주장하기도 하였다. 그러나 정치적 이해관계의 벽에 부딪혀 '안심번호제'를 채택하는 수준에 그쳤을 뿐 전국동시 국민경선제는 수용되지 않았다. 공천과정의 민주화는 여전히 중요한 정치개혁의 과제이다.

3) 선거구제의 대표성은 어떻게 강화할 수 있는가?

(1) 선거구제를 둘러싼 논란

우리나라의 경우에는 거의 대부분의 선거가 소선거구제 단순다수대표제로 치러졌다. 이는 선거에 이긴 사람이 모든 것을 다 가져가는, 즉 승자독식의 선거제도이기 때문에 정당이 실제 득표한 비율과 의석점유율 간에 큰 차이가 나타날 가능성이 높다.

소선거구제 단순다수대표제는 민주적 대표성이 낮을 뿐만 아니라 사표를 방지하는 효과가 매우 적다고 할 수 있다. 따라서 중대선거구제 도입, 비례대표제 확대 등 다양한 대안들이 제시되고 있다.

(2) 비례대표제가 대안인가?

우리나라의 비례대표제는 제6대 국회의원선거에서 처음 도입되었다. 그러나 우리나라의 비례대표제는 선거의 대표성과 비례성을 높이기에는 불충분하다. 제13대 국회의원선거 때까지 비례대표제는 철저하게 제1당에게 유리한 방법으로 실시되었다. 군소정당들에게는 아예 비례대표의석을 할당하지 않는 봉쇄조항을 두고 있었기 때문이다. 제14대 국회의원선거부터는 지역구 최소득표율을 3%로 낮추었고 제

17대 국회의원선거에서부터는 1인 2표제를 도입하기도 했다. 그러나 우리나라 비례대표 의석은 여전히 47석에 불과하여 비례대표제의 효과가 제대로 발휘되고 있지 못하다. 최근에는 비례대표제를 강화하여 대표성을 높이자는 주장이 자주 제기되고 있다.

> **• 권역별 비례대표제**
> 2015년 2월 제20대 국회의원 선거를 1년 여 앞둔 시점에서 중앙선관위는 국회의원 선거제도 개선방안의 하나로 권역별 비례대표제를 제안하였다. 이는 전국을 크게 6개의 권역으로 구분하여 300명의 국회의원 정수를 권역별 인구 비례에 따라 배분하되 지역구와 비례대표의 비율은 2대 1의 범위에서 정하는 방안이다. 소선거구제 단순다수대표제의 문제점과 지역투표 문제를 해결할 수 있다는 취지였다. 또한 대통령 선거에 대해서도 유권자의 표심을 보다 정확히 반영하고 민주적 대표성을 강화하기 위해 결선투표제를 도입하자는 주장이 제기되기도 했다.

4) 정치자금 문제

(1) 우리나라 정치자금 관리 체계의 특징

정당이나 정치인들이 사용할 수 있는 정치자금을 관리하는 문제도 민주적인 선거제도 정착을 위해 매우 중요한 부분이다. 우리나라는 공직선거의 후보자에 대해 일정한 득표 기준을 충족할 경우 모든 선거비용을 국고에서 보전해 주고 있다. 따라서 선거와 관련된 정치자금에 대한 규제가 비교적 강력한 편이다. 예를 들어 우리나라는 세계 주요국들 중에서 기업후원을 아예 금지한 거의 유일한 국가이다.

(2) 정치자금 규제를 둘러싼 논란

우리나라에서 정치자금에 대한 관리가 법률에 근거하여 이루어지기 시작한 것은 1965년 「정치자금법」이 제정되면서부터였다. 이후 정치자금법은 18차례에 걸쳐 개정되었는데 2012년 개정된 현행 「정치자금법」은 일명 '오세훈법'에 뿌리를 두고 있다.

현행 「정치자금법」에 따르면 개인이 국회의원에게 기부할 수 있는 후원금은 최대 2천만 원이며 특정 국회의원에 대한 후원금 한도는

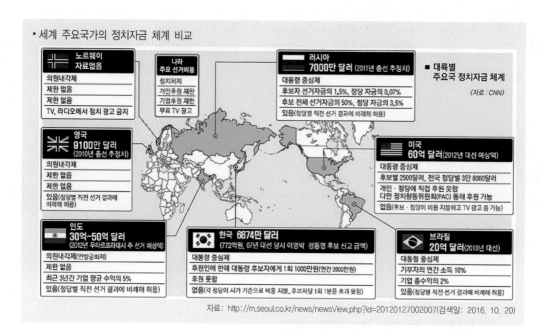

• 세계 주요국가의 정치자금 체계 비교

노르웨이 자료없음
의원내각제
제한 없음
제한 없음
TV, 라디오에서 정치 광고 금지

나라 주요 선거비용
정치체제
개인후원 제한
기업후원 제한
무료 TV 광고

러시아 7000만 달러 (2011년 총선 추정치)
대통령 중심제
후보자 선거자금의 1.5%, 정당 자금의 0.07%
후보 전체 선거자금의 50%, 정당 자금의 3.5%
있음(정당별 직전 선거 결과에 비례해 허용)

■ 대륙별 주요국 정치자금 체계
〈자료 : CNN〉

영국 9100만 달러 (2010년 총선 추정치)
의원내각제
제한 없음
제한 없음
있음(정당별 직전 선거 결과에 비례해 허용)

미국 60억 달러 (2012년 대선 예상액)
대통령 중심제
후보별 2500달러, 전국 정당별 3만 8000달러
개인 · 정당에 직접 후원 못함
다만 정치활동위원회(PAC) 통해 후원 가능
없음(후보 · 정당이 비용 지불하고 TV 광고 등 가능)

인도 30억~50억 달러 (2012년 우타르프라데시 주 선거 예상액)
의원내각제(연방공화제)
제한 없음
최근 3년간 기업 평균 수익의 5%
있음(정당별 직전 선거 결과에 비례해 허용)

한국 6874만 달러 (772억원, 07년 대선 당시 이명박 · 정동영 후보 신고 금액)
대통령 중심제
후원인에 한해 대통령 후보자에게 1회 1000만원(연간 2000만원)
후원 못함
없음(각 정당이 시가 기준으로 비용 지불, 후보자당 1회 1분을 초과 못함)

브라질 20억 달러 (2010년 대선)
대통령 중심제
기부자의 연간 소득 10%
기업 총수익의 2%
있음(정당별 직전 선거 결과에 비례해 허용)

자료: http://m.seoul.co.kr/news/newsView.php?id=20120127002007(검색일: 2016. 10. 20)

5백만 원이다. 국회의원 1명당 모금할 수 있는 연간 후원금 한도는 1억 5천만 원이며 선거가 있는 해에 한해서만 3억 원까지 모금이 가능하다. 2005년 개정된 「정치자금법」에 따라 법인이나 단체는 어떤 경우에도 후원금을 낼 수 없게 되어 있다.

2015년 12월 23일에는 헌법재판소가 정당후원회 금지 조항에 대하여 헌법불합치 판결을 내렸다. 이후 정당후원회가 부활되는 등 지나치게 규제 중심인 정치자금제도가 완화되고 있다.

(3) 정치자금 관리, 어떻게 개선할 수 있을까?

현행 「정치자금법」은 정치자금에 대한 자유로운 접근을 지나치게 막고 있다는 비판이 계속되고 있다. 특히 우리나라는 당원들이 당비를 제대로 납부하지 않는 형편이기 때문에 선거를 비롯한 정당활동이 어렵다. 한편에서는 정치자금이 투명하게 운영되지 않고 있다는 비판도 제기되고 있다. 따라서 정치자금의 자유를 확대하되 정치자금을 부당하게 사용하는 데 대해서는 강력히 처벌하는 방향으로 「정치자금법」 개정이 이루어져야 할 것이다.

5) 선거운동의 자유는 어떻게 확대될 수 있을까?

(1) 규제 중심의 선거관리를 둘러싼 논란

규제 중심의 선거관리체계는 우리나라에 공명선거 분위기를 정착시키는 데 크게 기여했다. 그러나 이러한 규제중심의 「공직선거법」이 자유로운 선거분위기를 오히려 위축시킨다는 비판도 많다. 헌법에 보장된 '선거자유의 원칙'이 훼손되고 있다는 것이다. 따라서 선거운동의 자유를 확대하기 위해 어떤 제도적인 개선이 필요한지 논란이 되고 있다.

(2) 규제에서 자율로

선거운동의 자유가 확대되기 위해서 다양한 의견이 있다. 선거운동의 방법에 대한 규제를 완화해야 된다는 것이다. 특히 사전선거운동에 대한 규제를 완화 혹은 철폐할 필요가 있다는 주장도 일고 있다. 그 외에 여론조사 결과 공표 금지 규정이나 온라인 여론조사 제한 규정, 호별방문 금지 규정 등을 폐지 혹은 완화해야 된다는 주장도 있다. 후보자 등록기간이 선거일 기준으로 너무 짧게 잡혀 있는 점도 유권자의 알 권리를 제한한다는 비판의 목소리도 높다.

제20대 국회의원선거 후 중앙선거관리위원회는 말과 전화로 하는 선거운동의 상시 허용, 유권자에게 소품 또는 표시물 활용 선거운동 허용, 시설물·인쇄물 등을 활용한 정치적 표현의 자유 확대, 선거일에 온라인 선거운동 허용, 선거운동 가능 단체의 범위 확대와 선거운동 불가능자의 범위 축소 등 다양한 방안을 담은 「공직선거법」 개정의견을 국회에 제출하기도 했다.

■ 기초단체장과 기초의원에 대한 정당공천제 찬반 논쟁

• 자료 1

단체장과 기초의회 선거에서 정당공천제를 없앨 것인지를 둘러싸고 정치권에서 논쟁이 한창이다. 여야 정치권은 지난 18대 대선 과정에서 기초자치단체 선거의 정당공천제 폐지를 공약했지만 부작용을 우려하는 반대론이 커지면서 지금까지 선뜻 결정을 내리지 못하고 있다. 지방선거 정당공천제는 기초단체장의 경우 1995년, 기초의원은 2006년 지방선거 때부터 각각 도입됐다. 정당의 책임정치 구현, 공직후보자에 대한 사전 검증 필요성 등이 도입 이유였다. 하지만 중앙당의 지나친 개입으로 지방자치의 취지가 무색해지고 각종 비리가 발생하는 등 부작용도 적지 않았다. 폐지 논의가 나오게 된 배경이다.

• 자료 2

정당공천을 폐지하자는 쪽은 지방정치의 중앙정치 예속을 가져오는 것을 막고 각종 비리도 줄일 수 있다고 주장한다. 김도종 명지대 교수는 "지방정치가 중앙정치에 철저히 예속됨으로써 지방자치 본연의 취지가 전혀 실현되지 못하고 있다."며 "지방선거 과정에서 지역별 현안이 쟁점화돼야 하는데 주요 정당 간 대결구도로 선거가 치러짐에 따라 선거 자체가 정권에 대한 중간평가의 성격을 보이고 있다."고 지적했다. 그는 또 "민선 4기 기초단체장의 경우 230명 가운데 49.1%가 임기 중 비리혐의로 조사를 받았고, 결국 19.6%인 45명이 유죄 판결을 받아 임기 중 사퇴했다."며 "이런 비리를 단절시키기 위해서라도 정당 공천을 폐지해야 한다."고 주장했다. 육동일 충남대 교수도 "지역 정치구조가 특정 정당에 독점되면서 '정당공천=당선'이라는 인식과 함께 지방선거가 토착비리와 지역주의를 재생산하고 건전한 지방자치를 저해하는 주요 원인이 되고 있다."며 지방선거 정당공천 폐지를 지지했다. 새누리당 송광호 의원은 "여성 정치 활성화를 위한 제도 마련은 꼭 해야 한다."면서도 "공천헌금 등 여러 가지 부작용이 제기되므로 정당공천제는 폐지해야 한다."고 말했다. 한편 새누리당 이채익 의원은 "지방자치 23년을 거치면서 정당공천은 순기능도 많았고 역기능도 많았다."며 "개인적으로는 공천폐지를 찬성하지만 폐지에 따라 극복해야 할 문제점도 많다고 생각한다."고 밝혔다.

• 자료 3

정당공천제를 계속 유지하자는 측에서는 여성을 비롯 신진 소수 세력의 보호를 위해서 필요하다고 맞서고 있다. 정연주 성신여대 교수는 "지방자치제도의 중요한 기능이 다원적 민주주의의 실현"이라며

"정당공천을 금지하는 것은 다원적 민주주의를 내용으로 하는 지방자치제도의 기능에 반하고, 아울러 정당민주주의와 복수정당제를 보장하고 있는 헌법 제8조에 반하는 것"이라고 주장했다. 그는 또 "다른 여타의 선거에서 인정되는 정당공천을 유독 기초지방선거에서만 금지하는 것은 평등의 원칙에도 위반된다."는 입장이다. 특히 여성 의원들의 경우 반대의견이 압도적이다. 진보정의당 심상정 의원은 "정당공천제가 폐지되면 여성할당제마저 사라지게 돼 여성의원 수의 급격한 축소가 불 보듯 뻔하고 소수정당의 진출도 난관에 처하게 될 것"이라며 "여성과 소수정당 진출을 가로막는 정당공천제 폐지 논의를 중단해야 한다."고 주장했다. 새누리당 김을동 중앙여성위원장, 민주당 유승희 전국여성위원장 등 여야 여성 의원 39명은 지난달 초 국회에서 긴급 토론회를 열고 정당공천제를 유지해야 한다는 의견을 낸 바 있다. 목포대 김영태 교수는 "정당을 표방하지 않고 선거에 출마할 수 있는 자유가 보장돼 있듯이 정당을 표방하고 선거에 출마할 자유도 마땅히 보장해야 한다."며 정당공천제 폐지가 지방자치의 강화로 이어지기보다는 오히려 지방자치 역량의 퇴조를 가져올 수도 있다고 주장했다.

자료: http://sgsg.hankyung.com/apps.frm/news.view?nkey=20499&c1=04&c2=04(검색일: 2016.10.20.)

〈토론소주제〉

1. 기초의원 정당공천제가 지닌 장·단점은 무엇인가?

2. 기초의원 정당공천제에 대해 군소정당들은 어떤 견해를 갖고 있는가? 정당공천제에 대한 군소정당의 주장에 동의하는가?

참고문헌 | REFERENCE

- Aristoteles 저·천병희 역. 2009. 『정치학』. 고양: 도서출판 숲.
- Dahl, Robert 저·김왕식·장동진·정상화·이기호 역. 1999. 『민주주의』. 파주: 동명사.
- Farrell, David 저·전용주 역. 2012. 『선거제도의 이해』. 파주: 한울.
- Hamilton, Alexander, James Madison, and John Jay 저·김동영 역. 1995. 『페더랄리스트 페이퍼』. 서울: 한울.
- Held, David 저·박찬표 역. 2010. 『민주주의의 모델들』. 서울: 후마니타스.
- Huntington, Samuel 저·강문구·이재영 역. 2011. 『제3의 물결: 20세기 후반의 민주화』. 고양: 인간사랑.
- Rousseau, Jean−Jacques 저·김중현 역. 2010. 『사회계약론』. 서울: 펭귄클래식 코리아.
- Van Reybrouck, David 저·양영란 역. 2016. 『국민을 위한 선거는 없다』. 서울: 갈라파고스.
- 최장집. 2005. 『민주화 이후의 민주주의: 한국 민주주의의 보수적 기원과 위기』. 서울: 후마니타스.

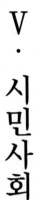

V · 시민사회

1

시민과 시민사회

1) 시민과 시민성

(1) 시민은 누구인가?

'시민'은 근대시대 최고의 발명품 중 하나이다. 근대 시민의 개념은 17-18세기 영국의 명예혁명, 프랑스대혁명 그리고 미국혁명을 거치면서 만들어졌다. 시민은 '인간'으로서 그리고 공동체의 구성원으로서 마땅히 가져야 할 자유와 평등의 권리를 갖는 개인이라는 의미로 발전하였다. 이러한 시민개념은 근대 정치사상가인 루소Jean-Jacques Rousseau의 시민에 대한 정의에서 잘 드러난다. 루소는 시민을 "자신을 구속하는 법을 제정하거나 그 과정에 참여하는 자유롭고 자율적인 개인"이라고 정의하였다사회계약론 1762. 또한 프랑스대혁명 이후에 작성된 프랑스의 '인간과 시민의 권리에 대한 선언'에서는 인간과 시민으로서의 자유롭고 평등한 권리가 보편적인 권리임을 선언하고 있다.

- 프랑스 인권선언 〈인간과 시민의 권리선언〉의 주요 내용
  제1조 인간은 권리에 있어서 자유롭고 평등하게 태어나 생존한다. 사회적 차별은 공동 이익을 근거로 해서만 있을 수 있다.
  제2조 모든 정치적 결사의 목적은 인간의 자연적이고 소멸될 수 없는 권리를 보전함에 있다. 그 권리란 자유, 재산, 안전, 그리고 압제에의 저항 등이다.
  제3조 모든 주권의 원리는 본질적으로 국민에게 있다. 어떠한 단체나 개인도 국민으로부터 명시적으로 유래하지 않는 권리를 행사할 수 없다.

제4조 자유는 타인에게 해롭지 않은 모든 것을 행할 수 있음이다. 그러므로 각자의 자연권의 행사는 사회의 다른 구성원에게 같은 권리의 향유를 보장하는 이외의 제약을 갖지 아니한다. 그 제약은 법에 의해서만 규정될 수 있다.

제6조 법은 일반 의사의 표명이다. 모든 시민은 스스로 또는 대표자를 통하여 그 작성에 협력할 수 있는 권리를 가진다. 법은 보호를 부여하는 경우에도 처벌을 가하는 경우에도 모든 사람에게 동일한 것이어야 한다.

제7조 누구도 법에 의해 규정된 경우, 그리고 법이 정하는 형식에 의하지 아니하고는 소추, 체포 또는 구금될 수 없다. 자의적 명령을 간청하거나 발령하거나 집행하거나 또는 집행시키는 자는 처벌된다. 그러나 법에 의해 소환되거나 체포된 시민은 모두 즉각 순응해야 한다. 이에 저항하는 자는 범죄자가 된다.

제10조 누구도 그 의사에 있어서 종교상의 것일지라도 그 표명이 법에 의해 설정된 공공질서를 교란하지 않는 한 방해될 수 없다.

제11조 사상과 의견의 자유로운 소통은 인간의 가장 귀중한 권리의 하나이다. 따라서 모든 시민은 자유로이 발언하고 기술하고 인쇄할 수 있다. 다만, 법에 의해 규정된 경우에 있어서의 그 자유의 남용에 대해서는 책임을 져야 한다.

제12조 인간과 시민의 제 권리의 보장은 공공 무력을 필요로 한다. 따라서 이는 모든 사람의 이익을 위해 설치되는 것으로서, 그것이 위탁되는 사람들의 특수 이익을 위해 설치되지 아니한다.

제13조 공공 무력의 유지를 위해, 그리고 행정의 제 비용을 위해 일반적인 조세는 불가결하다. 이는 모든 시민에게 그들의 능력에 따라 평등하게 배분되어야 한다.

제14조 모든 시민은 스스로 또는 그들의 대표자를 통하여 공공 조세의 필요성을 검토하며, 그것에 자유로이 동의하며, 그 용도를 추급하며, 또한 그 액수, 기준, 징수, 그리고 존속 기간을 설정할 권리를 가진다.

제17조 하나의 불가침적이고 신성한 권리인 소유권은 합법적으로 확인된 공공 필요성이 명백히 요구하고, 또 정당하고, 사전의 보상의 조건하에서가 아니면 침탈될 수 없다.

시민이라는 개념은 고대 그리스 도시국가나 로마 공화정 시대에도 존재하였다. 이 시대의 시민이 현대의 시민과 같은 개념이었을까? 근대 이전까지 시민이란 배타적이고 특권적 권리를 지닌 일부 사람들만을 의미하였다. 그러나 점차 봉건사회 도시에서 재산을 가진 사람들, 18-19세기 출현한 산업 자본가들, 식민지 국민, 여러 소수민족, 여성 등 시민의 범위는 새롭게 등장한 사회집단으로 점차 확대되었다.

• '시민' 개념의 역사적 변천

본래 시민 개념은 고대 그리스 도시국가와 로마 공화정부터 존재하였지만, 그 시기 시민은 근대적 의미의 시민의 개념과는 달랐다. 역사적으로 시민의 개념은 어떻게 변화하였는가?

1. 고대 그리스와 로마 공화정에서의 시민: 고대의 시민은 20세 이상의 남성이면서 재산과 교양을 갖춘 사람들을 지칭했다. 여성의 경우 시민으로 인정되었지만, 여성의 시민권은 시민의 아들을 생산하는 기능을 위한 것이었다. 그리고 노예, 거류 외국인, 이방인들은 시민의 범주에 포함되지 않았다.

(2) 시민권이란 무엇인가?

그렇다면 시민권citizenship은 무엇인가? 시민권이란 첫째, 공동체를 구성하는 구성원들에게 주어진 본질적 권리와 권력을 누릴 수 있는 지위를 의미하며 둘째, 인간으로서 가져야 할 보편적 권리와도 일치한다. 시민권은 도시, 국가, 공동체라는 특정한 공간에 속해있는 구성원이 보편적으로 갖는 권리라는 점에서 인권human rights과는 다르다. 그러나 현재 세계화가 진행되면서 시민권은 공간적 경계를 뛰어넘어 세계시민으로서 인간의 보편적 권리를 의미하게 되었다.

2) 시민사회 개념

(1) 시민사회의 등장

시민사회civil society는 무엇인가? 시민사회는 다양한 시기와 공간에 따라, 그리고 문화적으로 다양하게 규정된다. 에드워즈M. Edwards는 시민사회의 특징을 다음과 같이 표현하기도 했다. "시민사회는 모든 사람들의 혀 끝에 걸려 있는 '거대한 사상'인 듯하다 … 카멜레온처럼 시민사회라는 동일한 구절이 본질적으로 다른 관점들을 정당화하는데 도용되고 있다."

　사상가들은 시민사회를 어떻게 인식하였는가? 존 로크를 비롯한 아담 스미스Adam Smith와 아담 퍼거슨Adam Ferguson 등 계몽주의 철학자들은 국가와 개인을 연결시켜주는 개념으로 시민사회를 인식하였다. 헤겔과 마르크스는 시민사회를 부르주아지 사회에 대한 성찰과 비판이 있는 공동체로 보았고 토크빌 등 다원주의자들은 미국의 다원주의적 정치를 설명하는 개념으로 도입하였다. 즉 시민사회는 시민적 권리의식과 비판적 참여의식을 가진 시민들의 공동체라고 볼 수 있다.

　시민사회는 국가, 시장영역과 긴밀하게 연결되면서도 다른 영역이다. 제 2차 세계대전 이후부터 1970년대 중반까지는 국가를 통해 사회문제를 해결하려는 노력이 이루어졌고, 1970년대 후반부터 1990년대까지 시장에 기반을 두고 사회문제를 해결하고자 하면서 시민사회에 대한 관심은 낮아졌다. 그러나 1990년대 이후 억압, 불평등, 환경파괴의 심화, 성적인 불평등, 소수자들의 억압, 인권의 억압 등 다양한 경제적, 사회적 문제가 발생하면서 특히 시민사회가 주목받게 되었다. 국가가 하향식으로 전 사회를 관리할 수 없으며 시민사회의 적극적 협력과 참여가 중요하기 때문이다. 오늘날 시민사회는 국가와 시장에 대하여 상대적으로 자율성을 지니는 사회 영역으로서 다원적 갈등이 존재하는 장이면서 동시에 타협과 연대의 장이라고 할 수 있다.

• 시민사회(civil society)의 요소
시민사회의 주요 요소는 다음과 같다.

- 시장경제
- 독립적인 여론매체
- 정부정책의 모든 측면에 관한, 국가로부터 독립된 전문적 지식의 공급원
- 사회생활의 전 분야에서 자발적인 조직망이 번창하는 것

사람들은 시민사회의 이러한 요소들을 통해 자신의 문제를 해결해 나간다. 사람들은 자신의 문제를 해결하거나 이익을 증진시키기 위해서는 집단적으로 행동해야 한다는 것을 인식하게 된 것이다.

(2) 시민사회 모델

시민사회 모델은 시민사회에 대한 개념과 마찬가지로 다양하게 제시되고 있다. 시민사회를 바라보는 관점은 그 시대를 반영하는 사상의 흐름 속에서 발견된다. 시민사회의 모델을 사상사적 흐름에 맞춘다면, 첫째, 국가와 시민사회를 분리하지 않고 정치적 연합공동체로 인식한 고대와 중세의 관점, 둘째, 국가-시민사회의 이분모델을 제시하고 국가개입의 최소화와 시민사회의 자율성을 강조하는 근대 자유주의적 관점, 셋째, 국가-시민사회 이분모델 속에서 시민사회를 경제적 이익을 둘러싼 갈등의 장으로 인식한 경제주의적 관점, 넷째, 국가-시민사회-경제사회라는 삼분모델을 제시하고 사회문제를 공적 시각에서 토론할 수 있을 정도의 지적 수준을 갖춘 사람들의 모임으로서 생활세계의 문화영역으로 바라보는 관점이 있다.

① 시민사회는 정치적 공동체

고대 그리스의 철학자인 플라톤Plato과 아리스토텔레스Aristotles는 시민사회를 정치적 공동체로 보았다. 이들은 시민사회가 시민의 윤리성에 기초하고 있으며, 국가와 구별이 불가능하다고 인식하였다. 예를 들어, 아리스토텔레스는 시민을 '자산과 여가가 충분하며 공공선을 지향하는 호의적이고 공명정당한 관심을 갖는 재산을 가진 계급'으로 정의하였다. 시민들은 자유로운 토론과 숙의에 참여하여 도덕적 향상과 자기완성을 추구하며 공공선을 이룩한다는 것이다. 로마 공화정 시기 키케로Marcus Tullius Cicero는 시민사회를 문명을 가능하게 하는 정치권력의 조직으로 이해하였다.

② 시민사회는 국가개입으로부터 자유로운 공간

근대에 들어서 시민사회개념은 자유주의에 많은 영향을 미쳤다. 이들은 특히 시민의 권리와 자유를 보장하고 국가의 개입을 방지하는 것을 시민사회의 중요한 성격으로 보았다. 즉, 시민사회는 억압적이고 권위주의적인 국가에 대한 저항과 독립을 추구하는 정치제도라는 것이다. 근대시기에는 이전과는 달리 국가—시민사회를 분리하는 이분법적 관점으로 변화하였다.

로크는 시민사회를 자기 재산의 보호와 자유로운 경제활동을 보장해주는 정치적 자유의 조건을 누리는 상태로 인식하였다. 아담 스미스 역시 시민사회를 자신의 이익을 추구하면서 생산과 경쟁이 이루어지는 영역이라고 보았다. 토크빌Alexis de Tocqueville은 중앙집권적 전제국가를 우려하면서 개인의 자유 유지를 위하여 정치권력을 분산시키는 제도인 사법부의 독립과 자발적 결사체를 마련해야 한다고 주장하였다.

근대 자유주의적 관점에서 시민사회의 이익대표는 다원주의와 조합주의 유형을 중심으로 이루어진다. 다원주의는 수많은 경쟁적 이익집단들이 경쟁을 통해 국가정부에 강한 영향을 미치는 이익대표체계이고, 조합주의는 정부와 노동 및 자본을 대표하는 정상조직들이 타협과 협상을 통해 문제를 해결하고자 하는 협조적인 체계이다.

③ 시민사회는 경제적 이익을 둘러싼 갈등의 영역

헤겔, 마르크스 등은 시민사회를 경제주의적 관점에서 불평등이 존재하는 영역으로 간주하였다.

헤겔Georg Wilhelm Friedrich Hegel은 시민사회에 대하여 비판적인 입장을 갖고 있었다. 시민사회는 각자 자신의 이익만을 추구하는 자산가들의 영역이며 따라서 불평등과 빈곤, 소외와 부자유와 부정의가 지배한다는 것이다.

마르크스Karl Marx 역시 시민사회란 착취와 지배에 기초한 자본주의 생산관계를 은폐하는 부르주아지의 이데올로기허위의식라고 지적하였다. 시민사회에서는 경쟁과 소외 때문에 인간들 사이에 자연적 유대가 해체되고 공동체 대신 개인주의가 강화된다는 것이다.

④ 시민사회는 생활세계

시민사회는 사회문화를 재생산하는 자율성을 지닌 영역으로 볼 수 있다. 이 관점에서 시민사회는 제3영역의 중립적 개념이 된다. 그람시는 시민사회를 지적, 윤리적, 종교적 지도력에 기초한 헤게모니동의에 의한 지배가 작동하는 영역으로 간주하면서, 시민사회의 시민조직의 강화를 통한 부르주아지 민주주의 변혁을 주장하였다. 하버마스는 시민사회를 공공영역으로 정의하였다. 이 영역은 자유로운 사회성원들이 공개적으로 의견을 표출함으로써 여론이 형성되는 생활영역으로 국가를 견제하는 기능을 한다. 그러므로 공공영역의 발달은 민주주의의 발달을 의미하게 된다.

• 에드워즈(Michael Edwards)의 시민사회 모델
에드워즈는 시민사회를 이론적 입장을 중심으로 구분하였다.
① 결사적 삶으로서의 시민사회(association organization)
　공익을 발전시키고 집합행동을 용이하게 할 목적으로 구성된 국가 및 시장과는 차별적인 시민사회를 사회의 일부분으로 간주하는 모델이다. 여기서 시민사회는 '제3섹터'로 지칭된다. 가정과 국가 사이에 존재하는 기업 이외에 모든 결사체들과 네트워크가 포함된다.
② 좋은 사회로서의 시민사회(norm)
　자기 이익의 영역이라기보다는 서비스의 영역으로서 시민사회를 규범적 용어로 규정한다. 여기서 시민사회는 협동, 신뢰, 관용, 비폭력 등과 같은 태도와 가치들을 육성하는 영역이 된다. 시민사회는 서로 다른 존재 방식과 삶의 방식에 의해, 또는 사회마다 '시민적'인 것의 의미를 규정하고 있는 서로 다른 합리성에 의해 동기가 부여되는 특정 사회 유형을 의미하게 된다.
③ 공공영역으로서의 시민사회(public sphere)
　시민사회는 공적 심의와 합리적 대화, 그리고 공익 추구의 일환으로 적극적 시민권이 행사되는 하나의 장, 즉 공공영역이다.

토론 주제

1. 시민 개념을 중심으로 '시민이 누구인가'를 토의해 보자.
   * 시민 개념: '시민은 자유롭고 평등한 권리를 지니며, 공동체 결정에 참여하고, 평등하게 부여된 자신의 권리를 자율적이고 자유롭게 행사할 수 있는 사회 구성원이다.'

   – 토론주제
     ① 여기서 자유롭고 평등한 권리는 무엇인가? 어디까지 자유가 허용되며, 평등이 보장되는가?
     ② 시민으로서 담당할 의무는 무엇인가? 참여는 무엇인가? 만약 참여하지 않는다면 시민이라고 할 수 없는가? 정치, 사회에 참여하는 자만이 시민인가?
     ③ 역사적으로 시민의 개념은 변화하였다. 예전에는 재산권을 지닌 남성들만 시민이었고, 노예나 여성은 배제되었다. 그렇다면 시민의 자격이라는 것이 존재하는가? 현대 사회에서 시민권은 무엇을 의미하는가?

2. 시민으로 구성된 '시민사회'에 대해 토의해 보자.
   사상가들은 시민사회를 무엇으로 보았는가? 역사에 따라 시민사회는 다르게 정의되었는가?
   다음의 시민사회의 내용이 무엇을 의미하는지를 토의해 보자.
   – 시민사회는 전체 사회의 일부이다.
   – 시민사회는 유토피아이자 이상향이다.
   – 시민사회는 계급이 존재하는 국가, 자기이익이 중요시되는 시장과는 다르게 공익을 추구하는 영역이다.

2

시민사회 유형

시민사회 내부에는 다양한 조직들이 존재한다. 시민사회의 다양한 세력들은 서로 갈등하거나 협력하기도 한다. 다양한 가치관을 지닌 사람들이 모여 결사체를 만들고, 자율, 참여, 연대라는 개념에 따라 서로 의견을 공유하고 여론을 형성한다.

1) 비정부·비영리 부문

시민사회는 비정부·비영리 부문에 속한다. 이 영역에서 활동하는 단체 비정부기구Nongovernmental Organization, NGO, 비영리기구Nonprofit Organization, NPO, 시민사회단체Civil Society Organization, CSO 등으로 불리운다.

(1) 비정부기구

비정부기구는 비정부성, 공익성, 연대성, 자원성, 공식성, 국제성을 특징으로 하는 민간단체라고 할 수 있다. 비정부기구는 시민들의 자발적 참여와 연대를 통하여 국제, 국가, 지역사회 문제를 해결하는 단체로서 국가권력을 견제하고 시민 권리를 옹호하는 역할을 담당한다.

비정부기구의 범위는 국가마다 다르다. 미국이나 일본에서는 비정부기구가 환경, 개발, 인권, 여성 등과 같은 공공이익을 추구하는 자발적 결사체, 특히 국제원조에 참여하는 국제단체로 간주된다. 반면 유럽에서는 비정부기구를 비영리기구와 같은 개념으로 보는 경향이 강하다.

한국에서 비정부기구는 일반적으로 공공의 이익, 집단의 공동 이익을 추구하는 결사체를 의미한다. 즉 한국에서 비정부기구는 시민의 자발적이고 능동적 참여를 바탕으로 공익을 추구하는 시민단체와 같은 협의의 의미로 사용되고 있다.

• '비정부기구' 용어의 기원
비정부기구(NGO)라는 용어가 국제사회에 등장한 것은 대체로 제2차 세계대전 이후이다. 1945년 NGO라는 용어를 공식적으로 사용한 이후, 국제연합(United Nations, UN)은 1950년과 1968년 개정한 UN헌장 제71조에 따라 NGO에 경제사회이사회(Economic and Social Council, ECOSOC)와 협의할 수 있는 자격을 부여하였다.
국제연합의 정의에 의하면, 비정부기구는 '국가기구와 관계를 맺고 협의하는 조직, 곧 정부 이외의 기구로서 국가주권의 범위를 벗어나 사회적 연대와 공공목적을 실현하기 위한 자발적인 공식조직'을 의미한다.

---

(2) 비영리기구

비영리기구NPO는 미국에서 많이 사용하는 용어이다. 미국의 비영리기구는 정부와 기업을 제외한, 자체 관리절차에 따라 공공목적에 봉사하는 단체를 의미한다. 비영리기구에는 비영리 병원과 사립학교에서부터 고아원, 보육원, 박물관, 오케스트라, 종교단체, 환경운동단체, 사교클럽 등 규모와 역할이 다양한 조직과 집단이 포함된다.

한국에서 비영리기구는 공공 서비스를 제공하고 국가권력을 견제하는 단체로 간주된다. 비영리기구는 영리를 추구하지 않는 민간조직으로서 건강, 교육, 과학의 진보, 사회복지, 다원적 가치관의 촉진 등 공공목적을 추구하는 기관의 집합체를 의미한다.

(3) 시민사회단체

최근에는 비정부기구라는 용어 대신 시민사회단체CSO 용어를 사용하자는 주장이 제기되었다. 비정부기구 개념은 정부가 하지 않는 일을 수행하거나 정부를 보조하는 역할을 수행하는 단체라는 소극적 의미가 강하다. 반면 시민사회단체 개념에는 시민사회가 국가와 상대하여 국가권력을 견제하고 시민 권리를 옹호하는 단체라는 적극적 의미가 담겨 있다.

　1980년대 후반부터 등장하기 시작한 한국의 시민단체는 국가권력을 견제하고 시민권을 옹호한다는 목적을 강조한다. 또한 한국의 시민단체는 공공 서비스를 제공하며, 사회적 약자의 이익을 대변하고, 혹은 사회적 갈등을 조정하거나 시민교육을 담당한다. 여기서 시민이란 공동체 발전에 필요한 자질과 태도를 갖추고, 능동적 사고를 바탕으로 민주주의 가치를 추구하며, 시민운동에 참여하는 '깨어있는 시민'을 지칭한다.

• 대표적인 한국 시민사회단체, 참여연대

참여연대는 1994년 9월 10일 '참여민주사회와 인권을 위한 시민연대'의 이름으로 공식 출범하였다. 2004년부터 유엔경제사회이사회(ECOSOC) 특별협의지위를 부여받아 유엔의 공식적인 시민사회 파트너로 활동하는 비영리민간단체이다. 참여연대는 정부, 특정 정치세력, 기업에 정치적 재정적으로 종속되지 않고 독립적으로 활동  하며, 회원과 시민들의 회비와 후원에 기초하여 운영된다. 참여연대는 시민의 민주적 참여를 바탕으로 정치, 경제, 사회 각 분야 권력의 남용과 집중, 기회의 독점을 감시하고 고발하는 등의 다양한 활동을 전개하였다.

자료: 참여연대 홈페이지 (http://www.peoplepower21.org)

2) 풀뿌리 조직

　풀뿌리 민주주의에서 풀뿌리는 이름 없는 시민들의 연대와 힘을 의미한다. 풀뿌리는 길가에 무성한 이름 없는 풀이지만 땅 속 깊이 뿌리를 내리고 다른 풀들과 연결되어 억센 바람에 큰 나무들이 쓰러질 때도 꿋꿋이 버티는 힘을 지닌다.

　현대 사회에서 풀뿌리 조직은 시민사회의 이상을 간직한 결사체 사회의 부분집합으로 볼 수 있다. 이들 조직에서는 사람들이 자발적으로 모여 문제를 해결하며, 조치를 취하거나 네트워크를 만들어 간다. 풀뿌리조직의 특징은 몇 가지로 요약될 수 있다.

첫째, 대부분의 풀뿌리 조직은 민주적으로 구성되어 있으며 자원 활동가들이 주로 활동한다. 풀뿌리 조직에서는 사람들이 자발적으로 모임으로써 문제를 해결하고 공통의 것을 공유하면서 네트워크를 구성해 나간다.

둘째, 풀뿌리 조직들은 다양한 문제를 직접 해결하고자 한다. 그 동안 정치적으로 소외되었던 사람들이 정치영역에서 자신의 목소리를 지니는 것을 목표로 하면서, 자신의 삶에 영향을 미치는 결정들에 대한 직접 참여를 강조한다.

셋째, 풀뿌리 조직들은 전통적으로 다루어지지 않았던 여성, 평화, 생태 등과 같은 새로운 영역의 주제들을 주로 다룬다. 즉 일상생활에서 드러나는 갈등을 시민 스스로 해결하도록 하여 총체적 삶의 변화를 지향한다.

• 한국의 대표적인 풀뿌리조직, 소비자생활협동조합(생협)

한국 소비자생활협동조합(이하 생협) 운동은 1980년대 중반부터 진행되었다. 생협운동은 안전한 먹거리에 대한 요구와 농업, 환경을 지키고자 하는 생산자와 소비자의 각성 속에서 발달하였다.

첫째, 생협에서는 친환경 유기농산물의 생산자–소비자 직거래 방식을 선택하였다. 이는 농업을 지켜야 한다는 명분, 농약 및 인체에 유해한 식품첨가물 남용, 빈번한 식품사고에 대한 불안심리 등의 요구가 반영된 것이었다.

두 번째, 생협은 또한 약자와의 연대라는 가치를 바탕으로 소외된 이웃과의 나눔, 연대활동에도 참여하고 있다. 예를 들어, 생협의 지역과의 나눔, 연대활동으로 각 지역의 단위조합들이 진행하고 있는 수입의 1% 나눔 운동을 들 수 있다. 또한 저소득층 공부방이나 지역아동센터, 독거노인, 이주 노동자 가정 등 지역의 소외 이웃을 찾아 매년 말 성금이나 물품을 전달하는 활동들도 전개하고 있다.

---

3) 사회운동

사회운동social movement은 비공식적 운동이다. 비공식적으로 조직되어 있지만, 공통의 목적과 방향성을 지닌다. 또한 사회운동은 정치적 영향력을 추구하면서 공동의 이슈를 제기하는 느슨한 대중운동이다. 사회운동은 비공식적으로 조직되기 때문에 목표를 설정하는데 민첩성을 보일 수 있고, 신속하게 전술을 바꿀 수 있으며, 국경을 넘는 네트워크를 형성할 수 있다. 반면 비공식성으로 인하여 사회운동은 자원이 부족하고, 지속적인 지지를 이끌어 내는 것이 쉽지 않은 단점을 지니고 있다.

19세기 후반부터 20세기 초반까지 등장하였던 사회운동은 주로 노동운동, 농민운동 등 계급갈등과 관련된 투쟁적 정치의 형태를 띠었다. 그러나 1970년대 유럽과 미국에서는 전통적인 사회운동과는 다른 새로운 유형의 사회운동인 '신사회운동New Social Movement'이 등장하기도 하였다.

70-80년대 등장한 서구의 신사회운동은 기존의 사회운동과 비교할 때 목표, 지지 기반, 참여 동기, 조직구조, 이슈 등에 있어 차이를 보인다. 첫째 신사회운동은 물질이나 부의 축적 보다는 문화적인 것, 삶의 질 등을 추구한다. 둘째, 신사회운동은 광범위한 사회집단, 계층, 계급들로부터 지지를 받았다. 신사회운동에 참여했던 시민은 대부분 공공선을 추구하였다. 셋째, 조직구조에 있어서도 신사회운동은 분권적, 개방적, 민주적인 유연한 구조를 취하였다. 넷째, 이들은 자아, 건강, 성, 이웃, 환경, 성차별, 세대차, 문화, 인류생존, 인권 등을 포괄하는 삶의 정치를 지향하는 다양한 이슈들을 다루었다.

신사회운동은 국가마다 다른 양상으로 전개되었다. 독일에서는 평화운동과 탈핵운동 등 환경운동이 두드러졌고, 네덜란드에서는 평화운동과 연대운동이, 스위스에서는 환경운동과 반문화운동이 활발하게 이루어졌다.

• 노동운동과 신사회운동의 비교

	노동운동	신사회운동
위치	(점차) 정치체계 내부	시민사회
목표	정치적 통합, 경제적 권리	가치 및 생활양식의 변화, 시민사회 방어
조직	형식적, 위계적	네트워크, 풀뿌리 조직
행위수단	정치적 동원	직접행동, 문화혁신

자료: Scott(1990).

4) 사회적 기업 및 기업가

사회적 기업가정신social entrepreneurship은 최근 가장 주목할 만한 혁신 중 하나이다. 사회적 기업가social entrepreneurs란 시민사회의 새로운 대표이며, 변화를 이끌어 내는 자들이라고 할 수 있다. 이들은 창의성, 이윤추구 등과 같은 기존 기업가적 마인드를 유지하면서도 시민사회 활동의 근간이 되는 공동체, 민주주의, 네트워크 구축 전통을 중시하는 기업 활동을 추구한다.

최근의 환경악화, 보건문제, 물과 에너지 위기, 이민 증가 등과 같은 위기에 당면하여 기업도 이윤창출뿐만 아니라 사회적 기여를 동시에 추구해야 한다는 인식이 확산되었다. 기업도 공동체적 문제의 해결에 적극적으로 참여해야 한다는 것이다. 사회적 기업은 물질적 이익보다는 사회적 혹은 환경적 효과를 중시하는 사회성, 새로운 경제적 균형을 중심으로 시장을 재편성하는 혁신, 책임성에 기반한 시

• **영국의 공동체이익회사(Community Interest Company)**
공동체이익회사는 사회적기업이 제도화되는 과정 중 영국에서 처음으로 등장한 개념이다.
영국의 공동체이익회사는 사적 이익을 넘어 공동체 이익을 위한 사업 기타 활동을 수행하는 회사를 지칭하는 개념으로, 주주보다 공동체 이익을 고려하는 유한회사의 한 형태이다. 공동체이익회사는 영국에서 도입 첫 해에 360개 이상이 설립되었고 2016년 5월 12,000개를 넘어섰다. 2016년 기준으로 새로 설립되는 회사 200개 중 하나가 공동체이익회사일 정도로 영국에서 빠르게 성장하고 있다.
공동체이익회사의 성공적 사례로는 런던의 '민와일 스페이스(Meanwhile Space)'를 들 수 있다. 런던 북서부의 브렌트구 웸블리(Wembley)는 이민자들이 많이 몰려 있는 지역으로 과거 영국에서 가장 악명 높은 범죄 지역이었다. 런던시는 웸블리를 재개발지역으로 지정했고 이후 지역에 빈 공간이 증가하게 되었다. 2009년에 설립된 공동체이익회사 '민와일 스페이스(Meanwhile Space)'는 정부, 민간으로부터 공간을 빌린 후 이를 공동체를 위한 공간으로 활용하였는데, 특히 웸블리의 빈 공간들에서 다양한 프로젝트를 진행하였다. 그렇게 탄생한 것이 '커밍순 클럽(The Coming Soon Club)이다. 지역 주민들과 정치나 종교 주제를 제외한 아이디어들을 모아 공동체를 위한 공간으로 재탄생시키는 프로젝트로, 축구 클럽, 수공예 모임, 사진 전시, 영화 상영, 뮤직비디오 촬영을 위한 공간들로 유휴공간을 활용해왔다. 민와일 스페이스의 또 다른 대표 사례는 '코트렐 하우스(Cottrell house)'로 35년 간 사용되지 않았던 자동차 전시장(car showroom)을 17개월 동안 빌려, 아티스트 스튜디오, 워크숍 공간, 소셜키친 등 지역 주민을 위한 공간으로 재탄생시켰다.

자료: 서울시 NPO 지원센터 홈페이지
http://www.seoulnpocenter.kr/bbs/board.php?bo_table=npo_aca&wr_id=1137&sfl=wr_4&stx=%EA%B3%B5%EB%8F%99%EC%B2%B4)

장 지향성을 기본 특징으로 한다. 예를 들어 영리적 사회기업가는 사회 복지 프로그램을 시장화 할 수 있다.

5) 한국 시민사회 유형

한국 시민사회는 정치, 사회운동적 성격을 갖고 역동적으로 발전하였다. 특히 1987년 민주화 이후 변화된 정치구조에서 한국 시민사회는 양적으로 질적으로 팽창하게 되었다. 그동안 억눌렸던 시민의 다원화된 요구가 표출되면서 정치, 사회, 환경, 인권, 여성, 정치개혁에서부터 복지, 자원봉사, 청년, 아동에 이르기까지 다양한 결사체들이 등장하였다. 이후 시민사회를 구성하는 이들 결사체의 수는 급속도로 증가하였다.

• 한국 비영리 민간단체 현황

자료: 행정자치부 홈페이지(http://www.index.go.kr/potal/main/EachDtlPageDetail.do?idx_cd=2856)

• 한국 시민사회의 지속가능성
2008-2010년 시민사회지표(Civil Society Index) 조사를 근거로 조직, 참여, 가치, 영향, 환경의 측면에서 살펴본 한국 시민사회의 현황은 다음과 같다.
1. 참여의 다양성이 나타나지만 권익 주창 활동은 저조한 편이다.
2. 조직 수준에서 인적 자원과 국제적 연계가 부족한 것으로 나타났다.
3. 가치 측면에서 민주적 의사결정, 양성평등 기회제공, 내부 민주주의 등은 발전하였지만, 노조 참여율, 환경기준 공

개, 비폭력과 비관용 의식 등은 취약한 것으로 드러났다.

4. 시민사회의 영향력은 대체로 낮으며, 외부 환경의 경우 정부와의 관계에 있어 대립과 갈등이 존재하였다.

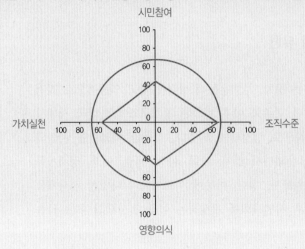

자료: 주성수 (2010).

토론 주제

■ 시민단체의 정치개혁운동에 대해 논의해 보자.

2000년 4.13. 국회의원 선거 이전 시민사회단체들로 구성된 '총선시민연대'는 투표해서는 안 되는 부적격 후보자들의 명단을 발표하였다. 이를 낙천·낙선운동이라고 한다. 총선시민연대는 부적격 정치인의 정당공천을 반대하는 공천반대운동, 공천된 인사들에 대한 공천 철회 운동, 선거국면에서의 낙선운동을 진행하였다. 이들은 부패행위, 선거법 위반, 헌정파괴 반인권 전력, 지역감정 선동, 불성실한 의정활동을 했거나, 법안이나 정책에 대한 태도가 올바르지 않은 후보자들을 지목하였고, 명단을 발표하였다. 낙천·낙선운동은 부패하고 무능한 정치인들을 척결하고 시민사회에 의한 정치개혁을 추동한 운동이었다.

첫째, 총선시민연대의 활동과정을 연대기로 작성한다.
둘째, 낙천·낙선운동의 효과를 알아본다. 실제 당선되었거나 낙선한 후보자를 알아본다.

• 이 과정을 통해 다음을 논의해 보자.
1. 총선시민연대의 활동은 효과가 있는가? 효과는 어떻게 측정할 수 있는가?

2. 총선시민연대의 활동은 민주적이었는가? 민주주의의 근거는 무엇인가? 민주적이었다면 어떠한 점에서 민주적이고 민주적이지 않았다면 어떠한 점에서 그러한가?

3. 정치, 사회발전을 위하여 시민단체는 어떠한 역할을 해야 하는가?

토론 주제

■ 2011년 제주 강정마을 해군 기지 건설을 둘러싼 갈등에 대해 논의해 보자.

　제주도 서귀포시 강정마을에 해군기지를 건설할 것을 둘러싸고 정부-주민, 환경단체 사이에 갈등이 발생하였다. 정부는 2007년 강정마을에 해군기지 건설을 국책사업으로 결정하였다. 이에 대해 강정마을 주민은 국방부의 강제적 토지수용에 반대하였고, 환경단체들은 해군기지 건설로 인한 환경파괴에 반대하였다. 건설을 추진한 해군은 건설 예정 지역의 구럼비 해안이 천연보호구역 및 생물권보전지역에 해당하지 않으므로 생태학적 가치가 상대적으로 낮은 지역으로 주장하였다. 반면 건설 반대를 주장하는 환경단체에서는 강정등대, 기차바위 주변 해역에서 연산호 군락이 확인되었고, 보기 드문 바위습지를 형성하고 있기 때문에 보전 가치가 높다고 주장하였다.

　여기서 갈등은 '환경보호 vs 개발'과 '환경보호 vs 안보' 양상으로 나타났다.

• 위의 내용을 중심으로 다음과 같이 토론을 진행해 보자.
1. '환경보호팀', '개발팀', '안보팀'으로 나누어 정보 및 근거를 수집한다.

2. 수집된 정보 및 근거를 바탕으로 팀 간 토론을 진행한다.

3. 주장제시-반론제기-자유토론 과정을 거쳐 해결책을 모색한다.

3

시민사회 영역

영역으로서의 시민사회는 국가, 경제영역과 대비된다. 정치영역인 국가, 경제영역인 시장과 대비하여 시민사회는 무엇을 하는 어떠한 영역인가?

1) 이론적 논의

근대 이전 시민사회 개념은 정치사회나 국가와 구별되지 않는 것으로 법에 의해 지배되는 안정된 질서를 의미하였다. 즉 시민사회는 국가나 공적영역의 부수적이고 종속적인 것으로 간주되었다. 18−19세기 유럽에서 일련의 혁명을 거치면서 현대적 의미의 시민사회가 태동하였는데, 정부나 국가에 대비하여 사회적 삶의 영역을 의미하게 되었다. 이후 시민사회는 시장교환, 자선단체, 사교클럽, 자원봉사, 독립적인 교회와 출판업 등 여러 형태를 아우르는 개념이 되었다.

국가와 대비하여 시민사회 영역은 국가에 대해 상대적 영역이라고 할 수 있다. 국가에 속하지 않는 영역이 바로 시민사회이다. 막스 베버Max Weber는 국가를 '주어진 영토 안에서 물리적 폭력의 사용을 독점할 수 있는 권위체'라고 정의했는데, 이에 대해 시민사회는 국가의 통제 바깥에서 개인이나 집단 간에 사적이고 자발적인 합의에 의해 조직되는 영역인 것이다.

이후 이론적 발전과정에서 시민사회는 국가와 구별될 뿐만 아니라 시장과도 긴장관계를 갖는 영역으로 재인식되었다. 예를 들어, 코헨과 아라토J. Cohen and A. Arato는 정치권력이 재생산되는 국가, 상품생산 및 소비가 이루어지는 경제, 친밀한 관계부터 결사체와 사회운동과의 의사소통행위로 이루어진 시민사회를 독립적 공간으로 정립하였다. 이러한 국가-경제-시민사회 삼분모델에서 시민사회는 국가영역, 경제영역과의 상호작용이 발생하고, 의사소통하는 시민들이 자신들만의 이익을 앞세우지 않고 공공의 이익을 고려하여 상호협력이 이루어지는 공간이 된다.

- **공공성(publicness)과 국가-시장-시민사회**

  공공성은 개인이나 집단의 사적인 이해를 넘어서 형성되는 공적, 사회적 특성을 의미한다. 이러한 공공성은 국가, 시장, 시민사회의 조직 원리와 포괄적으로 연결된다. 공공성의 관점에서 국가-시장-시민사회의 관계는 다음과 같다.
  - 국가는 정부를 중심으로 법과 제도를 운영하고 공권력을 사용한다. 또한 행정과 정책을 통해 공공재, 즉 공동체의 재원을 어떻게 배분할지 결정한다.
  - 시장은 무엇보다 이윤과 경쟁의 논리가 지배한다. 한편 기업의 사회적 기여나 공익재단 설립 등도 오랜 역사를 가지고 있다.
  - 시민사회는 시민이 자발적으로 결사하고 연대하는 영역이다. 국가와 시장의 횡포와 실패를 감시하고 교정할 수 있다. 시민사회는 사회의 구성원 누구에게나 개방돼 있고, 누구나 쟁점에 대해 목소리를 낼 수 있다.

- **공동체-시장-국가 간의 차이**

	공동체	시장	국가
조정원리	자발적 연대	분산된 경쟁	위계적 통제
지배적 행위자	가족	기업	관료기구
기타행위자	친족, 혈통, 동네, 지역, 협회	기업가, 소비자와 노동자	납세자, 징집대상자, 공무원, 법조의뢰인, 수당청구자
행위가능조건	귀속 성원권	지불능력	법적 인정
교환의 매개	존중	돈	강제
교환의 산물	협약	계약	규제권한
지배적 자원	존중, 신뢰, 계승된 지위	경제적 혁신성, 계산적 합리성	강제수단에 대한 정당한 통제, 지위의 권위적 배분, 행정적 법적 전문성, 절차적 정확성
우세 행위자의 동기	추종자의 존경	이윤	승진, 관료적 안정성
열세 행위자의 동기	집단 소속감, 공통가치의 공유	물질적 혜택	처벌 위협

	공동체	시장	국가
공통된 동기	정체성 충족	이익 극대화	위험 최소화, 예측가능성 극대화
결정원리	공통의 동의, 만장일치	소비자 선호	형식적 권위체의 판결, 강제성 있는 증명
주요 배분재화	연대	사적 재화	공공재
주요 균열	토박이 대 외지인	판매자 대 구매자	지배자와 피지배자
기타 균열	친족갈등, 세대차, 세력다툼, 상속갈등, 사적 충돌	자본 대 노동, 생산자 대 소비자, 수입 대 수출,	우세한 자 대 열세한 자, 관할권의 중첩, 정부수준간 갈등, 국가간 갈등
지배적인 법원리	관례	재산소유권	형식적 행정절차
주요 보상	상호돌봄, 집합적 정체성	물질적 번영	외부적 안전, 공평하고 예측가능한 대우, 자원의 효율적 동원

자료: Streeck and Schmitter 1985, 122에서 시장부분을 수정하여 재구성.

2) 국가와 시민사회

국가는 주권을 지닌 영토 내에서 전체를 포괄하는 상위의 통제기구로서, 국가 정부는 공동 목표를 달성하기 위한 책임을 지니게 된다. 국가 정부는 법과 정책을 통해 제도적 틀을 구축하고 이러한 틀 안에서 시민사회가 형성된다. 이 점에서 국가는 시민사회 이전에 존재하며, 시민사회의 행태가 공동체의 집합적 목표와 조화를 이루고 안정적 질서와 민주주의를 훼손하지 않도록 규제할 책임이 있다.

그러나 시민사회의 시각에서 이익, 문화, 종교, 성적 정체성, 사회적 지위 등 결사체를 통해 나타나는 시민들의 결사적 삶은 다양하기 때문에 정부 정책으로 재단될 수는 없다. 국가와 정부와 달리 결사체는 다원적이고 부분적이며, 특수한 성격을 지니기 때문이다.

이상적 상황에서 국가는 시민사회에 대해 규제하고 조정하는 역할을 하며, 공공선의 보루가 된다. 그러나 현실은 다르다. 시민사회

영역이 중요하게 부각된 역사적 계기는 냉전시기 동유럽 사회주의에서 시민사회를 억압하는 국가기구와 이에 저항해서 자유화, 민주화를 이뤄낸 자발적인 시민의 힘으로부터 비롯되었다. 일찍이 토크빌Alexis de Tocqueville도 자발적 결사체와 시민적 습속習俗이 자리 잡지 못한 곳에서 민주주의가 싹트기 어렵다고 보았고, 이는 민주주의 국가에 대해서도 마찬가지이다. 좋은 국가, 좋은 정부는 시민사회의 자양분을 통해서 만들어지며, 좋은 국가의 역할 없이 시민사회 자체가 조화롭고 호혜적인 상호작용을 보장하지는 못한다.

• 굿 거버넌스(good governance)

거버넌스(governance)는 일반적으로 정부의 위계적 통치방식(government)과 대비하여 정부와 시민사회 간의 네트워크와 파트너십에 기반한 관계양식을 일컫는다. 거버넌스 개념은 1980년 이후 등장하였다. 세계화, 민주화, 분권화의 흐름 속에서 전통적인 정부역할이 약화되고, 국경이 희미해지며, 참여장벽이 낮아지는 등의 변화가 일어나고 있다. 이런 조건에서 국가와 시민사회 간의 대화, 협상, 조정을 통한 문제해결을 거버넌스라고 말한다.

거버넌스 개념은 '기업가적 정부', '작은 정부'와 같은 신자유주의적 경향을 반영하며, 고객중심, 수익창출에 초점을 맞추고, 직책이 아니라 임무 중심으로 조직을 유연화 하는 데 중점을 두었다.

이에 반해 최근 등장한 개념, '굿 거버넌스'란 시민의 참여를 확대하고, 정책결과 못지않게 의견수렴과 결정과정을 중시하는 거버넌스를 의미한다. 시민을 정책대상으로만 간주하지 않고 행정의 주체이자 관리의 중심으로 인식하는 것이다. 이러한 협력적 거버넌스는 단지 참여를 개방하는 데 그치지 않고, 정책의 공동생산을 통해서 시민역량을 배양하는 목표까지 지향한다.

3) 시장과 시민사회

시장은 사익 동기가 지배하며 '보이지 않는 손'의 작용으로 최적의 자원배분을 가져오는 것으로 간주된다. 그러나 현실에서는 이러한 이상적 상태에 이르기 어렵다. 예를 들어, 자동차 생산에서 탄소배출 비용을 고려하지 않은 생산 확대는 과다생산과 환경파괴를 초래할 수 있다. 도시로의 인구집중도 공공의 이익에 반한다. 또한 자본주의 시장경제에서는 노동소외, 불평등과 계층화, 사회갈등 문제를 초래할 수 있다. 이와 같이 시장 기제를 통한 자원배분이 언제나 최적의 효율을 낳지는 못한다.

　시장의 조직원리가 성공적이지 못할 때, 시민사회가 이에 대한 대안 혹은 보완 역할을 할 수 있다. 예를 들어, 경쟁과 이윤추구의 다원주의적 시장 논리에 대한 대안 혹은 보완으로서 사회적 연대와 협력을 기반으로 한 조합주의가 제시되었다. 다원주의가 시장을 규율하는 원리인 분산적 경쟁을 강조한다면, 조합주의는 사회 주요이익을 독점적으로 대변하는 단체 간 교섭과 합의를 중시한다.

　이와 같이 시민사회는 이윤논리가 지배하는 시장과 정반대의 운영원리를 지닌 분리된 영역으로 간주된다. 그러나 현실에서 시장과 시민사회 구분은 뚜렷하지 않다. 시장도 비정부 수준에서 화폐를 매개로 한 활동이 이루어지며, 모든 시장 참여자는 언어, 관습과 같은 사회적 규약에 구속받는다. 시장 역시 사회적 관계망 내에 자리 잡으며, 시장에서의 상호작용이 사회적 규범을 변경하는 작용도 발생한다. 즉 시장과 시민사회는 상호 긴밀한 영향을 주고받는 관계가 된다.

　최근 시장 질서를 시민화civilizing하는 힘으로서 시민사회가 주목받고 있다. 이윤 극대화를 목표로 하는 기업 활동이 초래한 환경오염, 소비자 문제 등에 대한 책임을 넘어 빈곤, 인종차별, 지역사회 활성화 등 사회적 목표에 기여하는 사회적 기업이 증가하고 있다. 이와 같이 시민사회는 시장이 약점을 보이는 곳에서 서비스를 제공하고, 신뢰와

• 기업의 사회적 책임(CSR: Corporate Social Responsibility)

기업은 사회적 책임을 갖는가? 이 문제는 상당히 논란이 되는 주제이지만, 최근 기업도 사회적 책임을 갖는다는 주장이 확산되고 있다. 특히 2008년 글로벌 금융위기 이후 기업과 사회의 관계에 대한 전면적인 재인식이 일어나게 되었는데, 기업도 경제적 가치와 사회적 가치를 동시에 추구해야 한다는 생각이 확산되었다.

이와 연관되어 등장한 개념이 '기업의 사회적 책임(이하 CSR)'이다. 기업의 사회적 책임은 기업이 주도적으로 나서서 사회적으로 유익한 기능을 수행하는 것을 말한다. 기업의 사회적 책임은 환경경영, 윤리경영, 사회공헌, 노사공생, 지역사회 활성화 등 다양한 방식으로 수행될 수 있다. 가장 단순하게는 기업의 이윤을 통해서 자선사업을 펼칠 수 있고, 취약계층에게 일자리 및 사회서비스 제공 등의 사회적 목적을 달성할 수도 있다. 친환경 사업목표를 세워서 탄소배출을 절감하는 것도 한 방법이다. 영업 이익의 일부를 사회적 목적을 위해서 재투자하거나, 지역 공동체에 투자할 수도 있다. 고용관계에서 공정하고 윤리적인 대우를 통해서 CSR을 수행할 수도 있다. 예를 들어, 다국적 기업의 경우 모국에 비해 느슨한 노동규제를 가진 국가에서 이러한 윤리경영을 실천할 수 있다.

협조를 포함하여 성공적 시장경제를 보완하는 사회적 가치와 네트워크를 향상시킬 수 있다. 더 나아가 시민사회는 조화로운 거버넌스를 만들어 냄으로써 사회 전반의 투명성 확대에 기여할 수 있다.

• 협동조합

'협동조합'은 경제적 약자나 중소상공업자 및 일반 소비자가 상부상조하여 물자의 생산, 판매, 구매, 소비 등을 공동으로 운영해 나가는 것을 말한다. 자본주의와 시장의 불완전성에 대한 대안 내지는 대응방식으로 주목받았다. 미국, 덴마크, 네덜란드 등의 낙농협동조합의 경우, 대기업의 시장 독과점 문제에 대응하여 소비자협동조합을 조직하여 조합원들에게 수익을 분배하고 혁신을 통해서 기업으로 발전해 나갔다.

한국에서는 1980년대 후반부터 자발적으로 만들어진 새로운 협동조합이 등장하기 시작했다. 대표적으로 소비자공동구매협동조합은 최근까지 가장 성공적으로 활동해 온 조직이라고 할 수 있다(아래 그림 참조).

– 한국 친환경생활재 공동구매 생활협동조합 공급액 추이

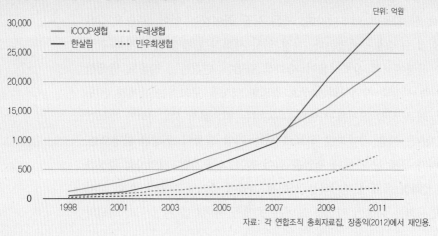

자료: 각 연합조직 총회자료집. 장종익(2012)에서 재인용.

특히 2011년 12월에 협동조합기본법이 제정되어 다양한 분야에서 협동조합이 설립될 수 있게 되었다. 이 법에 따르면 협동조합은 주식회사와는 달리 1인 1표의 민주적 운영원리에 따르며, 일반협동조합이나 사회적협동조합을 통해서 영리/비영리 부문에 걸쳐 설립이 가능하다. 기존 기업과 다르게 소규모 창업을 진작하고, 취약계층 자활을 통한 '공생발전'을 지향한다.

4) 국가-시장-시민사회 거버넌스

국가-시장-시민사회는 어떻게 연결되는가? 기본적으로 국가정부는 중앙집권적 계획과 통제를 운영원리로 삼는다. 시장은 쌍방의 이

해관계에 근거하여 교환이 이루어지는 영역이다. 반면 시민사회는 시민 간 호혜성과 연대의 원리에 기반하고 있다. 그러나 이 차이는 어디까지나 이론상으로만 나타날 뿐이고, 실제 세계에서는 각각의 영역이 상호작용할 뿐 아니라 세 가지 영역이 서로 결합되거나 중첩되기도 한다. 협력적 거버넌스에서 국가정부, 시장기업, 시민사회시민사회단체는 더 이상 대립관계가 아니라 공생하는 동반자이며, 수직적 위계는 지양해야 할 것으로 간주된다.

그렇다면 국가−시장−시민사회 거버넌스는 어떻게 이루어지는가? 국가는 행정에 시장체제의 경쟁과 유연성을 도입함으로써 효율성을 증대시키고, 시민사회의 참여를 정책 입안 단계부터 개방한다. 시장과 기업은 생산자와 소비자 모두의 생활안정과 복리증진을 함께 도모함으로써 이윤과 사회적 가치를 함께 달성할 수 있다. 시민사회도 자발성과 상호부조에만 의존하는 것이 아니라 정부 및 기업과 파트너십을 구축하면서 시너지를 발생시킨다. 이와 같이 현대 사회에서는 국가−시장−시민사회 협력에 중점을 둔다. 즉 정부는 기업과 같이 효율적으로 작동하면서 시민사회의 견해를 수렴하고, 기업은 사회적으로 보다 많은 책임을 지면서 공공부문의 일부를 운영하며, 시민사회는 정부의 거버넌스 영역과 경제의 특정 부문을 담당하게 되었다.

• 시민사회 부문 정부재정 의존도(1995-2000년)
대부분의 국가의 시민사회는 회원의 회비뿐만 아니라 정부에서도 자원을 조달하고 있다.

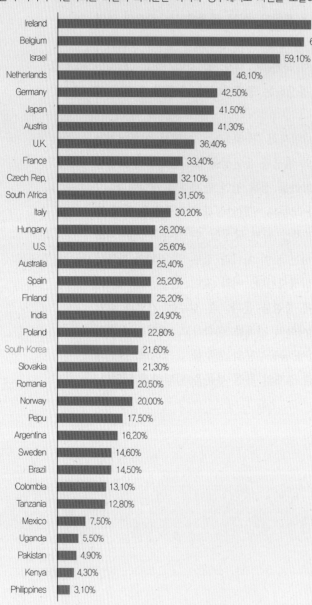

국가	비율
Ireland	67.60%
Belgium	65.90%
Israel	59.10%
Netherlands	46.10%
Germany	42.50%
Japan	41.50%
Austria	41.30%
U.K.	36.40%
France	33.40%
Czech Rep.	32.10%
South Africa	31.50%
Italy	30.20%
Hungary	26.20%
U.S.	25.60%
Australia	25.40%
Spain	25.20%
Finland	25.20%
India	24.90%
Poland	22.80%
South Korea	21.60%
Slovakia	21.30%
Romania	20.50%
Norway	20.00%
Pepu	17.50%
Argentina	16.20%
Sweden	14.60%
Brazil	14.50%
Colombia	13.10%
Tanzania	12.80%
Mexico	7.50%
Uganda	5.50%
Pakistan	4.90%
Kenya	4.30%
Philippines	3.10%

자료: Salamon(2014)

■ 국가-시장-시민사회 관계를 논의해 보자.

1. 우선 국가, 시장, 시민사회는 어떠한 기능을 하는가? 국가, 시장, 시민사회의 기능과 역할에 대해 토론해 보자.

2. 국가-시장, 국가-시민사회, 시장-시민사회는 어떠한 관계가 있는가? 국가와 시장은 서로 견제하는 관계인가? 시민사회는 국가에 저항해야 하는가? 시민사회는 정부의 개입에 좌지우지되는가? 시민사회단체가 정부의 지원 혹은 기업의 지원을 받아도 되는 것인가?

3. 시민사회는 국가, 시장의 문제점을 해결할 수 있는가? 시민사회는 국가와 시장에 대한 일종의 보루인가? 시민사회는 국가와 시장으로부터 중립적이어야 하는가?

4. 바람직한 시민사회는 어떤 시민사회인가?

4

시민사회 영역의 확대: 세계시민사회

1) 세계시민사회의 등장

최근에는 단지 '시민사회' 뿐만 아니라 '세계시민사회'가 중요해지고 있다. 1980년대 후반에서 1990년대 세계화globalization가 진전되면서 정치, 경제, 사회, 문화 등 모든 영역에서 전 지구적 전환이 이루어지고 있기 때문이다. 세계화는 세계 어느 한 지역에서 발생한 사건이 멀리 떨어져 있는 사람과 사회에게까지 영향을 미치면서, 전 지구를 연결하고 상호작용하도록 만들었다. 세계화는 경제발전의 기회를 창출하였지만, 급속한 변화와 조정 과정에서 빈곤, 사회분열, 금융위기, 에너지 위기, 식량위기 등을 초래하기도 하였다.

세계시민사회global civil society는 이러한 세계화를 배경으로 부상하게 되었다. 우선 환경, 인권, 난민, 기아, 개발 등 한 국가 차원에서 해결하기 어려운 초국적 문제들이 등장하였다. 국민국가의 주권과 통제가 약화되는 가운데 전통적인 국가는 위와 같은 문제를 해결하기에는 역부족이었다. 또한 신자유주의가 확산되면서 탈규제, 민영화, 자유화 등 기업을 비롯한 경제영역이 국가보다 우위를 점하게 되었다. 새롭게 야기된 전 지구적 문제와 갈등을 해결할 수 있는 새로운 모델이 필요하다는 의견이 확산되었고 전지구 거버넌스global governance가 제시되었다. 전지구 거버넌스에서는 국가뿐만 아니라 풀뿌리 차원의 결사체부터 국제기구, 초국가 연합체, 다국적기업 등의 다양한 행위자의 역할이 중요하게 되었다.

다른 한편으로 세계화의 반작용으로 세계시민사회가 등장했다고 볼 수 있다. 세계화가 초래한 불균등한 분배, 갈등, 분열문제 해결을 위하여 전 지구 시민운동이 주역으로 등장하였고, 이들은 세계화를 거부하고, 개혁하며, 혹은 대안을 제시하는 역할을 담당하게 되었다. 세계시민사회는 "국가 단위의 사회, 정치, 경제의 한계를 넘어 작동하는 사상, 가치, 기구, 조직체, 연결망 및 개인들의 사회적 영역"안하이어 2002이라 할 수 있다.

- **세계화**
  세계화란 국가 간의 다양한 경제적, 정치적, 사회문화적 장벽이 사라지면서 세계가 하나로 통합되어 가는 현상을 의미한다. 세계화는 인적 유동성의 증가, 커뮤니케이션의 발달, 무역과 자본이동의 폭증, 테크놀로지 개발의 결과로 등장하였다.
  세계화는 무엇보다도 경제영역에서 가장 먼저 시작되고 가장 많이 진척되었다. 예를 들어 자유무역협정은 국가 간에 관세를 폐지하고 자유로운 경제활동을 허용하는 협약이다. 사회문화적으로도 인터넷과 SNS의 발달은 국가를 뛰어넘어 전 세계적인 소통을 가능하게 한다. 세계화로 인하여 여러 가지 다양한 이슈들이 전 지구적으로 상호연결되었다.

- **전지구 거버넌스(global governance)**
  20세기 들어서면서 국가가 더 이상 일방적으로 사회적 문제를 해결할 수 없을 정도로 사회는 복잡화되었다. 이런 환경의 변화 속에서 국가와 사회체계 간의 협조체제, 즉 거버넌스의 중요성이 강조되고 있다.
  국제적인 차원에서도 상황은 비슷하다. 냉전 이후 경제, 문화, 인권, 환경 등의 다양한 세계적 이슈들이 확산되었다. 그리고 더 이상 한 국가 또는 전통적인 국제기구만으로는 국제적인 문제를 해결하기 어려운 상황이 도래하였다. 전지구 거버넌스는 이러한 상황에서 등장한 국제적 거버넌스를 뜻한다.
  전지구 거버넌스는 정부뿐만 아니라 국제기구, 비정부기구, 다국적기업, 세계자본시장, 세계 언론매체 등의 다양한 세력들이 자발적으로 상호협력하는 체제이다.
  전지구 거버넌스는 정책결정에 있어 상호신뢰와 네트워크에 근거한 수평적 연계를 전제로 한다. 따라서 개인과 집단의 다양한 참여를 허용하면서 동시에 공동의 문제를 해결할 수 있는 장점을 지닌다. 즉 민주성과 효율성 양자를 모두 만족시킬 가능성이 높다고 할 수 있다.

- **1999년 시애틀에서의 WTO 전투(WTO Protest in Seattle)**
  시애틀 전투는 사회운동에 의한 정치적 행동의 대표적 사례이다.
  1999년 세계무역기구(WTO) 장관회의가 시애틀에서 개최되기로 결정되자, 무역과 경제발전에 대한 주류 국제 규칙에 반대하던 반세계화 세력, 노동 세력, 환경단체 등이 결집하면서 시위가 발생하였다. 기존 조직화된 단체들은 평화 행진을 원하였지만, 자본주의에 반대하는 무정부주의자, 녹색평화 활동가 등은 길거리 공연과 소요를 주도하고자 하였다. 이들은 직접행동네트워크(Direct Action Network)를 결성하여 기존 조직들과는 적정 거리를 유지하면서 운동을 전개하였다. 직접행동네트워크 활동가들은 회의장 주변 교차로에 방어벽을 세웠고, 녹색거북이 복장을 하고 거리 공연을 하거나, 학생들과 함께 거리행진을 하였다. 경찰은 이들에 제대로 대응하지 못하였고, 부상자는 발생하지 않았다. 시애틀 전투는 기존의 단체와 새로운 단체가 하나의 목적을 위해 단합하였고, 국제적으로 '반세계화' 구호가 확산되도록 하였다는 점에서 의미가 있었다.

자료: http://wspaper.org/article/7247

• 월가를 점령하라!(Occupy Wall Street!)

2011년 9월 17일, 미국 사회의 경제 불안과 부조리에 항의하는 '고학력 저임금 세대' 30여명이 월가에서 처음 시위를 벌였다. 구호는 "월가를 점령하라(Occupy Wall Street)"였다. 시위에 참여한 미국 청년들은 월스트리트 금융 권력이 세계를 억압하고 있다고 주장하면서, 기존 정당이나 시민사회단체에 의지하지 않고 '직접행동'에 나섰다.

운동 초기 참여했던 인원은 불과 수 백 명에 불과하였지만, 인터넷과 소셜미디어를 통한 메시지 확산으로 참여 인원이 확대되었다. 이들은 웹사이트, 블로그, 트위터, 페이스북 등을 통해 시위대의 메시지를 퍼뜨리고 참여를 호소하였다. 대체로 이들의 구호는 "우리는 미국의 최고 부자 1%에 저항하는 99% 미국인의 입장을 대변한다" "미국의 상위 1%가 미국 전체 부(富)의 50%를 장악하고 있다"로 결집되었다.

이후 시위가 확산되면서 평범한 청년들의 잠재력이 힘을 얻게 되었고, 10월 5일 시위에는 미국 최대 노동조합인 미국노동총연맹(AFL-CIO), 뉴욕시교원노조, 자동차노조, 학생연맹 등이 참여하면서 1만 명까지 시위 참여 인원이 증가하였다. "월가를 점령하라" 시위는 초기에 느슨한 형태로 표출되었던 구호가 조직화된 운동세력이 동참하면서 점차 구체적인 정책적 요구로 결집하는 양상을 보였다. 이후 월가 운동은 보스턴, 워싱턴뿐만 아니라 캐나다 증권거래소

자료: https://ko.wikipedia.org/wiki/%EC%9B%94_%EA%B0%80%EB%A5%BC_%EC%A0%90%EA%B1%B0%ED%95%98%EB%9D%BC)

앞, 한국 여의도에서의 시위로 이어지면서, 전 세계 다른 도시에도 확산되었다.

• 시비쿠스(CIVICUS)
시비쿠스는 지방, 국가, 지역, 국제 수준의 영향력 있는 조직들의 네트워크이며, 시민사회를 포괄하고 있는 회원 및 파트너들의 국제 연대이다. 여기에는 시민사회의 개념 하에 시민사회네트워크 및 조직, 노조, 신념 기반 네트워크, 전문 결사체, NGO 역량강화 조직, 자선재단 등이 포함된다.

2) 세계시민사회의 쟁점

(1) 대표성

세계시민사회는 아직 형성 중이다. 따라서 왜 세계시민사회가 중요한지, 세계시민사회가 정말 존재하는지, 어떠한 세계시민사회가 바람직한지 등의 다양한 문제가 논의가 되고 있다.

첫 번째 문제는 대표성의 문제다. 세계시민사회는 누구를 대표하는가? 국가 내부에서 대표성과 정통성은 선거를 통해 얻어진다. 국가 정부는 국내 국민의 대표자이지만, 국제 차원에서 시민들이 정통성을 부여하지는 않았다. 오히려 세계시민사회가 전 지구 차원에서 시민을 대표하는 것이 가능하다. 세계시민사회는 제도권에서 목소리를 낼 수 없는 약자와 일반시민을 대변하면서 참여 공간을 마련할 수 있기 때문이다. 그러나 세계시민사회 역시 합법적 절차를 거쳐 대표성을 부여받지 못하였다. 게다가 전 지구 차원에서 활동하는 NGO들은 특정 사회집단만 대표하는 등 모든 시민을 대표할 수 없다.

결국 세계시민사회의 단체들은 전통적인 대의 민주주의제도에 대한 도전이기보다 이를 지지하는 보충자 역할을 수행하는 상호보완적 관계로 간주될 수 있다.

(2) 투명성

세계시민사회단체들은 어떻게 활동하고 있을까? 세계시민사회단체들이 시민들의 지지와 공감을 얻기 위해서는 투명성과 개방성이 중요하다. 투명성과 개방성은 민주주의의 필수 조건이다. 예를 들어서 토론과 투표과정은 공개되어야 하고, 공론화가 이루어져야 한다. 국제협상에서는 비밀주의가 전통적 규범이 되면서 대부분 밀실에서 이루어졌다. 이 점에서 세계시민사회는 비밀주의 관행에 도전하였다. 세계시민사회는 어떻게 권력이 내부에서 행사되는가를 밝히고자 했고 국제제도 절차 운영의 투명성을 주장하였다. 투명성에 대해 강조하면서 세계시민사회단체들 내부에서도 민주적인 권리가 강화되었다.

예를 들어 국제영역의 NGO들은 이슈마다 국제협상에 직접 참여하여 정보를 제공함으로써 교육에도 중요한 역할을 담당하였다. 기후변화, 제3세계의 부채, 지적재산권 등 전 지구 문제들에 대하여 시민들이 정보를 얻고 참여할 수 있는 기회를 부여하였다.

(3) 참여

세계시민사회단체에는 누가 참여하는가? 시민이 정치에 참여할 권리는 민주주의의 핵심이며, 세계시민사회에서도 참여는 중요하다. 특히 세계시민사회에는 그 동안 국제사회에서 소외되었던 다수의 공동체들과 일반 시민들이 전지구 거버넌스에 참여하고 있다.

이러한 전 지구적 차원의 참여는 대의 민주주의가 참여 민주주의로 확장하는 데 기여하고 있다. 특히 현대 정보기술, 커뮤니케이션의 발달 덕분에 공동체들이 쉽게 연결될 수 있었다.

(4) 책임성

세계시민사회는 실제로 국제적인 사안에 대하여 책임성을 갖는가? 글로벌 거버넌스의 약점 중의 하나는 전통적인 민주주의의 영향이 약하다는 점이다. 국가 내부에서 정부는 자신의 정책에 대한 책임성을 갖는다. 시민들은 선거과정에서 그에 대해 평가하고 다시 기회를 줄지 다른 정당이나 정치가를 선출할지 결정한다.

그러나 전 지구 수준에서 국제기구, 다국적기업 등의 책임을 묻기는 어렵다. 국제기구가 잘못된 정책을 시행하거나, 다국적기업이 부정한 방식으로 이윤을 추구했을 때 누가 어떻게 책임을 부과할 것인가? 시민들은 이들에 대한 민주적 책임성을 요구하고 있지만 이는 실로 복잡한 문제이다. 세계시민사회의 활동을 법적으로 구속할지, 통치자들의 책임을 강화할 수 있는지, 개인의 권한 혹은 공동체가 침해받는 경우 이를 시정할 수 있는지, 정치적 권한 남용의 한계는 있는지 등이 중요한 쟁점이 된다.

■ 국제무대에서 활동하고 있는 NGO를 조사한 후 논의해 보자.

그린피스(Greenpeace), 지뢰금지운동 네트워크, 기후 프로젝트, 세이브더칠드런(Save the Children) 등 가운데 관심있는 단체를 선정하고, 단체의 역사·목표·가치·방향·활동사례를 조사한다.

조사한 내용을 바탕으로 다음을 논의해 보자.

1. 이들은 어떠한 영역에서 활동하는가? 국제사회의 어떠한 문제를 해결하고자 하는가?

2. 이들이 성장할 수 있었던 이유는 무엇인가?

3. 이들의 활동방식은 어떠한가? (사회운동 방식, 유엔과 협력, 다른 단체들과 연대 등)

4. 이들의 활동이 대표성을 지니는가? 활동은 투명하게 전개되는가? 일반 시민들의 참여가 이루어지고 있는가? 이들은 어떠한 방식으로 책임을 지는가? 대표성, 투명성, 참여, 책임성의 관점에서 논의해 보자.

5. 이들이 세상을 바꿀 수 있다고 생각하는가? 이들이 좋은 세계를 만드는 데 기여하는가?

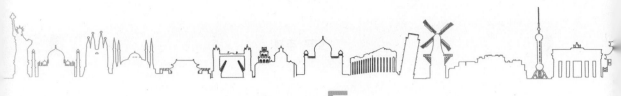

5

시민사회의 전망과 과제

1) 대의민주주의 한계

현대 대의민주주의에 대한 시민들의 불신이 높아지고 있다. 많은 사람들이 점점 선거에 참여하지 않고, 정책에도 관심이 없으며, 민주주의 제도 자체에 대해 냉소하고 불신을 가지고 있다. 퍼트남Robert Putnam은 대의민주주의와 정치에 대한 불신의 원인으로 정부, 의회 등 민주주의 제도의 성과 실패, 시민이 정부의 부정부패 등 부정적 정보를 더 많이 갖게 된 점을 제시하였다. 게다가 엘리트 간 경쟁을 강조하는 대의민주주의에서 시민은 무기력한 존재가 될 수 있다. 즉 자유민주주의 이론과 시민참여의 현실 사이에 괴리가 있는 것이다.

결론적으로 대의민주주의의 한계는 첫째, 자유주의 가치와 실천의 규범적 이상을 성취하는 데 실패하고, 시민들이 자신의 운명에 대해 목소리를 낼 수 있는 통로를 제공하는 데도 실패하고 있다. 둘째, 가치가 다원화된 사회에서 각 개인들의 선호가 수렴되어 반영되지 못하고 있다. 셋째, 개인들의 선호 형성과 표현에 대한 사회제도의 영향력을 소홀히 다루고 있다. 이 점에서 참여민주주의와 심의민주주의가 대안으로 제시되었다.

2) 대안

(1) 참여민주주의

대의민주주의에 대한 비판이 강해지면서 점차 시민사회의 역할이 보다 강조되는 민주주의모델이 등장하고 있다. 그 첫 번째 모델은 참여민주주의이다. 참여민주주의는 시민 각자가 자신에게 관련되는 공동체의 일에 참여함으로써 민주주의를 활성화시키는 것을 목표로 한다. 시민들은 참여민주주의에서 상당한 영향력을 가질 수 있다.

• **참여민주주의의 특징**
- 선출된 대표들이 시민들의 요구에 상당히 개방적으로 호응하며 여론조사가 상당한 영향력을 행사하는 체제이다.
- 시민들은 사회적인 문제에 대한 토의에 참여하며, 타인의 견해를 이해하게 되고 공동체와 국가의 필요에 공감한다.
- 시민들은 작업장과 지역공동체를 포함하는 사회의 핵심제도를 직접 규제한다.
- 그러나 자유민주주의의 제도인 정당, 선거 그리고 의회의 필요성을 인정한다.

참여민주주의는 인간발전을 장려하고 정치적 효용성을 고양하며 소외감을 감소시킴으로서 집단문제에 대한 관심을 불러일으킬 수 있다. 또한 참여민주주의는 정부의 일에 대하여 보다 관심을 가질 수 있는 적극적이고 통찰력 있는 시민을 육성하는 데에도 도움이 된다. 여기서 시민사회단체는 사회적 공론장, 대의민주주의 감시자, 직접 참여를 원하는 시민의 참여 매개 역할을 하면서 민주주의 발전에 독특한 기능을 수행할 수 있다.

그러나 참여민주주의는 정치체제 차원의 갈등을 증대시키고, 참여와 합리적 정책결정 사이에 갈등을 발생시키며, 사회차원의 평등을 쇠퇴하게 하며, 의사결정의 질을 하락시킬 수 있다는 우려와 한계도 존재한다. 즉 참여민주주의의 확대는 민주주의 과잉으로 이어질 가능성이 있는 것이다.

(2) 심의민주주의

시민사회의 역할이 강조되는 두 번째 민주주의 모델은 심의민주주의이다. 심의민주주의는 의사결정에 시민들이 참여하고 심의하는 민주주의를 뜻한다. 시민참여는 시민들이 이슈에 대해 생각하고 대안들을 비교해보며, 어떤 정책 또는 후보가 적절한지 의사표현을 할 수 있는 개방적이고 신중한 토의를 전제로 할 때 민주정치에 있어 중요성을 인정받는다.

다만 심의민주주의가 제대로 운영되기 위해서는 몇 가지 조건이 필요하다. 즉, 시민들은 광범위하게 참여하고 정보를 충분히 확보할 수 있어야 하며 심사숙고하여 신뢰할 만한 결론을 내릴 수 있어야 한다. 심의민주주의를 운영하기 위해서는 상당히 수준 높은 시민사회가 존재해야 하는 것이다.

> • 심의민주주의 특징
> − 심의민주주의는 개인주의를 비판하며, 공공선을 중시한다.
> − 심의민주주의는 참여자의 이슈에 대한 지식, 타인의 이해에 대한 인식, 공공업무에서 적극적인 활동자의 역할에 대한 확신을 조장하는 동등하고 포용적인 기초에 근거하는 토론을 포함해야 한다.
> − 심의민주주의는 자유민주주의에 대하여 비판적이다. 즉, 자유민주주의는 사회적 약자와 소외층의 참여가 배제되고 사회적 불평등이 해소되지 않는 체제라는 것이다.
> − 심의민주주의에서 훌륭한 시민은 정치적 토의와 심사숙고를 통해 정책결정과정에 참여할 권리가 있다.
> − 심의민주주의에서 정책결정은 시민들과 시민대표들이 사익을 초월하여 공공선에 대해 숙의하는 공공 토론과 대화의 과정에서 이루어질 때 정당성을 가진다.

심의민주주의는 심의 과정을 통해 합의를 도출함으로써 민주적 정당성과 의사결정의 책임성을 함께 보장하며, 의사결정의 질의 향상을 가져올 수 있다. 이를 통해 심의민주주의는 대의민주주의의 민주주의 결손을 보충하는 제도적 장치가 될 뿐만 아니라 참여민주주의의 민주주의 과잉을 보완하는 제도적 기초를 제공할 수 있다.

■ 대의민주주의란 무엇이고, 왜 문제가 되는가?

1) 대의민주주의란 무엇인가?

   대의민주주의는 사회 구성원들이 선거 등의 절차를 통하여 대표자를 선출함으로써 간접적으로 정치에 참여하는 민주주의 제도이다.

2) 왜 대의민주주의가 문제가 되는가?

   대의민주주의 하에서 시민들의 투표참여 감소, 정치 불신과 냉소 증가, 정치적 무관심 증가, 이익집단에 의한 이익대표, 참여 부족 등의 문제가 나타나고 있다.

   시민참여 부족이 초래하는 결과, 국가 정통성에 대한 영향력을 중심으로 생각해 보자.

3) 그렇다면 시민사회가 어떻게 대의민주주의 문제 해결에 도움이 될 수 있는가? 참여민주주의와 심의민주주의가 대안이 될 수 있는가? 어떻게 대안이 될 수 있는가?

참고문헌 ‖ REFERENCE

- 로버트 퍼트남(안청시 외). 2000. 『사회적 자본과 민주주의』. 서울: 박영사.
- 벤자민 R. 바버(이선향 옮김). 『강한 시민사회 강한 민주주의』. 서울: 일신사.
- 신광영. 1995. "시민사회 개념과 시민사회 형성," 유팔무·김호기 엮음. 『시민사회와 시민운동』. 서울: 한울
- 안하이어, 헬무트. 2002. 『지구시민사회: 개념과 현실』. 서울: 아르케.
- 유팔무·김호기 엮음. 1995. 『시민사회와 시민운동』. 서울: 한울
- 정상호. 2013. 『시민의 탄생과 진화』. 강원: 한림대학교 출판부.
- 정태석. 2010. "시민사회와 NGO." 김동춘 외. 『NGO란 무엇인가』: 1−22. 서울: 아르케.
- 주성수. 2000. 『글로벌 거버넌스와 NGO』. 서울: 아르케.
- 최장집. 2008. 『한국 민주주의 무엇이 문제인가』. 서울: 생각의 나무.
- 최장집·임현진 공편. 1993. 『시민사회의 도전: 한국 민주화와 국가·자본·노동』. 서울: 나남.

저자약력

김순영
서강대학교 사회과학연구소 책임연구원

김형철
성공회대학교 민주주의연구소 연구교수

서현진
성신여자대학교 사회교육과 교수

유진숙
배재대학교 글로벌공공인재학부 교수

윤석준
서강대학교 연구교수

이관후
서강대학교 글로컬한국정치사상연구소 연구원

이은정
인제대학교 시간강사

이재철
동국대학교 정치외교학과 교수

전용주
동의대학교 공공인재학부 행정정책학전공 교수

정하윤
배재대학교 글로벌공공인재학부 시간강사

조희정
서강대학교 사회과학연구소 책임연구원

주장환
한신대학교 중국학과 교수

차재권
부경대학교 정치외교학과 교수

한정택
연세대학교 BK플러스 연구교수

허석재
국회입법조사처 입법조사관

시민이 만드는 민주주의
-민주주의 그리고 시민교육

초판 발행   2018년 4월 25일

엮은이   강원택 · 조희정
펴낸이   안종만

편 집   최은정
기획/마케팅   이영조
표지디자인   조아라
제 작   우인도 · 고철민

펴낸곳   (주) **박영사**
            서울특별시 종로구 새문안로3길 36, 1601
            등록 1959. 3. 11. 제300-1959-1호(倫)

전 화   02)733-6771
f a x   02)736-4818
e-mail   pys@pybook.co.kr
homepage   www.pybook.co.kr
ISBN   979-11-303-0478-6   93340

정 가   18,000원